바이블백신센터 총서 시리즈 2

신천지 돌발 질문에 대한
친절한 답변

목사님, 대답해 주세요!
신천지 오픈 전도 대응 매뉴얼

양형주 지음

신천지 돌발 질문에 대한 친절한 답변

목사님, 대답해 주세요! 신천지 오픈 전도 대응 매뉴얼

발행일	초판 1쇄 2022년 7월 30일
	2쇄 2022년 9월 8일
	3쇄 2023년 5월 20일
저자	양형주
표지디자인	조현자(wisebook@empas.com)
본문디자인	최주호(makesoul2@naver.com)
교정	김영명(sahoirabbit@hanmail.net)
인쇄	넥스트 프린팅(031-908-7959)
유통사	하늘유통(031-947-7777)
펴낸곳	기독교포털뉴스
신고번호	제 2016-000058호(2011년 10월 6일)
주소	우 16954 경기도 용인시 기흥구 흥덕2로87번길 18
	이씨티빌딩 B동 4층 479호 (엠피스 비즈니스센터)
전화	010-4879-8651
가격	16,000원
출판사	이메일: unique44@naver.com
홈페이지	www.kportalnews.co.kr

ISBN 979-11-90229-25-8 93230

바이블백신센터 총서 시리즈 2

신천지 오픈 전도 대응 매뉴얼

신천지 돌발 질문에 대한 친절한 답변

양형주 지음

목사님,
대답해 주세요!

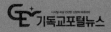
다양하게 복음 사역의 신앙비타민역할

기독교포털뉴스

목차

추천의 글

신천지 문제는 교인들이 성경을 읽고 제대로 해석하지 못 하는 상태로 노출되어 있다는 것이 큰 원인이다. 소위 짝짓기 식의 성경 해석이 성경에 대해 관심은 있으나 성경해석원리를 모르는 교인들에게는 그럴싸하게 보일 수 있고 그래서 신천지에게 잡아먹힐 수 있다. 그런 교인들을 위해 양형주 목사의 『신천지 돌발 질문에 대한 친절한 답변』은 신천지가 접근할 때 사용하는 무기들을 조목조목 밝혀줌으로써 사실상 신천지의 공격을 무력화하는 탁월한 방어용 기제다. 자신이나 주변에 신천지 유혹을 받고 있는 성도들을 그들의 공격으로부터 지키기 원한다면 꼭 읽고 공부해야 할 필독서이다.

강웅산 교수, 총신대 신대원 조직신학

신천지가 포교활동을 하면서 사용하는 교리가 얼마나 잘못된 것인지를 성경적으로 명쾌하게 잘 풀어냈다. 더 나아가 이 책은 신천지의 포교활동에 일방적으로 당하지 않고 능동적으로 대응할 수 있는 한 편의 지침서이다. 양형주 목사는 이미 바이블 백신을 통해 이단으로부터 한국교회를 보호하는 일에 앞장서 왔다. 본서가 한국교회 목회자와 성도들이 영적으로 무장하고 이단을 대처하는 사역에 큰 도움을 줄 것으로 확신하며 추천한다.

고명진 목사, 기독교한국침례회 총회장, 수원중앙침례교회

양형주 목사의 이단 사역에 대한 집념의 결실로 탄생한 『신천지 돌발 질문에 대한 친절한 답변』은 정통교회를 향한 신천지의 무모한 공개적, 도발적 질문에 대응하여 성경적 관점으로 응전한 영적 전투매뉴얼이다. 신천지는 내심 이런 성경적 질문에 대해 정통교회가 답을 할 수 없을 것이라는 자만함에 도취되어 있다. 이 매뉴얼은 신천지 교리의 허구를 정확하게 진단하고 그들에게 올바른 복음적 기준을 명확하게 제시한 효과적인 처방전이자, 핵폭탄과 같은 파괴력으로 적의 진지를 허물 수 있는 무기다. 확신과 기쁨으로 추천한다.

권남궤 목사, 이음이단상담소장

한국교회는 신천지를 경계만 할 것이 아니라, 이들을 만났을 때 효과적으로 대응하고, 수용할 수 있도록 잘 준비해야 한다. 하지만 이들이 워낙 비밀스럽게 활동하여 파악이 쉽지 않던 중, 코로나19로 그 정체가 온 천하에 드러나게 되었다. 그러나 신천지는 이후

오픈전도라는 이름으로 더 공개적으로 활동한다. 이런 와중에 양형주 목사가 『신천지 돌발 질문에 대한 친절한 답변』을 펴낸 것은 얼마나 감사한 일인가! 성경적이라 주장하는 신천지 성경해석의 허점을 일목요연하게 밝히고 있는 이 책은 목회자는 물론이요 일반 성도들이 적극적으로 접종해야 할 필수적인 신천지 예방 백신이다. 귀한 책을 펴내신 양형주 목사님께 응원의 박수를 보낸다.

김운성 목사, 서울영락교회

이단은 우리에게 잘못된 믿음을 가지고 살아가게 만든다. 그것도 하나님의 말씀을 가지고 미혹한다. 본서에서 제시하는 80여개의 질문과 이에 대한 반증은 현장에 있는 목회자들뿐 아니라 일반 성도들에게도 성경에 대한 바른 이해와 바른 믿음으로 분별하고 성장해 갈 수 있도록 도와준다. 이 책을 통해 신천지의 전략을 분별하는 지식과 안목을 기르고 교묘한 신천지의 미혹을 거뜬히 이겨내시리라 확신한다. 강력한 일독을 추천한다.

김형준 목사, 서울동안교회

한국교회의 대표적인 이단대처 사역자인 양형주 목사는 그동안 수많은 강의와 저서들로 이단을 예방할 수 있는 영적 백신을 제공하며 한국교회의 파수꾼 역할을 해주셨다. 신천지인들의 포교질문을 분석한 본 저서는 한국교회가 신천지의 공세에 더욱 효과적으로 대응하는 데에 큰 도움이 될 것이다. 한국교회 모든 목회자들과 성도들이 언제 찾아올지 모르는 신천지의 공세에 잘 대비할 수 있도록 본 저서를 꼭 읽어볼 것을 강력하게 추천한다.

류영모 목사, 한교총 대표회장, 예장통합 총회장, 한소망교회

간절히 기다리던 책이 드디어 나왔다! 신천지인들이 던지는 황당한 성경질문과 잘못된 교리, 엉뚱한 논리에 대해 이 책은 정확하고 분명한 성경적 설명을 제시하여 바른 신앙을 정립해 준다. 미혹의 질문 때문에 회의와 혼란에 빠진 이들, 목회자들과 성도들의 필독을 강력 추천한다. 한국교회를 위한 양형주 목사님의 귀한 섬김에 깊은 감사를 보낸다.

류정길 목사, 제주성안교회

그동안 교회들이 신천지 이단으로 인해 너무나 큰 피해를 입었다. 신천지는 말도 안 되는 자의적 해석으로 성경의 가르침을 이만희 교주에게 억지로 꿰맞추는 행위를 일삼고 있다. 신천지 전문가인 양형주 목사는 본서를 통해 이런 왜곡된 가르침을 조목조목 파헤쳐지며 성경이 의도한 참 진리가 무엇인지를 제시한다. 이 책은 신천지에 빠진 영혼을 참된 목자이신 예수 그리스도께 인도하는 소중한 지침서가 될 것이다. 적극 추천한다.

송민호 목사, 토론토영락교회

코로나19 이후 이단 신천지의 포교방법이 오픈전도로 전환된 시점에서 적절하게 대응할 수 있는 오픈전도매뉴얼이 출간된 것은 매우 기쁜 소식이다. 무엇보다 성도들이 신천지 신도들과 맞닥뜨렸을 때 당황하지 않고 대응할 수 있는 매우 실제적인 내용이라는 점에서 의미있고, 목회현장에서 신천지예방을 위한 성도들 교육용으로도 탁월하다는 점에서 특히 목회자들의 일독을 강력히 추천한다.

신현욱 목사, 구리이단상담소

지금까지 한국교회를 위한 진리수호와 성도를 지키는 사역을 치열하게 감당해 오신 양형주 목사께서 또 한 번의 축복된 선물을 한국교회를 위하여 내어 놓았다. 기독교 역사 2000년 가운데 가장 교묘하고 악랄한 집단인 이단 신천지의 폐해를 누구보다 꿰뚫어 아는 양형주 목사는 전문성, 현장성을 가지고 진리사랑, 성도사랑으로 이 책을 기록하였다. 마치 돌팔매가 다윗의 손에 들려 골리앗의 이마를 깨뜨려 승리한 것처럼 본서를 손에 잡은 모든 분들에게 하나님의 지혜와 능력이 임하기를 확신하며 추천한다. 목회자에게는 최신의 정보를, 이단에 빠진 이들에게는 구원의 소망을, 이단을 헤쳐 나온 이들에게는 또 다른 영혼을 향한 간절함을 전달하는 은혜가 임하기를 바란다.

오정호 목사, 새로남교회,
제자훈련목회자협의회(Cal-Net)이사장

진리는 언제나 승리한다. 이 책이 바로 그 사실을 보여준다. 책의 내용은 신천지의 잘못된 성경 해석과 혼탁한 주장들에 대하여 말씀에 근거한 확실한 진리를 명쾌하게 제시해줌으로써 혼란이 사라지게 한다. 우리나라는 신천지와 각종 이단들이 기승을 부리며 귀한 영혼들을 구원의 길에서 벗어나게 미혹하고 있다. 이 책을 통해 더욱 많은 한국 교회 성도님들의 믿음과 신앙이 말씀과 십자가 복음의 진리 위에 굳게 세워지길 진심으로 기도드린다.

이규호 목사, 큰은혜교회

코로나 19시대, 망할 것 같던 신천지는 더 강력해졌다. 그동안 고수해오던 '모략전도'를 '오픈전도'방식으로 바꾸어 당당하게 신천지임을 밝히고 성도들을 공격한다. 그로 인한 피해는 갈수록 커지고 있다. 많은 교회들이 신천지 문제로 힘겨워하고 있지만, 그렇게 중요한 문제인데도 이를 대응하기 위한 훈련은 고사하고 제대로 된 정보조차 제때 제공하지 못하고 있다. 이런 상황에서 양형주 목사의 『신천지 돌발 질문에 대한 친절한 답변』이 나온 것은 너무 감사하고 축하할 일이다. 이 책은 성경과 교회를 의심하게 하는 신천지의 간교한 질문들을 정확하게 분석하고 그 오류를 지적하고 있다. 또한 신천지의 허무맹랑한 성경해석과 교리에 대해 강력하게 대응하고 있다. 이 책은 모든 목회자와 평신도 리더 특히 청년과 다음 세대의 이단 예방과 대처를 위한 필독서이다. 강력하게 추천한다.

조운 목사, 울산대영교회

지난 2년 반 동안 온 인류가 직면한 엄청난 코로나 공습의 위기 가운데 우리는 백신이 얼마나 중요한 지를 새삼 깨닫게 되었다. 작금의 한국교회는 코로나보다 더 독한 치명적인 영적 바이러스와 싸우고 있다. 바로 신천지라는 악성 바이러스다. 그동안 이 악성 바이러스는 많은 성도들을 감염시켜서 영적으로 죽음으로 이끌었는데, 이번에 이를 완벽하게 퇴치할 영적 백신 『신천지 돌발 질문에 대한 친절한 답변』을 개발했다. 이는 코로나 백신의 개발보다 훨씬 더 기쁘고 복된 소식이 아닐 수 없다. 양형주 목사는 이 매뉴얼을 통해 신천지가 성도들을 전염시키는 통로를 정확하게 파악하여 그것을 차단하도록 처방한다. 이는 많은 성도들과 신천지 탈퇴자들 그리고 목회자와 선교사로 하여금 '신천지'라는 악성 바이러스를 물리칠 수 있게 도와주는 최고의 영적인 백신이다. 한국교회의 모든 성도님들과 특별히 성도들을 목양하고 있는 한국교회 목회자들에게 필독과 정독을 강력히 추천한다.

주승중 목사, 주안장로교회

교회 주변에서 한 무리의 신천지 사람들이 포교활동을 벌이다가 어느 성도에게 접근을 했다. 한눈에 신천지인 것을 눈치 챈 성도가 얼른 피하려 하자 "저희가 무서워요?" 라고 소리치며 낄낄대며 웃었다. 이 이야기를 듣고 마음이 상했다. 그들은 우리가 피할수록 더 대담해진다. 이제 한국교회는 신천지를 무작정 피할 것이 아니라 바르게 분별하여 대응해야 한다. 이 보화 같은 책을 통해 신천지가 얼마나 반성경적이며 반기독교적인지를 분명하게 알고 분별하여, 이 땅의 교회와 성도를 지켜내는 일에 힘을 모을 수 있기를 바란다.

최영태 목사, 대구충성교회

이단의 도전과 질문에 대한 응전과 변증의 결과가 곧 교회의 신앙이고 신학이다. 신천지는 자의적인 성경 해석을 통해 구원의 역사를 왜곡하고 훼손하는 한편, 코로나19 세상에서 오픈 포교를 통해 친밀하게 다가와 치밀하게 우리를 미혹하고 있다. 목회자, 선교사, 교인, 탈퇴자를 혼란에 빠트리는 신천지의 오픈전도를 통한 비성경적 접근에 대해, 양형주 목사는 조목조목 실제적이고 복음적이며 개혁주의적인 답변을 이 책에서 시도하고 있다.

탁지일 교수, 부산장신대학교 교회사,
월간 『현대종교』 이사장 겸 편집장

우리는 혼란스런 세상에 살고 있다. 과학만능주의는 과학을 통해 모든 것이 증명되어야 한다고 도전한다. 물질만능주의는 머니 머니해도 '머니'가 최고라고 주장한다. 각종 이단들은 하나님의 말씀을 사사로이 해석하고 사유한다. 이로 인해 눈에 보이지 않는 신비의 영역은 외면당한다. 안타까운 현실이다. 그런 와중에 양형주 목사님의 책 『신천지 돌발 질문에 대한 친절한 답변』은 단연 돋보인다. 신천지의 까다로운 질문으로 인해 신앙이 흔들렸던 분들에게 매우 유익할 것이다. 뿐만 아니라, 성경 속 난제들에 대한 명쾌한 답변은 말씀을 사모하는 일반 독자들에게도 큰 도움이 되리라 생각한다. 이에 기쁜 마음으로 추천하며 일독을 권한다.

허요환 목사, 안산제일교회

페니실린은 세계사를 바꾼 최초의 항생제이다. 이 책은 페니실린처럼 신천지의 공격에 감염되어 죽어가는 많은 초신자들과 상처 입은 영혼들을 살리는 강력한 바이블 백신이다. '신천지 출입금지' 푯말 뿐 아니라 이들의 간교한 질문에 이 책으로 대응하면 신천지는 한 길로 왔다가 일곱 길로 도망갈 것(신 28:25)이다. 이 책은 기다리던 책, 신천지와 싸울 강력한 무기이다. 신학과 학문, 목회와 실천을 겸비한 양형주 목사가 썼기에 더욱 신뢰할 수 있다.

홍인종 교수 , 장신대 목회상담학

들어가는 말

한 성도로부터 전화를 받았다. "목사님, 전에 신앙생활을 잘 하던 지인이 오랜만에 연락을 했어요. 자신은 신천지에 다니는데 조만간 개최되는 신천지 온라인 말씀 대성회에 와서 성경 말씀을 들어보라는 거예요. 그러면서 신천지에서 말씀을 제대로 배워 너무 좋다고 하네요. 구약과 신약이 하나로 꿰어지며 성경이 열렸다며 막 오라고 해요." 이 성도는 정상적인 신앙생활을 하는 줄 알았던 지인이 신천지에 빠졌다는 사실에 큰 충격을 받았다. 그런데 더 큰 충격이 있었다. 신천지에 다닌다는 지인이 성도에게 "너 성경, 잘 아니?"라며 질문을 던지는데 제대로 답변할 수 있는 것이 하나도 없었다는 점이었다. 나는 그 성도에게 지인이 던진 질문들을 생각나는 대로 적어서 보내달라고 하였다.

비슷한 시기에 또 다른 성도에게 전화를 받았다. 영업하던 카페에 신천지인들이 들이닥쳐 성경에 대한 각종 질문들을 공격적으로 쏟아내며 온라인 말씀 세미나에 참여하자고 끈질기게 찾아와 당황했다는 것이다. 팬데믹 시대에 코로나 바이러스와 함께 비진리의 바이러스도 함께 퍼져나가고 있음을 확인하는 순간이었다. 신천지의 질문 리스트를 보면서 그 안에 하나하나 독소가 묻어있기에 이를 마냥 무시했다가는 성도들의 잠재의식 가운데 남아 신앙생활을 방해할 수 있는 요소들이 다분하다고 생각했다.

신천지인이 던졌던 질문은 다음과 같다. '아담 이전에 사람이 있었다는 거 알아?', '흑암이 깊음 위에 있다는 것이 무슨 뜻이야?', '뱀이 정말 말을 했을까?', '보혜사의 뜻을 아니?', '오순절 성령과 진리의 성령의 차이를 알아?', '너는 천국 비밀을 깨달았니?', '해, 달, 별이 떨어진다는 것이 무슨 뜻일까', '예수님이 정말 구름을 타고 오실까?', '그가 타고 오는 구름은 어떤 구름일까? 뭉게구름? 나비 구름?' 등등.

이런 질문들은 예전부터 신천지인들이 공격적으로 포교를 할 때 사용해왔던 질문들이다. 하지만 기존 교회에서는 이러한 내용들을 체계적으로 잘 다루지 않아 왔다. 이런 질문들에 굳이 대답할 필요를 느끼지 못했고, 또 이들 배후에 있는 의도를 잘 파악하지 못하여 어떻게 대답해야 할지 모르는 곤혹스러움도 있었던 것이 사실이다. 교회가 신천지의 질문들에 대해 미온적인 태도로 일관하자 신천지인들은 기성교회에는 이런 질문에 대한 답이 없고 오직 신천지만이 답을 갖고 있다는 확신에 차 더욱 자신 있게 공격적으로 포교한다.

다른 한편 이런 질문은 신천지가 거짓임을 깨닫고 신천지에서 이탈한 성도에게도 독소로 남는다. 이러한 질문은 탈퇴한 신천지인 머릿속에 해결되지 않는 더 큰 물음표로 남아 건강한 신앙의 회복을 방해한다. 전에 신천지에서 10년간 자신의 모든 것을 다 걸고 신앙을 하다 신천지를 이탈한 청년이 있었다. 이 청년은 신천지가 거짓임을 알게 되자 자신의 세계관은 와르르 무너졌다고 말했다. 하지만 그는 올바른 세계관을 어떻게 다시 세워야 할지 몰랐다. 머릿속에는 '그래도 말씀에 대해서만은 신천지가 진리를 말하고 있는 것이 아닐까' 하는 생각이 줄곧 있었기 때문이다. 이전에 신천지를 포교하며 공격적으로 던졌던 질문이 이제는 벗어나고 싶지만 벗어나기 힘든 족쇄로 바뀌어 그를 여전히 단단히 묶고 있었다.

신천지로부터 완전히 벗어나려면 이 족쇄를 반드시 끊어야 했다. 그는 지인을 통해 필자를 소개 받고 바이블 백신 센터에 와서 이런 질문들에 관해 상담했다. 그가 가장 궁금해 했던 것은 창세기와 삼위일체에 대한 질문이었다. 진지한 열기 가운데 그가 궁금해 하던 답을 하나하나 풀어주었을 때, 그는 얼굴을 감싸고 한참을 흐느껴 울었다.

그는 신천지의 교묘한 주장이 거짓임이 하나하나 밝히 드러나자 어쩔 줄을 몰라 했다. 10년 동안 속아 살았다는 생각에 분개했고, 여기에 자신의 10년 인생을 다 바쳤다는 것을 한심해하고 괴로워했다. 그 상담의 자리에는 신천지에 몸담은 지 15년이 된 청년도 함께 있었다. 2년 전 신천지에서 나왔지만, 여전히 머릿속을 맴돌던 족쇄 같은 질문에 그도 많이 힘들어 했다. 상담 후 그들의 얼굴이 환해졌다. 그리고 저자에게 궁금증을 이제야 해소하게 되어 감사하다고 말했다.

이제는 이러한 질문들에 대해 한국교회도 차분하게 대답할 준비를 해야 한다. 이에 신천지인들이 오픈전도 때 묻는 질문들과 이에 대한 성경적 답변을 모아 『신천지 돌발 질문에 대한 친절한 답변』을 내놓는다. 이 책을 읽어야 할 독자는 다음과 같다.

첫째, 신천지인들의 포교를 일상에서 마주하는 성도들이다. 이들은 신천지의 교묘한 포교에 늘 노출되어있기에, 성도들에게 먼저 위와 같은 질문에 대한 답변을 교육하여 성도들을 강한 용사로 무장시켜야 한다. 이 책은 유용한 신천지를 예방하는 백신이자 신천지를 상대하는 무기가 될 것이다. 이제는 신천지인들의 공격적인 질문에 전혀 주눅 들지 않고 당당하게 답변할 수 있는 성도들이 많아져야 한다. 더 나아가 오픈전도를 하던 신천지인들이 무장된 성도들의 답변에 설득되고 매료되어 회심하는 일들까지 일어나면 좋겠다.

둘째, 성도들을 목양하는 국내외 목회자와 선교사다. 성도들이 질문에 충격을 받고 목회자에게 질문해 올 때 목회자는 이에 대해 답변할 준비를 해야 한다. 또 당돌하게 교회로 직접 찾아와 목회자에게 이런 질문을 쏟아내는 신천지인들에게 논리적으로 조리 있게 답변할 수 있어야 한다. 이는 신천지 피해가 있는 선교 현장에서도 마찬가지다. 본서를 교재로 삼아 교회에 체계적인 양육 과정을 개설하여 성도들의 신앙을 견고하게 할 수 있으면 참 좋겠다. 사역자는 우리가 갖고 있는 참된 소망을 성도들에게 심어주어 흔들리지 않는 확신으로 더욱 믿음에 견고히 서도록 해야 한다.

셋째, 신천지 탈퇴자들이다. 이들은 신천지가 거짓임을 알고 나왔어도 그 머릿속에는 여전히 해결되지 않는 궁금증들이 남아있다. 신천지에서 배웠던 것에 대해 기성교회에서 제대로 된 내용을 들을 수 있는 기회가 없으면 영적으로 답답해진다. 이러한 답답함을 어떻게든 해결해야 더욱 건강한 신앙으로 도약할 수 있다. 따라서 신천지 탈퇴자들은 이 매뉴얼을 반복해서 읽고 또 읽어 새로운 믿음으로 다시 일어서는 데 이 책을 자양분으로 삼을 수 있으면 좋겠다.

이 책은 신천지인들의 돌발질문이나 그들이 제시하는 성경구절에 대해서도 즉각적으로 대처하도록 구성했다. 책 뒤에 정리된 주제어 색인과 성구 색인을 적극 활용하라. 그들의 질문에 곧바로 찾아 응대할 수 있을 것이다. 부디 유용한 도움을 얻길 바란다.

이 글이 나오기까지 도움을 주신 분들께 감사한다. 무엇보다 삶의 현장을 하나님 나라로 바꾸어 가기 위해 분투하며 애쓰는 대전도안교회 성도들에게 감사드린다. 이들은 삶의 현장에서 신천지인들과 부딪치는 상황을 적극적으로 공유하며 이러한 글이 나오도록 영감을 주었다. 탈퇴상담과 회심상담을 하며 마음에 담아둔 이야기를 함께 나누었던 여러 탈퇴자들에게도 감사드린다. 바이블백신센터와 동역하는 구리상담소 신현욱 목사님과 부산 이음상담소 권남궤 목사님께도 깊은 감사를 드린다. 이들은 본서의 글을 꼼꼼하게 읽어가며 아낌없는 조언과 유용한 제언으로 이 책이 더욱 충실해지는 데 소중한 기여를 했다. 끝으로 이단 예방사역과 상담사역의 최일선에서 부족한 필자를 도와 함께 동역하며 돕는 바이블백신센터의 박지연 목사와 안소영 전도사, 그리고 대전도안교회 사역자들께도 깊이 감사드린다.

이 매뉴얼은 한 번만 읽고 끝내서는 안 된다. 할 수 있는 한 반복해서 읽고 또 읽어, 누군가가 신천지에 관해 질문할 때 당당하고 확신 있게 답변할 수 있도록 준비해 두어야 한다.

> 너희 속에 있는 소망에 관한 이유를 묻는 자에게는 대답할 것을 항상 예비하되 온유와 두려움으로 하고(벧전 3:15)

아무쪼록 이 매뉴얼이 그리스도의 몸 된 교회를 더욱 든든히 세워가는 데 작으나마 도움이 되기를 바란다.

글쓴이 양형주 드림

"

신천지가 접근할 때 사용하는 무기들을 조목조목 밝혀줌으로써
사실상 신천지의 공격을 무력화하는 탁월한 방어용 기제다
(강웅산 교수, 총신대 신대원 조직신학)

신천지가 포교활동을 하면서 사용하는 교리가
얼마나 잘못된 것인지를 성경적으로 명쾌하게 잘 풀어냈다
(고명진 목사, 기독교한국침례회 총회장, 수원중앙침례교회)

정통교회를 향한 신천지의 무모한 공개적, 도발적 질문에 대응하여
성경적 관점으로 응전한 영적 전투매뉴얼이다
(권남궤 목사, 이음이단상담소장)

성경적이라 주장하는 신천지 성경해석의 허점을 일목요연하게
밝히고 있는, 필수적인 신천지 예방 백신이다
(김운성 목사, 서울영락교회)

"

1장
창조

신 천지는 창세기 1-2장의 창조 이야기를 실제 일어난 창
조 역사가 아닌 장차 신천지 증거장막성전의 출현을 예
고한 비유이자 예언으로 해석한다. 창세기는 자연계를 빙자한
영적 재창조의 이야기, 즉 신천지의 출현을 예언한 말씀일 뿐,
실제로 세상이 창조된 과정을 기록한 것은 아니라는 것이다.*
창세기의 역사성을 부인하기 위해 이들은 언뜻 이해가 가지 않
는 내용들을 근거로 창세기의 내용을 허구라 말하며 성도들의
믿음을 흔든다. 그러나 창세기의 창조 이야기는 세상을 창조하
신 하나님의 역사를 보여주며 세상과 인류의 기원에 대한 소중
한 내용들을 전달한다. 창세기에 대해 이들이 제기하는 문제들
과 그에 대한 바른 이해를 살펴보도록 하자.

* 이만희, 『천지창조』(과천: 도서출판신천지, 2007), 67.

1. 아담 이전에 사람이 있었다는 거 알아?

신천지는 아담 이전에 사람이 있었다고 주장한다. 아담은 하나님이 만든 첫 인류가 아니라는 것이다. 아담 이전에는 이미 많은 사람들이 있었다는 이들의 주장을 살펴보자.

* **신천지의 주장:**
첫째, 네안데르탈인이나 오스트랄로피테쿠스 같은 화석들을 보면 이미 6천 년 이전에 고대 인류가 있었다는 증거가 있지 않은가? 시조새의 존재도 교과서에 소개되지 않는가? 신천지인들은 이런 이유로 인류의 실제 역사는 분명 성경보다 길고, 아담 이전부터 사람은 존재하고 있었다고 주장한다.
둘째, "남자가 부모를 떠나 그 아내와 연합하여 둘이 한 몸을 이룰지로다(창 2:24)"라는 성구를 보면, 아담에게도 부모가 있었다는 사실을 알 수 있다. **아담 이전에 부모가 있었으니 부모를 떠나라는 말씀을 하는 것이다.**

셋째, 가인 역시 아벨 살해 후에 하나님께 이렇게 아뢴다. "··· 내가 땅에서 피하며 유리(방황)하는 자가 될지라 무릇 나를 만나는 자가 나를 죽이겠나이다(창 4:14)." 당시에 가인과 아벨 외에 사람이 없었을 텐데 **갑자기 가인을 만나 죽일 사람이 어디서 나타났겠는가?**

넷째, 게다가 가인은 아내를 얻어 에녹을 낳았는데, 가인의 **아내는 갑자기 어디서 나타났는가?** 아담 이전에 사람이 있지 않고는 가인이 아내를 얻는 일이란 불가능하다.

다섯째, 아담이 첫 사람이 아니라면 그는 대체 어떤 사람일까? **아담은 '첫 목자'다.** '첫 목자'란 하나님이 많은 인류 중 택하신 첫 번째 목자를 뜻한다. 아담은 컴컴한 비진리 세상에 빛을 선포하기 위해 하나님이 택한 첫 목자다. 아담이 나타나기 전까지 세상에 있던 사람들은 비진리 가운데 영이 죽은 '무령인간(無靈人間)'일 뿐이다. 성경의 **첫 목자가 아담이고, 마지막 때의 목자는 이만희 총회장이다.**

이들이 이렇게 주장하는 이유는 구약성경의 첫 책인 창세기부터 장차 마지막 재림 시대에 신천신지를 재창조하도록 하나님이 택한 목자가 바로 이만희 총회장임을 주장하기 위해서다. 그러나 성경은 하나님이 처음으로 지으신 사람이 아담임을 분명히 선언하고 있다. 만약 아담 이전에 하나님이 사람을 창조했다면 성경은 이 사실을 분명하게 명시해서 진술했을 것이다. 그렇다면 신천지의 주장에 대해 어떻게 반증할 수 있을까?

첫째, 성경은 첫 사람을 아담이라고 분명히 말씀한다.

기억할 것은 성경은 아담을 '첫 목자'라고 말하지 않는다는 사실이다. 아담을 '첫 목자'로 진술하는 성경이 있으면 가져와 보라. 아담을 '첫 목자'라고 주장하는 것은 신천지 식의 해석일 뿐이다. 이러한 해석을 한자로 '주석(註釋)'이라 한다. 다음 국어사전(dic. daum.net)의 정의에 따르면 '주석'이란 명사는 '낱말이나 문장의 뜻을 쉽게 풀이함'을, '주석하다'란 동사는 '뜻을 쉽게 풀이하다'로 정의된다. 따라서 아담을 '첫 목자'라고 하는 것은 신천지식 주석일 뿐이다. 성경은 아담에 대해 '첫 목자'가 아니라 '첫 사람'이라고 진술한다.

> 기록된 바 첫 사람 아담은 산 영이 되었다 함과 같이 마지막 아담은 살려주는 영이 되었나니(고전 15:45, 참조. 15:47)

둘째, 성경은 아담 이전의 사람이 없음을 인류의 족보를 통해 분명히 말씀한다.
누가복음의 3장 23-28절에 나오는 족보는 예수 그리스도로부터 인류의 조상까지 그 기원을 다룬 족보다. 족보는 이런 식으로 시작된다.

> … 요셉의 이상은 헬리요 그 이상은 맛닷이요 그 이상은 레위요 그 이상은 멜기요 그 이상은 얀나요 그 이상은 요셉이요(눅 3:24b-25)

여기서의 '이상'이란 그 윗대를 뜻한다. 이렇게 윗대로 계속해서 거슬러 올라가다 보면 마지막 절은 이렇게 끝난다.

그 이상은 에노스요 그 이상은 셋이요 그 **이상은 아담**이요 그 이
상은 **하나님**이시니라(38절)

예수 그리스도의 족보를 시작까지 거슬러 올라가면 가장 윗대는
아담이고, 그 윗대는 하나님이다. 즉 하나님이 창조하신 가장 첫
사람이 아담인 것이다. 만약 하나님이 다른 인류를 창조하셨다면
다른 사람들의 이름이 등장했을 것이다.

**셋째, 만약 아담 이전에 사람이 있었다면 그들은 죽지 않고 살아
있어야 한다.** 왜냐하면 성경은 분명 아담으로 말미암아 죄가 세상
에 들어오고, 이 죄로 말미암아 사망이 들어왔다고 말씀하기 때문
이다(롬 5:12). 그렇다면 아담 이전의 사람들은 원죄가 없던 사람
들이기에 죽지 않는 것이 이치에 맞다.

넷째, 창세기 2장은 **하나님이 아담을 창조하기 전에 사람이 없
었다고** 말씀한다.

이것이 천지가 창조될 때에 하늘과 땅의 내력이니 여호와 하나님
이 땅과 하늘을 만드시던 날에 여호와 하나님이 땅에 비를 내리지
아니하셨고 땅을 갈 <u>사람도 없었으므로</u> 들에는 초목이 아직 없었
고 밭에는 채소가 나지 아니하였으며(창 2:4-5)

이때는 안개만 땅에서 올라와 지면을 적실 때였고 사람은 없었
다(창 2:6). 하나님은 이때 사람을 만드신 것이다.

여호와 하나님이 땅의 흙으로 사람을 지으시고 생기를 그 코에 불
어넣으시니 사람이 생령이 되니라(창 2:7)

여기에서의 '생령(히, 네페쉬 하야)'은 '생명 있는 존재' 또는 '목숨
을 가진 존재', 즉 '생물(living being-NRSV, NIV, living crea-
ture-ESV)'이란 뜻이다. '령(靈)'에 해당하는 히브리어 '네페쉬'는
'목숨' 또는 '전인적인 존재'를 뜻하는 말이지, 영적 존재만을 뜻
하는 것이 아니다.

**다섯째, 오스트랄로피테쿠스가 최초의 인류라는 주장은 아직 입
증되지 않은 가설일 뿐이다.** 만약 오스트랄로피테쿠스와 같은 화
석의 존재를 사실로 받아들이면 문제가 생긴다. 오랑우탄 같은 유
인원과 인간의 경계선이 애매하게 되어 버린다는 점이다. 이에 따
르면 결국 인류는 오랑우탄 같은 오스트랄로피테쿠스에서 유인원
호모 하빌리스로, 이후 오늘날의 사람으로 단계적으로 진화했다는
주장을 받아들일 수밖에 없게 된다.

신천지의 주장대로라면 결국 사람이 유인원으로부터 진화된 것
이라는 진화론까지 받아들여야 한다. 그렇다면 하나님은 사람을
창조하지 않고 유인원을 창조하셨을 뿐이고, 오늘날의 직립보행하
는 인간(호모 에렉투스)은 진화의 산물에 불과할 것이다.

그러나 최근까지의 연구 결과 오스트랄로피테쿠스는 인간과 다
른 유인원일 뿐이다. 최근 많은 연구에 의해 오스트랄로피테쿠스
는 직립보행에 적합한 다리 구조를 가지고 있지 않은 것으로 드러

네브라스카인(좌)과 오스트랄로피테쿠스(우)의 상상도 (구글 이미지 참고)

났다.[1] 더 나아가 그동안 인류의 화석이라고 주장된 많은 화석들이 속속들이 사실이 아닌 것으로 밝혀지고 있다. 네브라스카인으로 명명된 유인원은 상상도를 통해 세상을 떠들썩하게 했지만 그화석의 이빨이 멧돼지 이빨인 것으로 밝혀져 교과서에서 삭제됐다.[2] 호모 에렉투스의 대표적인 화석으로 제시되었던 필트다운인의 두개골 화석은 최초로 발표된 지 50년 후 동물의 턱뼈와 사람두개골을 조합한 것으로 판명되었는데, 그 뼈는 겨우 600년 전의 것으로 확인됐다.[3]

심지어 발견자들이 스스로의 주장을 포기하는 경우도 빈번했다. 결론적으로 인류의 진정한 조상이라고 할 만한 화석은 현재 전무한 상태이고, 소수의 화석들도 여전히 논란 가운데 있는 실정이

---

1 교과서진화론개정추진회, 『교과서 속 진화론 바로잡기』(서울: 생명의말씀사, 2011), 120-121.

2 유영대, "유인원의 인류진화설은 허구", 『국민일보』, 2016. 11. 4.

3 위의 글.

다.[4] 가설을 진실인 양 주장하는 것은 의도적으로 진리를 감추려는 목적이 있음을 알아야 한다. 참고로, 인류 문명의 발생 연도는 기껏해야 주전 3, 4천 년밖에 되지 않는다. 이는 오늘날과 같은 이성과 신체구조를 가진 인류가 본격적으로 발흥한 것이 그리 오래 되지 않았음을 보여준다.

여섯째, 시조새 화석의 역사성은 입증되지 않았다. 최근까지도 시조새(archaeopteryx)에 관한 내용은 시기적으로 파충류와 조류 사이에 출현하였고 파충류와 조류의 특성을 모두 가지고 있어 척추동물이 파충류에서 조류로 진화한 증거라는 내용으로 교과서에 수록되었었다. 하지만 학자들의 연구 결과 시조새는 단지 새에 불과하다는 사실이 밝혀졌다. 1984년 9월, 국제 시조새 학술회의에서 3일간의 발표와 열띤 토론 후 학자들이 시조새에 대한 공통된 의견을 취합하여 내린 결론은 다음과 같다.

> "시조새는 날 수 있는 새의 일종이었으며 근대 새의 조상과 직접적인 관련이 없다."[5]

이를 입증하는 또 다른 증거는 가장 오래된 새의 화석이라 불리는 시조새보다 훨씬 오래된 새의 화석이 발견되었다는 사실이다.[6]

---

4 교과서진화론개정추진회, 앞의 책, 124.

5 International Archaeopteryx Conference, Journal of Vertebrate Paleontology, 5:179, June; 위의 책, 73에서 재인용.

6 위의 책, 73.

2. 아담에게 부모를 떠나 아내와 합하라고 했는데, 그럼 아담 이전에 사람이 있었단 말이야?

신천지는 아담 이전에 사람이 있었다는 증거로 창세기 말씀을 인용한다.

> 남자가 부모를 떠나 그 아내와 연합하여 둘이 한 몸을 이룰지로다(창 2:24)

이 말씀은 아담에게 이미 부모가 있어서 아담이 그 부모로부터 떠나야 한다는 뜻이 아니다. 여기서의 '떠나(히. 야아자브)'는 **미완료형**이다. 이는 동작이 완료된 것이 아니라 **계속해서 반복적으로 이루어져야 함**을 뜻한다. 즉, 아담은 인류의 첫 사람이고 이후에 태어나는 후손들은 계속해서 이 원칙을 따라 부부의 하나 됨을 이루어야 한다는 것이다. **부모를 떠나는 것을 가정 형성의 원리로 주신 것이다.** 따라서 이것은 계속해서 준수되어야 할 결혼의 원칙을 말씀하는 것일 뿐이고, 아담에게 부모가 있었다는 사실에 대한 증거가 될 수는 없다.

아담은 인류의 첫 사람이다. 이를 입증하는 본문은 창세기 5장에 나오는 **아담의 계보(1-32절)**다. 계보의 첫 부분은 하나님이 남자와 여자를 창조하셨다고 진술한 후(1절), **첫 사람의 이름이 '아담'이라고 소개**한다(3절). 그 이전의 부모는 없다. 오히려 성경은 하와가 모든 산 자의 어미가 되었다고 진술한다.

아담이 그의 아내의 이름을 하와라 이름하였으니 그는 **모든 산 자의 어미**가 됨이더라(창 3:20)

주목할 것은 아담이 아내의 이름을 지어주었다는 사실이다. 만약 아담과 하와 이전에 그들의 부모가 있었다면 아담이 하와의 이름을 지어줄 필요가 없다. 하와의 부모가 미리 하와에게 이름을 지어주었을 것이기 때문이다.

3. 가인이 쫓겨날 때 지구상에 살던 사람은 누구일까?

가인은 인류 최초의 살인자로 창세기에 등장한다. 가인이 동생 아벨을 살해하여 하나님이 그를 저주하고 징벌을 선언하시자 가인은 이렇게 호소한다.

… 내가 땅에서 피하며 유리(방황)하는 자가 될지라 무릇 나를 만나는 자가 나를 죽이겠나이다(창 4:14)

신천지는 이 구절을 근거로, **'만약 아담이 최초의 인류였다면, 가인 때에 있었던 수많은 다른 사람들은 갑자기 어디서 나왔느냐'**고 묻는다. 이 본문은 분명 아담 이전에 인류가 존재했었던 증거라는 것이다. 그렇다면 가인을 죽이려는 사람들은 과연 어디서 나왔을까? 이를 이해하는 데 도움이 되는 구절이 아담의 계보(창 5:1-

32)에 나오는 말씀이다.

아담이 셋을 낳은 후 팔백 년을 지내며 자녀를 낳았으며(창 5:4)

여기에서의 '**자녀**'는 **아들딸(새번역, 공동번역)**을 **의미**한다. 좀 더 정확하게 말하면 '아들들(히. 바님)과 딸들(히. 바노트)' 곧 'sons and daughters'를 가리킨다(NRSV, NIV, ESV). 아담은 첫 아들 가인을 낳고 130세에 셋을 낳은 후에도 930세까지 살며 자기의 형상을 닮은 수많은 아들들과 딸들을 낳았다. 이후 이들이 생육하고 번성하여 한 세대 만에 거대한 인류를 이루게 된 것이다.

이들이 건강한 남녀라는 전제 하에, 3년에 한 번씩 자녀를 낳았다고 가정할 경우 이들은 500년 동안 160-70여 명의 자손을 낳게 된다. 이들의 자녀들은 20-30년이 지나면 성년이 되고 또 자녀를 낳는다. 이런 방식대로라면 아담 당대만 하더라도 인구는 상당한 규모로 불어난다. 이미 가인이 성인이 되었을 때 인류는 각지로 퍼져나가 에녹 성을 쌓고 모여 살 정도였다. 동일한 논리로 가인이 맞이한 놋 땅의 아내 역시 아담의 후손이다(창 4:17).

4. 가인이 맞이한 놋 땅의 여인은 누가 낳았을까?

가인이 여호와의 앞을 떠나 나가 에덴 동편 놋 땅에 거하였더니 <u>아내와 동침하니</u> 그가 잉태하여 에녹을 낳은지라 가인이 성을 쌓고

그 아들의 이름으로 성을 이름하여 에녹이라 하였더라(창 4:16-17)

신천지는 당시에 아담이 낳은 아들이 가인과 아벨밖에 없었고, 게다가 아벨은 죽었는데 가인이 어떻게 아내를 얻었느냐고 지적한다. 또한 이것이 아담 이전에 사람이 있었다는 증거라고 주장한다. 이를 어떻게 보아야 할까?

첫째, 본문을 자세히 살펴보면 가인이 에덴 동편으로 이주하여 놋 땅에 거하였다고 했지, 놋 땅에 사는 아내를 얻었다고는 하지 않는다. 이는 **가인이 에덴 동편 놋 땅으로 이주할 때 이미 아내가 있었을 가능성**을 시사한다.

둘째, 성경의 족보는 언약의 후손이자 상속자인 남성을 중심으로 전개되기에 여성의 이름은 대부분 생략된다. 이렇게 본다면 아담과 하와가 가인과 아벨을 낳았던 시기에 여러 딸들을 낳았을 가능성도 충분하다.

셋째, 성경은 하나님이 모든 족속을 한 혈통으로 만드셨다고 분명하게 말씀한다.

인류의 모든 족속을 한 혈통으로 만드사 온 땅에 거하게 하시고 저희의 년대를 정하시며 거주의 경계를 한하셨으니(행 17:26)

이렇게 볼 때 가인은 다른 혈통의 여인을 아내로 맞이한 것이 아니라 하와로부터 한 혈통으로 난 누이와 결혼하였고, 함께 놋 땅으로 이주했던 것으로 추론할 수 있다.

5. 넷째 날에 해와 달을 만드셨는데 첫째 날에 벌써 빛이 있고 낮과 밤이 있다는 것이 이상하지 않아?

신천지는 창조의 역사성을 부정한다. 창조 사건을 역사적 창조가 아닌 비유로 보아야 제대로 깨달을 수 있다는 것이다. 이를 위해 창조의 순서가 논리적으로 맞지 않다는 것을 강조하려 하는데, 그 대표적인 예가 첫째 날의 빛과 넷째 날의 광명체 창조에 관한 것이다. 하나님이 세상을 창조하실 때 첫째 날에 "빛이 있으라"라고 했는데(창 1:3-5), 넷째 날에는 해, 달, 별과 같은 광명체를 또다시 만드셔서 낮과 밤을 가르고, 계절과 날과 해(year)를 나타내는 표가 되게 하셨다(14절).

첫째 날에 빛을 만드셨는데 굳이 넷째 날 광명체를 만드실 필요가 있을까? 이처럼 창조의 순서를 논리적으로 보면 모순적이기에, 신천지는 이것을 진짜 창조의 과정으로 보기가 어려우므로 이를 비유로 보아야 한다고 주장한다. 창조의 역사성을 무시하고 창세기를 비유로 푸는 신천지의 해석법을 조금 더 자세히 살펴보자.

* 신천지의 주장:
'빛'은 하나님의 마음에 합한 진리의 말씀을 가진 '목자'를 가리킨다. "하나님의 신이 수면 위를 운행하시니라"라는 표현(창 1:2)은 하나님께서 빛을 찾기 위해서 수면, 곧 세상을 돌아다니시는 것이다. 태초에 흑암이 깊음 위에 있다는 것은 하늘이 흑암하다는 뜻이고(렘 4:28), 어두워진 하늘은 하나님이 떠나가신 뒤의 무너진 하늘의 선민 장막성전

을 가리킨다. 쉽게 풀이하면 한때 이만희가 몸담았던 **장막성전이 지도자 유재열이 떠난 후 와해된 모습을 묘사**하는 것이다.

창세기는 첫째 하늘에 해당하는 진리의 성읍인 장막성전이 무너지자 하나님이 새로운 빛, **곧 진리의 말씀을 가진 목자인 이만희를 세워** 새 하늘과 새 땅, 곧 신천신지를 창설한 신천지 태동 이야기를 비유로 기록한 책이다. 하나님은 진리의 **첫 장막이 무너져 흑암 가운데 있는 세상에서 빛이 있으라** 하셨다. 이는 이만희를 진리의 목자로 세운 것이다. 이후 해, 달, 별을 세우셨는데, 큰 광명체인 **해는 목자**를, 해의 빛을 받아서 반사하는 작은 광명체인 **달은 전도자**를, **수많은 별들은 성도들**을 가리킨다. 해, 달, 별은 진리의 택한 목자를 중심으로 하늘 장막의 위계질서를 보여준다. 여기서 **해는** 어두운 세상과 비교할 때 **첫째 날에 창조한 '빛'**과 같고, 이는 **모두 동일한 존재인 목자 이만희**를 가리킨다.

과연 창세기의 창조 순서는 창조의 모순을 보여주는 이야기에 불과한 것일까? 아니면 신천지가 주장하는 것 같이 장차 일어날 장래사, 즉 신천지에 대한 일종의 비유이자 예언인가? 이를 바르게 이해하기 위해서는 크게 세 가지 관점으로 접근해야 한다. 그 세 가지 관점은 성경 자체의 관점, 고대 근동 신화에 대한 변증적 관점, 과학적 변증의 관점이다.

첫째, 성경 자체의 관점이다. 창세기의 창조 이야기는 세상의 처음 시작에 있던 사건을 다룬 것이다. 1장 1절의 **'태초에(In the beginning)'란 말은 처음 시작**을 뜻한다. 예언서라면 어떤 일이 언제 일어날 것인지가 중요하다. 그러나 **'태초'는 먼 미래가 아니다.**

아무것도 없던 세상의 처음 시작, 즉 시간과 공간이 시작된 원점을 가리킨다. 따라서 창세기 1장은 아무것도 없던 무에서 유를 창조하신 하나님의 처음 창조를 알리는 말씀인 것이다. 첫 시작에 대해 말하는 것이기에 결코 미래에 있을 일에 대한 예언이 될 수 없다.

'창조하시니라(히. 바라)'라는 동사는 그 **시제가 완료형**이다. 이는 창조의 행위가 이미 과거에 완료된 것임을 뜻한다. 따라서 태초의 창조에 관한 창세기의 서술은 이미 완료된 하나님의 행위를 서술한 것이지, 앞으로 있을 신천지 창조를 예언한 것이 아니다. 생각해 보라. **신천지의 역사가 완성되었는가? 아직 아니다.** 만약 창세기가 비유고 예언서라면 창조에 대한 서술의 시제는 결코 완료형으로 끝날 수 없다.

그렇다면 계시록 21장에 나오는 '새 하늘과 새 땅'은 무엇인가? 이는 신천지의 완성이 아니라, 태초에 하나님이 만드셨으나 인류의 죄로 타락하여 황폐하게 된 하늘과 땅이 나중에 다시 새롭게 그리고 더욱 풍성하게 완성될 것임을 뜻한다. 이것이 나중이요, 완성이요, 오메가다. 따라서 창세기 1장의 천지창조와 신천지의 창조는 엄연히 다르다.

'태초에 하나님이'라는 서술은 **세상이 처음 시작될 때 거기에는 하나님만 계셨음**을 뜻한다. 창세기 1장은 '알파'에 해당한다. 오직 하나님만 세상에 계시던 상황에서 하나님은 '천지' 즉 피조세계를 창조하신다. 여기서 '천지'는 문자적인 의미 그대로의 하늘과 땅이 아니라 하늘과 땅 사이에 있는 모든 만물을 뜻한다. **신천지에게 창조의 개념은 온 세상의 창조가 아니라, 하나님의 뜻을 행할 목**

자를 선택하고 나라를 세우는 것에 국한된다. 즉 창세기의 창조는 하늘과 땅의 모든 것을 만드는 창조가 아니라 **영적 창조에 불과하게 되는 것이다.** 그러나 성경은 하나님이 하늘과 땅의 모든 것을 만드셨음을 선언한다.

> 이는 나와 이스라엘 자손 사이에 영원한 표징이며 나 여호와가 엿새 동안에 천지를 창조하고 일곱째 날에 일을 마치고 쉬었음이니라 하라(출 31:17)

> 그 앞에서 히스기야가 기도하여 이르되 그룹들 위에 계신 이스라엘의 하나님 여호와여 주는 천하 만국에 홀로 하나님이시라 주께서 천지를 만드셨나이다(왕하 19:15)

> 그가 홀로 하늘을 펴시며 바다 물결을 밟으시며 북두성과 삼성과 묘성과 남방의 밀실을 만드셨으며(욥 9:8-9)

또한 하나님은 자연의 법칙을 정하시고, 남북의 방향을 만드셨고, 계절을 만드셨다.

> 비 내리는 법칙을 정하시고 비구름의 길과 우레의 법칙을 만드셨음이라(욥 28:26)

> 남북을 주께서 창조하셨으니(시 89:12)

주께서 땅의 경계를 정하시며 주께서 여름과 겨울을 만드셨나이다(시 74:17)

더 나아가 하나님은 사람을 지으셨다. 이것은 영적 창조만이 아닌 육체의 창조를 포함한다.

네가 있기 전 하나님이 사람을 세상에 창조하신 날부터 지금까지 …(신 4:32)

주께서 내 내장을 지으시며 나의 모태에서 나를 만드셨나이다(시 139:13)

… 그는 네 아버지시요 너를 지으신 이가 아니시냐 그가 너를 만드시고 너를 세우셨도다(신 32:6)

내가 땅을 만들고 그 위에 사람을 창조하였으며 내가 내 손으로 하늘을 펴고 …(사 45:2)

내가 너를 모태에서 짓기 전에 너를 알았고 네가 배에서 나오기 전에 너를 성별하였고(렘 1:5)

하나님의 창조에 대한 이런 진술이 모두 비유일까? 결코 그렇지 않다. 성경은 분명히 하나님이 하늘과 땅의 모든 것을 만드시고 자연법칙을 정하셨으며 인간도 직접 창조하셨음을 선언한다. 창세기 1-3장에 나타난 하나님의 창조는 결코 영적 창조에 국한되지 않는다. 창세기는 세상이 처음으로 시작될 때 하나님이 행하신 일, 곧 알파에 해당하는 부분이다. 결코 장래에 신천지가 생길 것을 예언한 예언서가 아니다. 신천지는 계시록에 예언된 신천지에 관한 내용이 창세기에 미리 나와 있다고 해석한다. 그래서 창세기도 비유로 된 예언서로 본다. 그러나 창세기를 이와 같이 비유로 푸는 것은 알파를 오메가로 곡해하는 일이다. 창세기는 세상의 처음에 완성된 하나님의 역사적 창조를 기록한 책이다.

태초에 하나님은 분명 모든 만물의 토대가 될 창조의 재료를 만드셨고, 이 재료를 바탕으로 2절부터 새로운 창조의 역사를 일으키셨다. 처음 만든 재료가 혼돈과 공허 가운데 널려있는 상태가 바로 2절이다. 따라서 창세기 1장 1절은 아무것도 없는 무에서 처음으로 피조세계의 원재료를 만들어내신 하나님의 창조 역사를 묘사한 본문이다.

창조란 개념도 중요하다. 여기서 **창조는 전에 있던 것을 또 다시 새롭게 만드는 것이 아니라, 전에 없던 것을 완전히 새롭게 생겨나게 하는 것**을 의미한다(creatio ex nihilo). 만약 이것이 신천지가 생겨날 것을 예언한 것이라면, 그것은 '창조'일 수 없다. 왜냐하면 '신천지 창조'는 기존에 있던 것을 새롭게 만드는 것에 불과하기 때문이다. 신천지의 계보를 보면 전에 장막성전이 있었고, 장막성전은 그 이전의 호생기도원에서 나왔으며, 호생기도원은 신앙촌의 영향을 받았다. 그리고 신앙촌이 있기 전에는 김백문의 이스라엘 수도원이 있었다. 이처럼 전에 있던 단체에서 나와 새로운 단체를 만드는 것은 무에서 유를 만드시는 하나님의 창조와 감히 비교될 수 없다.

태초에 창조된 천지는 아무것도 없던 것에서 처음 생겨난 첫 하늘과 첫 땅이다. 종말에는 이 처음 하늘과 처음 땅이 모두 사라지고 새 하늘과 새 땅이 펼쳐지게 된다(계 21:1-4). 이것이 처음과 나중이요, 시작과 끝이며, 알파와 오메가이다.

둘째, 고대 근동 신화에 대응하는 변증적 관점이다. 하나님이 해, 달, 별에 앞서 세상에 빛을 먼저 창조한 것은 하나님이 모든 신들 위에 뛰어난 참된 창조주 되심을 드러내기 위함이다. 해, 달, 별의 창조를 진술하는 본문에서 유의할 것은, 창세기 본문은 결코 '해'와 '달'을 명시적으로 언급하지 않고, '광명체'로 언급한다는 사실이다. 따라서 넷째 날에 창조하신 것은 정확하게 말하면 해와 달이 아니라, '큰 광명체(the greater light)'와 '작은 광명체(the lesser light)'이다(창 1:13, 16).

왜 창세기는 '해', '달'이라는 명시적인 표현 대신 광명체라고 했을까? 이는 하나님의 창조에 **고대 근동의 다른 신들이 끼어들 여지를 없애기 위함**이다. 태양을 뜻하는 히브리어 **'쉐메쉬'**와 달을 뜻하는 **'야레아흐'**는 당시 고대 근동에서 흔히 **태양신과 달신을 의미했다. 창세기는 언어 안에 다신교적 세계관이 들어올 수 있는 여지를 시작부터 차단한다. 해와 달은 신이 아니라 하나님의 말씀에 따라 생겨난 피조물에 불과한 것**이다.

여기서 더 나아가 창세기 1장은 당시 고대 근동에서 온 세상의 전능신으로 추앙받던 태양신과 달신에 대한 공격이기도 하다. 창세기의 창조 순서를 가만히 살펴보면 고대인의 신화적 사고구조에 위배되는 특징이 세 가지 드러난다.

① 광명체가 창조되기 전에 빛이 있었다.
② 태양이 창조되기 전에 풀과, 씨 맺는 채소와 열매 맺는 나무가 자라났다(1:11-12).
③ 태양이 창조되기 전에 이미 낮과 밤의 반복, 즉 날이 있었다.

고대 근동인들에게 태양 없는 세상은 상상할 수 없는 것이었다. 태양은 세상에 빛을 주고, 곡식과 열매를 자라게 하며, 달과 함께 아침과 저녁 즉 날을 주는 전능한 존재다. 특히 이집트와 같은 강대한 고대 제국에서 태양신 '라' 혹은 '레'는 더욱 더 그러했다. 그런데 창세기는 태양이 창조되기 전에 이미 하나님이 태양을 능가하는 빛을 만드셔서 태양이 생기기도 전에 식물을 자라나게 했으며, 해와 달로 계수하던 하루의 날(day)을 이미 창조하셨다고 선언한다. 따라서 창세기는 제국이 섬기는 전능자인 태양과 달을 능가하는 빛을 창조하신 분이 하나님이고, 그 여호와 하나님이 온 세상의 주님임을 선언한다.

셋째, 과학적 변증의 관점이다. 첫째 날 하나님이 창조하신 빛은 태양의 빛이 존재하기 이전, 우주에 흑암 같은 어둠이 가득할 때 온 우주를 비춘 전자기적 에너지 형태의 빛 에너지를 말한다.[7] 이 빛은 가시광선뿐 아니라 자외선, X선, 적외선, 전파, 열, 전기, 자기, 분자 상호 운동의 영역까지를 포괄하는 것으로, 이들은 피조세계에 존재하는 모든 만물의 형태를 활성화시키는데 필수적인 요소이다. 빅뱅이론에 따르면 최초의 우주 대폭발 때 강력하게 응축된 에너지가 폭발하면서 빛과 열과 수많은 입자들이 생성되었다. 이 폭발이 식어가면서 수많은 광명체와 행성들이 생겨나게 된 것이다.

따라서 하나님이 빛을 창조하셨다는 것은 태초에 해, 달, 별과 같은 광명체를 만드시기 이전에 이것들의 존재가 가능하도록 하는 빛 에너지를 만드셨음을 뜻한다.[8] **빛은 모든 에너지의 근본으로, 이 빛이 없었다면 태양과 다른 별들은 빛을 비추지도 못할 뿐 아니라 별 그 자체도 존재할 수 없다.** 예를 들어 태양의 경우 헬륨과 수소로 구성되어 있다. 태양이 빛을 발하려면 이 구성 요소들이 활성화되어야 한다. 이 요소들을 활성화시키는 근본적인 에너지가 바로 빛인 것이다.

첫째 날 만드신 빛과 넷째 날 만드신 광명체 간에는 차이가 있다. **첫째 날 만드신 빛(히. 오르)은 빛 자체다. 반면 넷째 날의 광명체(히. 마오르)는 빛을 담지하고 빛을 주는 일종의 장치(light giver, light bearer)이다.** 즉 첫째 날에는 모든 에너지의 근본이 되는 빛

---

7 이재만, 『창조주 하나님: 창세기1장 vs. 진화론』 (서울: 두란노, 2014), 40.

8 위의 책, 40.

을 창조하셨고, 넷째 날에는 그 에너지를 가지고 발광(發光)하는 장치를 만드신 것이다.[9] 아래의 그림은 빅뱅이론을 바탕으로 우주의 생성 과정을 그린 상상도다. 왼쪽의 큰 빛이 태초의 빛이고, 우측의 별과 광명체들은 이후에 생겨난 것들이다.

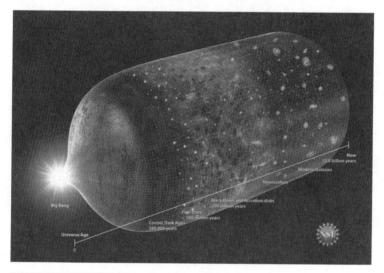

빅뱅부터 우주의 진화과정을 나타낸 모식도-Arizona State University

---

9 위의 책, 43.

6. 해, 달, 별을 만드신 넷째 날부터 낮과 밤을 만드셔서 날과 해를 이루게 하라고 하셨는데 어떻게 그 이전부터 날짜를 계수할 수 있었을까?

하나님이 해, 달, 별을 만드신 것은 넷째 날이다. 그리고 이때부터 해, 달, 별로 인해 본격적으로 낮과 밤의 구분이 생기고 징조와 계절과 날과 해를 이루게 된다. 그렇다면 첫째 날 하나님이 만드신 낮과 밤은 무엇인가? 신천지는 이렇듯 창조의 순서가 논리적으로 맞지 않기 때문에 이 서술을 비유로 보는 것이 맞다고 주장한다.

오늘날의 과학상식대로라면 하루의 개념이 생기기 위해서는 지구가 자전해야 한다. 온 세상이 혼돈과 공허로 뒤덮인 가운데, 하나님이 낮과 밤을 만드셨다는 것은 형체가 없고 흑암이 깊은 물 위에 있을 그때 지구가 자전하기 시작했음을 뜻한다. 아니, 하나님이 지구를 자전하도록 역사하셨다. 그 속도는 무려 시속 1,300km에 이른다.[10] 하나님이 태양이 생기기 이전에 낮과 밤을 정하셨다는 사실은 지구 자전의 속도를 태양이 생기기 이전에 미리 계산하고 준비하셨음을 보여준다.[11] 하나님의 관심은 태양과 달 이전에 지구에 있다.

---

10 이강봉, "지구는 왜 자전하는 것일까?" The Science Times, 2018. 8. 27.

11 양형주, 『평신도를 위한 쉬운 창세기 1』(서울: 브니엘, 2018), 44.

7. 하늘 위의 물과 땅 아래의 물은 무슨 뜻이야?

본격적인 창조가 시작되기 전, 온 세상은 어둠으로 가득했고 물로 가득 덮여 있었다. 하나님께서는 둘째 날 온 세상에 가득 덮인 물 가운데 궁창이라는 거대한 공간을 만드시고 세상을 덮은 물을 궁창 위의 물과 궁창 아래의 물로 나누셨다.

신천지는 이를 어떻게 해석할까? 먼저 궁창은 새 장막을 비유하는 것으로, 물은 말씀, 곧 진리를 비유하는 것으로 본다. 이런 논리로 궁창위의 물은 계시된 하나님의 말씀, 곧 진리를, 궁창 아래의 물은 사람의 계명, 곧 비진리를 가리킨다고 주장한다.[12] 그래서 이들의 머리에는 **상수(上水)는 진리, 하수(下水)는 비진리**라는 공식이 자리 잡고 있다. 과연 그러할까?

궁창은 물로 덮인 지구에 난 거대한 공간을 뜻한다. 이 공간을 공중 또는 하늘이라고도 한다. 공동번역과 새번역은 이를 '창공'이라고 번역하며, 영어성경은 '둥근 아치형 천장(vault-NIV)', '돔(dome-NRSV)', '광활한 공간(expanse-ESV)' 등으로 표현한다. 하나님은 물로 덮인 지구에 광활한 공간을 내시고 지구를 덮고 있는 물을 궁창 위의 물과 궁창 아래의 물로 나누셨다. 그리고 물을 한 공간으로 모아 바다를 만드시고 땅에 있는 물은 땅 아래의 깊은 샘과 바다 깊은 심층에 가두어 두셨다. **또한 물은 위치에 따라 그 성질이 변하지 않는다.** 궁창 위에 있어도 물이고, 궁창 아래 있

---

12 이만희, 『천지창조』, 58.

어도 물이다. 하늘에서 떨어지는 물도 깨끗하지만, 깊은 지하 암반에서 솟아나는 물도 깨끗하다. **이렇게 궁창 위와 아래로 나뉘었던 물은 노아의 홍수 때 터져서 본격적인 창조 이전의 원래의 모습으로 돌아간다.**

> 칠 일 후에 홍수가 땅에 덮이니 노아가 육백 세 되던 해 둘째 달 곧 그 달 열이렛날이라 그 날에 큰 깊음의 샘들이 터지며 하늘의 창문들이 열려 사십 주야를 비가 땅에 쏟아졌더라(창 7:10-12).

노아의 홍수는 그동안 갇혀있던 궁창 위의 물인 상수와 궁창 아래의 물인 하수가 터져나오며 다시 지구를 덮어 궁창을 메워버리는 사건이다. 그래서 이를 창조 이전의 원상태로 되돌린 것이라고 하여 '역창조(逆創造, de-creation)'라고도 한다.[13] 신천지는 노아의 홍수사건을 비유로 보지 않고 실제 일어난 역사로 본다. 그렇다면 이때 터진 상수와 하수는 진리와 비진리가 아니라 실제로 하늘위에 있는 물과 땅 아래 있는 물임이 분명하다.

8. 흑암이 깊음 위에 있다는 것은 무슨 뜻이야?

신천지는 '흑암이 깊음 위에 있고(창 1:2)'라는 부분을 자의적으

---

13 양형주, 『평신도를 위한 쉬운 창세기 1』, 232.

로 해석한다. 이들은 예레미야 4장 28절을 인용하여 이를 **하늘이 흑암하다는 뜻**으로 본다. 또한 **흑암은 하나님이 떠나가신 뒤의 무너진 하늘의 선민 장막 성전을 가리킨다**는 것이 신천지의 해석이다.[14] 쉽게 풀이하면 한때 이만희가 몸담았던 **장막성전이 지도자 유재열이 떠난 후 와해된 모습을 묘사한다**는 것이다. 이러한 주장이 잘못된 이유는 다음과 같다.

첫째, 흑암이 깊음 위에 있다는 의미를 살펴보자. **흑암(히. 호쉐크)은 칠흑같이 깊은 어둠, 완전히 캄캄한 상태**를 뜻한다. **깊음(히. 테홈)이란 깊은 바다에 푹 들어가 있는 골짜기, 즉 심해(watery abyss-Message)**를 뜻한다.[15] 이는 **빛이 창조되기 전 물로 덮인 세상의 캄캄함**을 묘사하는 표현이다. 다른 한글 성경 역본들은 다음과 같이 표현한다.

어둠이 깊은 물 위에 뒤덮여 있었고(공동번역)

어둠이 깊은 물 위에 있었고(우리말 성경)

여기서 온 세상을 덮은 물은 진리인가, 비진리인가? 빛이 있기 전이었으니 비진리인가? 아니면 나뉘기 전이었으니 진리와 비진리의 혼합인가?

---

14 이만희, 『천지창조』, 55.

15 양형주, 『평신도를 위한 쉬운 창세기 1』, 43.

둘째, 이때 태초의 지구는 아직 제대로 형태를 갖추지 못한 상태였기에 '땅이 혼돈하고 공허'하였다. '혼돈(히. 토후)'은 난하주 1번의 해설과 같이 **형체가 없는 모습**(formless-NRSV, NIV)을, '공허(히. 보후)'는 텅 비어있는 상태(void-NRSV, ESV, emp-ty-NIV)를 뜻한다.[16] 이런 상태에서 지구는 물로 가득 덮여 있었던 것이다. 이런 혼돈과 공허의 상태는 필연적으로 두 가지 사역을 요청한다. 혼돈은 질서를 잡는 사역을, 공허는 채움의 사역을 요구하게 된다.[17] 이를 다른 한글 성경 역본들은 다음과 같이 표현한다.

땅은 아직 모양을 갖추지 않고 아무것도 생기지 않았는데(공동번역)

땅은 형태가 없고 비어 있었으며(우리말 성경)

셋째, 신천지가 인용하는 예레미야 4장 28절은 태초에 하늘이 빛이 없는 완전한 흑암에 있다는 것과 아무런 상관이 없다. 예레미야 4장은 회개하지 않는 이스라엘을 향한 하나님의 심판을 선포하는 말씀으로, **하나님의 심판이 임할 때 예루살렘과 온 땅이 황폐하게 될 것**이라고 경고한다. 이 재앙으로 인하여 땅은 슬퍼할 것이고, 하늘은 '흑암할' 것이다. 여기서 흑암은 빛이 없는 완전한 칠흑 같은 어둠이 아니라, 하늘이 빛을 잃고 점차 어두워지는(grow

---

16 위의 책, 42.

17 위의 책, 42.

dark-NIV) 모습을 묘사한다. 즉 빛이 없는 상태가 아니라 빛이 어느 정도 있는 상태에서 하늘이 어두워지는 모습을 뜻하는 것이다.

그래서 개역개정 성경은 이를 '하늘이 어두울 것'이라고 번역했다. 여기 '흑암하다' 곧 '어두워지다'로 번역된 히브리 동사 '카다르'는 슬픔에 빠져 자신을 제대로 가꾸지 않는 모습을 표현한다.[18] 그래서 동일한 동사를 개역한글 8장 21절과 14장 2절에서는 '슬퍼하다'로 번역했다. 이는 하늘과 땅이 하나님의 심판 아래 황폐하게 되는 모습을 인격적으로 표현한 것이다. 이를 공동번역은 다음과 같이 번역한다.

> 위로 하늘은 상복이나 입고 아래로 땅은 애곡이나 하여라(렘 4:28, 공동번역)

따라서 "흑암이 깊음 위에 있다"라는 것은 하나님이 본격적으로 세상을 창조하기 이전의 상태를 묘사하는 것이다.

9. 하나님의 영이 수면 위에 운행하셨다는 것은 무슨 뜻이야?

신천지는 하나님의 영이 수면 위에 운행하신 것은 혼탁한 세상

---

18 박동현, 『예레미야 1』 대한기독교서회창립100주년기념 23-1(서울: 대한기독교서회, 2006), 238-239.

에서 빛을 찾기 위해서라고 한다. 여기서 빛은 하나님의 마음에 합한 **진리의 말씀을 가진 목자**를 가리킨다는 것이다.[19] 이는 신천지의 언약 노정 가운데 목자를 선택하는 것을 주장하려는 해석이다. 그렇다면 창세기에서의 '운행하셨다'라는 말의 본래 의미는 무엇일까? 여기 '운행하셨다(히. 라하프)'는 것은 목자를 '찾는다'는 뜻이 아니다. 이는 '날개를 펴고 너풀거리다', 그 위를 '덮다'라는 뜻이다. 이를 사용한 대표적인 본문이 신명기다.

> 마치 독수리가 자기의 보금자리를 어지럽게 하며 자기의 새끼 위에 <u>너풀거리며</u> 그의 날개를 펴서 새끼를 받으며 그의 날개 위에 그것을 업는 것 같이(신 32:11)

따라서 '운행하다'는 마치 독수리가 자기 새끼 위에서 날개를 펴고 새끼를 덮는 것처럼 하나님의 영이 지구 위를 보호하는 행위를 묘사한다. 하나님의 영이 이렇게 하시는 이유는 태초의 지구가 캄캄한 흑암 가운데 물로 덮인 채로 형체도 제대로 갖추지 못하고 비어 있었기 때문이다. 결국 이것은 **지구를 향한 창조 계획을 품고 계신 하나님이 따뜻하게 지구를 지키고 감싸는 모습**인 것이다.

---

19 이만희, 『천지창조』, 56.

10. 에덴동산에서 뱀이 정말 말을 했을까? 이 뱀은 진짜 뱀일까?

신천지는 창세기 3장 1절 이하에 등장하는 뱀이 말을 하는 것에 대해 의문을 제기한다. 뱀이 말을 하는 것이 과연 가능하냐는 것이다. 이들이 이렇게 말하는 것은 뱀이 문자 그대로의 뱀이 아니라 **사탄의 영이 들어간 사람(목자)**임을 주장하기 위해서다.[20] 신천지는 '**들짐승**'을 '**하나님의 보호 아래 있지 않는 자**'를 비유한 것으로 해석한다.

그러나 성경은 분명 뱀을 '**하나님이 지은 들짐승 중 하나**'라고 진술한다(창 3:1). 우리가 아는 문자 그대로의 뱀인 것이다. 그리고 이런 들짐승은 모두 하나님의 보호 아래 있었다고 성경은 말씀한다.

> 그들과 <u>모든 들짐승</u>이 그 종류대로, 모든 가축이 그 종류대로, 땅에 기는 모든 것이 그 종류대로, 모든 새가 그 종류대로 무릇 생명의 기운이 있는 육체가 둘씩 노아에게 나아와 <u>방주로 들어갔으니</u> (창 7:14-15)

> <u>하나님이 노아와 그와 함께 방주에 있는 모든 들짐승과 가축을 기억하사</u> 하나님이 바람을 땅 위에 불게 하시매 물이 줄어들었고(창 8:1)

---

20 이만희, 『천지창조』, 112.

뱀은 분명 짐승이다. 그렇다면 창세기 이외의 성경에도 짐승이 말하는 사례가 있는가? 바로 민수기에 발람 선지자가 탄 말하는 나귀에 대한 이야기가 있다. 나귀가 발람 선지자에게 하는 말을 들어보라.

여호와께서 나귀 입을 여시니 발람에게 이르되 내가 당신에게 무엇을 하였기에 나를 이같이 세 번을 때리느냐(민 22:8)

하나님이 나귀의 입을 여셨고 나귀는 실제로 말을 했다. 나귀의 말을 들어보면 나귀에게 다른 영이 들어와 그 영이 나귀의 입을 빌려 말하는 것이 아님을 알 수 있다. 나귀는 자신의 자의식을 갖고 발람에게 말을 한다. 이로써 추론할 수 있는 것은 타락 이후 동물의 언어 사용 능력이 제한되고 동물들은 언어를 잃어버리게 되었다는 것이다. 타락 이전 아담은 동물들에게 이름을 지어주었고, 그것이 바로 동물의 이름이 되었다(창 2:19). 이는 동물과 아담 간의 원활한 의사소통이 이루어졌음을 보여준다.

우리는 하나님의 능력을 제한해서는 안 된다. 하나님은 짐승의 입을 열어 말하게 하실 수도 있고 그 입을 닫아 말하지 못하게 하실 수도 있다. 또한 하나님은 짐승을 비롯한 어떤 자연 만물도 들어 쓰실 수 있다. 출애굽기에 나오는 10가지 재앙을 보라. 하나님은 하늘의 우박을 사용하시고, 개구리나 메뚜기를 사용하기도 하시며, 심지어 뱀을 사용하기도 하신다. 그래서 예수님은 "만일 이 사람들이 침묵하면 **돌들이 소리 지르리라**(눅 19:40)"라고 말씀하

시지 않았는가? 신천지의 교리로 하나님의 능력을 결코 제한해서
는 안 된다.

11. 뱀이 어떻게 흙을 먹을 수 있니? (창 3:14)

신천지는 뱀이 문자적으로 흙을 먹는다는 것은 말이 되지 않기
때문에 여기에서의 **뱀은 비유**라고 주장한다. 이에 관한 신천지의
주장은 아래와 같다.

> * 신천지의 주장:
> **'흙'은 하나님의 영이 함께 하지 않는 육체의 사람**을 비유한 것이다. 따
> 라서 뱀이 종신토록 흙을 먹는다는 것은 땅에 거하는 육체의 사람들이
> 짐승에게 경배하도록 미혹한다는 뜻이다.
> 예수님 **초림 시대의 뱀들은 서기관과 바리새인들**이다. 예수님께서 이
> 들에게 "뱀들아 독사의 새끼들아(마 23:33)"라고 말씀하셨기 때문이
> 다. 이는 창세기의 뱀이 문자 그대로의 뱀이 아니라 사탄의 영이 들어
> 간 거짓 목자라는 사실을 드러내는 증거이다.

이들의 주장에 대해 우리는 어떻게 반증할 수 있을까?
첫째, **'흙을 먹는다'**는 것은 성경에서 '흙(티끌)을 핥는다'는 표
현으로도 사용되며, 이는 **인격적인 수치와 굴욕에 대한 비유적 표
현**이다.

광야에 사는 자는 그 앞에 굽히며 그의 원수들은 티끌을 핥을 것이며(시 72:9)

왕들은 네 양부가 되며 왕비들은 네 유모가 될 것이며 그들이 얼굴을 땅에 대고 네게 절하고 네 발의 티끌을 핥을 것이니 네가 나를 여호와인 줄을 알리라 나를 바라는 자는 수치를 당하지 아니하리라(사 49:23)

그들이 뱀처럼 티끌을 핥으며 땅에 기는 벌레처럼 떨며 그 좁은 구멍에서 나와서 두려워하며 우리 하나님 여호와께로 돌아와서 주로 말미암아 두려워하리이다(미 7:17)

이렇게 볼 때 뱀이 흙을 먹는다는 것은 창조된 당시의 지혜롭고 간교했던 모습에서 몰락해 굴욕과 수치 속에서 살아가게 될 것에 대한 선언이다.

둘째, 뱀이 신천지의 주장과 같이 사탄이라면 장차 있을 새 하늘과 새 땅에서는 더욱 곤란한 상황이 발생한다.

이리와 어린 양이 함께 먹을 것이며 사자가 소처럼 짚을 먹을 것이며 뱀은 흙을 양식으로 삼을 것이니 나의 성산에서는 해함도 없겠고 상함도 없으리라 여호와께서 말씀하시니라(사 65:25)

신천지는 이사야 65장 17-25절에 등장하는 새 하늘과 새 땅이 이 땅의 신천지에서 이루어진다고 해석한다. 그렇게 되면 당황스러운 상황이 발생한다. 이 말씀대로라면 뱀이 흙을 먹으며 사람들을 미혹하는 역사가 새 하늘과 새 땅에서도 여전히 일어나게 될 것이기 때문이다. **신천지는 뱀, 즉 사탄이 여전히 사람들을 미혹하는 역사가 일어나는 곳이 되는 셈이다.**

셋째, 예수께서 바리새인과 서기관들에게 "뱀들아, 독사의 새끼들아"라고 말씀하신 것은 이들 속에 **사탄의 영이 들어갔다는 의미가 아니다. 실제 사탄의 영이 들어가면** 거라사의 귀신들린 사람(막 5:2-7)이나, 가버나움 회당의 귀신들린 사람(막 1:23-26)처럼 **자의식이 사라지고 이성이 거의 마비된 상태**에 이른다. 그렇다면 바리새인과 서기관들은 귀신들린 것인가? 아니면 그들이 뱀과 같이 하나님을 대적하는 역할을 하기에 예수님이 책망하신 것인가?

우리는 여기에 대한 답을 베드로의 사례를 통해 찾을 수 있다. 예수님은 십자가를 지겠다는 스승을 붙들고 항변하는 베드로를 향해 **"사탄아 내 뒤로 물러가라"**라고 말씀하셨다(막 8:33). 그렇다면 베드로에게 사탄의 영이 들어간 것인가? 결코 그렇지 않다. 예수님이 베드로를 향해 '사탄아'라고 하신 것은 유다에게 사탄이 들어갔던 것처럼 그에게도 사탄이 들어갔다거나 그럴 조짐이 있다는 의미가 아니었다.[21] 유다에게 사탄이 들어갔을 때는 어떤 일이 일어나는가? 유다는 이성이 마비된 사람처럼 곧바로 그 자리를 박차고 밤에 밖으로 나갔고(요 13:27-30), 대제사장과 경비 대장들에게

---

21 케네스 매튜스, 권대영 역, 『NAC 창세기1』(서울: 부흥과개혁사, 2018), 284-285.

예수를 넘겨줄 방도를 의논했다(눅 22:3-6).

반면, 베드로는 그렇지 않았다. 예수께서 베드로에게 사탄이라고 말씀하신 것은 베드로가 말하고 행하는 일이 **사탄과 같이 예수님의 사역을 가로막고 대적하는 일**이라는 뜻이다. **베드로는 예수님을 위한 마음으로 예수님을 막아섰지만, 사실 이는 예수님을 대적하는 사탄의 명분과 대의를 옹호하는 것이었다.**

바리새인과 서기관도 마찬가지다. 예수님의 사역을 가로막고, 예수님을 시기하고 미워하여 그를 죽이려고 했던 것은 **사탄의 명분과 대의를 옹호**하는 것이었다. 그런 면에서 **이들은 예수님을 대적하는 자, 곧 사탄과 같은 역할을 하는 이들**이었다.

넷째, 만약 흙이 하나님의 영이 함께 하지 않는 육체의 사람이라면 다음 구절은 어떻게 해석할 것인가?

> 여호와 하나님이 <u>흙으로</u> 각종 들짐승과 공중의 각종 새를 지으시고 아담이 어떻게 이름을 짓나 보시려고 그것들을 <u>그에게로 이끌어 이르시니</u> 아담이 각 생물을 일컫는 바가 곧 그 이름이라(창 2:19)

하나님의 영이 흙으로 각종 들짐승과 각종 새를 지어서 아담에게 이끌어 오셨다. 신천지의 관점으로 보면 하나님의 영이 그의 영과 함께 하지 않는 사람들, 곧 **들짐승과 각종 새(영들)**를 지어서 아담에게 이끌어 오는 것이다. 어떻게 그렇게 하실 수 있을까? 만약 신천지의 해석대로라면 아담과 짐승은 같이 평화롭게 공존할 수 없다. 게다가 아담은 각 생물의 이름을 지어주었다. 이름을 지어

준다는 것은 지음 받은 이들의 주권자가 된다는 뜻이다. 그럼 아담은 처음부터 선민과 배도자들의 목자였단 말인가? 이처럼 창조 사건을 문자 그대로 보지 않고 신천지 식으로 해석하다 보면 모순이 발생한다.

12. 생명나무, 선악나무의 정체가 무엇인지 아니?

신천지는 에덴동산 중앙에 있었던 생명나무와 선악나무를 비유풀이로 해석한다. 이들 나무에 대한 신천지의 비유풀이는 다음과 같다.

＊ 신천지의 주장:

나무는 사람을 뜻하는 것이고, 생명나무는 하나님의 말씀을 말하는 사람이며, 선악나무는 사탄의 말을 하는 사람이다.[22] 따라서 선악과를 먹는다는 것은 과일을 먹는 것이 아니라 사탄의 교리를 듣고 받아들인다는 뜻이다. 선악과는 말 그대로 선과 악이 섞여 있는 교리다. 그래서 지각이 없는 사람은 옳고 그름을 분별하기 힘들다. 또한 마태복음에 나오는 가라지 비유(마 13:24)와 예레미야의 예언(렘 31:27)을 근거로 하면 에덴동산의 생명나무는 하나님이 심으셨지만, 선악나무는 하나님께서 심으신 것이 아니라 사탄이 심은 것이다.

---

22 이만희, 『천지창조』, 109.

이에 대한 성경적인 해석은 다음과 같다.

첫째, 성경은 분명히 **하나님이 생명나무와 선악나무를 지었다**고 말씀한다.

> 여호와 하나님이 그 땅에서 보기에 아름답고 먹기에 좋은 나무가 나게 하시니 동산 가운데에는 생명 나무와 선악을 알게 하는 나무도 있더라(창 2:9)

성경은 하나님이 지으신 나무를 '**아름답고 먹기에 좋은 나무**'라고 한다. 그리고 이 나무는 '생명나무와 선악과'다. 하나님은 생명나무와 선악과를 모두 아름답고 먹기에 좋은 나무로 만드셨다. 사탄이 선악나무를 심었다는 근거는 창세기 그 어디에도 나오지 않는다. 이는 신천지식의 주석일 뿐이다.

둘째, 성경은 선악과가 **선악을 알게 하는 나무**임을 밝힌다. 선악과는 매우 놀라운 능력을 사람에게 선물하는데, 그것은 사람의 눈을 밝게 하여 **하나님과 같이 선악을 알게 하는 것**이다. 선악이 섞여있는 것이 아니라, 선악을 너무나도 분명하고 밝게 분별할 수 있게 해 주는 것이다. 이것은 사람이 감당할 수 있는 분별의 수준을 넘어선다. 그래서 뱀도 아담을 미혹할 때, "너희 **눈이 밝아져** 하나님과 같이 되어 **선악을 알게 된다**"라고 말한다(창 3:5). **선악과를 먹는다는 것은 비진리를 먹는 것이 아니다. 선악을 분별하게 하는 일에 눈을 뜨게 하는 일이다. 문제는 이런 지식을 사람이 감당할 수 없다는 점이다.** 성경은 아담과 하와가 선악과를 먹은 후에 일어난 일에 대해 다음과 같이 말씀한다.

> 이에 그들의 <u>눈이 밝아</u> 자기들의 몸이 벗은 줄을 알고 무화과 나무
> 잎을 엮어 치마를 하였더라(창 3:7)

아담과 하와가 그동안 허물이라 생각하지 않았고, 부끄럽다 생각하지 못했던 부분에 대한 새로운 인식이 생겨났다. 자신들이 발가벗은 것을 알게 된 것이다. 흠이 아닌 줄 알았는데 흠이었고, 수치가 아닌 줄 알았는데 수치였다. 하나님의 밝은 시선으로 자신을 보니 자신은 그동안 아무것도 모르고 뻔뻔했다는 사실을 깨닫게 된 것이다. 그래서 아담과 하와는 자신의 이런 부끄럽고 수치스런 모습을 견디지 못하고 그 몸을 나뭇잎으로 가린다.

셋째, 신천지의 해석대로라면 아담이 생명나무 과실을 먹게 된다면 논리적인 모순이 발생한다. **생명나무는 진리의 목자, 즉 아담**이기 때문이다. 만일 아담이 생명나무 과실을 먹게 되면 **아담은 자기 자신을 먹게 되는 것이다.**

넷째, 하나님께서 아담에게 임의로(freely-NRSV), 즉 마음껏 먹으라고 허락하신 각종 나무의 실과는 무엇인가? 생명나무가 진리라면, 다른 나무의 실과는 비진리인가? 그렇다면 하나님은 **각종 비진리의 열매를 마음껏 먹으라고 허락하신 것인가?**

다섯째, 선악을 알게 하는 나무의 열매를 먹는 것을 금지했다는 것은 **하나님이 사람에게 선악간의 기준을 정하거나 선악을 판단하는 것을 허락하지 않으셨다**는 것을 뜻한다. 즉 최종적인 선악의

심판은 하나님께 속한 것이다. 사람은 스스로 선악의 기준이 될 만큼 완전하지 않다. 흠결도 많다. 연약하다. 그래서 선악을 알게 하는 열매는 피조물인 사람의 수준에서 감당할 만한 것이 아니다.

여섯째, 하나님은 선악과를 먹은 아담을 향하여 "이 사람이 **선악을 아는 일에 우리 중 하나 같이 되었다**"라고 말씀한다(3:22). 신천지는 "우리 중 **하나와 같이** 되었다"라는 대목을 사람이 **영계의 타락한 천사와 같이** 되었다는 뜻으로 해석한다. 그러나 위 본문은 타락한 천사를 표현한 것이 아니다. 이는 고대 근동에서 엄위하신 하나님의 임재를 표현할 때 사용하는 '장엄의 복수(magnificent plural)'다.[23] 즉 아담이 선악을 아는 일에 '우리' 중 하나같이 되었다는 것은 삼위일체 하나님과 같이 선악을 알게 되었다는 뜻이다.

일곱째, 하나님이 아담과 하와를 책망하신 것은 비진리를 먹은 것에 대한 책망이 아니다. **핵심은 불순종**이다. 하나님은 아담이 하나님의 명령을 불순종하여 하나님께 속한 판단과 지식을 탐하였던 것에 대해 책망하신 것이다.

> ⋯ 내가 너더러 먹지 말라 명한 그 나무 실과를 네가 먹었느냐(창 3:11)

선악과에 대한 핵심적인 설명 중 하나는 선악과가 하나님이 '**먹지 말라 명한**' 나무 실과였다는 점이다. 그런데 아담은 하나님의

---

23 양형주, 『바이블백신 1』(서울: 홍성사, 2019), 125.

명령을 불순종하여 하나님이 금하신 선악을 아는 지식의 열매를 먹고 하나님과 같이 되려 했던 것이다. 로마서는 아담이 저지른 범죄의 핵심이 비진리를 먹은 것에 있는 것이 아니라 불순종에 있음을 분명히 한다.

> 한 사람(아담)의 <u>순종치 아니함으로</u> 많은 사람이 죄인 된 것 같이 한 사람의 <u>순종하심으로</u> 많은 사람이 의인이 되리라(롬 5:19)

따라서 선악과가 사탄의 교리라는 말은 근거 없는 해석이다. 선악과는 비진리가 아니라 선악을 알게 하는 열매다. 하나님이 이것을 금하신 이유는 이 열매가 비진리이기 때문이 아니라, 선악에 대한 최종적인 기준은 사람이 아닌 하나님이시기 때문이다.

2장
삼위일체

신천지는 삼위일체를 부정한다. 성부만 하나님으로 인정할 뿐, 성자와 성령 하나님은 부인한다. 이들에게 예수님은 초림 시대의 목자일 뿐이다. 또한 이들은 **성령은 범죄하지 않은 천사를 비롯한 하나님께 속한 모든 영들을 총칭하는 것**일 뿐, 인격적으로 구별된 하나님이 아니라고 말한다. 신천지의 성경공부과정에서는 초기에 선악구분을 가르치며 왜곡된 하나님 개념을 주입한다. 그러면서 삼위일체라는 말은 사람이 만들어낸 말일 뿐이라고 한다. 이런 주장을 하는 신천지 신도들에게 어떻게 답해야 할까?

1. 성경에 삼위일체라는 말이 어디 있어?

'삼위일체'라는 단어가 성경에 나오지 않는 것은 사실이다. 하지만 성경에는 '성부(聖父)'와 '성자(聖子)'란 용어도 나오지 않는다. 이런 논리대로라면 성부와 성자는 사람이 만들어낸 말인가? 결코 그렇지 않다. 성경은 하나님을 '아버지'로, 예수님을 '아들'로 일컫는다. 우리는 '거룩하신 아버지(요 17:11)', '거룩하신 하나님의 아들(막 1:24, 5:7, 요 6:69)'이라는 개념을 함축하여 '성부', '성자'라 부른다.

마찬가지로 성경에 문자적으로 '삼위일체'라는 말이 기록된 바는 없다. 그러나 성경을 자세히 살펴보면 성경은 성부, 성자, 성령을 증거하며 이 세 분의 구별된 하나님이 한 '본체(헬. ὑπόστασις)', 곧 본질에 있어서 한분이심을 증거한다. 히브리서는 예수 그리스도가 '하나님 본체의 형상(히 10:3)'이며, 예수님을 '근본 하나님의 본체(빌 2:6)'라 증거한다. 이는 성자와 성부가 같은 본체, 곧 본질이심을 증거하는 것이다(히 10:3). 즉 성경이 증거하는 하나님에 관한 진술의 핵심적인 개념을 함축한 것이 삼위일체인 것이다. 그래서 영어로는 삼위일체를 셋을 뜻하는 '트라이(tri)'와 하나 됨 또는 한 본질을 뜻하는 '유니티(unity)'를 결합해 '트리니티(trinity)'라고 표현한다.

그렇다면 삼위일체(三位一體)란 무엇인가? 삼위일체는 세 위격(tres personae)과 한 본체(una substantia)를 의미하는 라틴어를 번역한 것이다. 먼저 삼위(三位)란 성부, 성자, 성령 세 분의 독립된 위격(位格) 곧 인격(人格, persons)을 가리킨다. '위격'은 헬라어 '휘포스타시스'로, 이는 하나의 본질 내에 있는 인격적 구별을 뜻한다. 일체(一體, substance)란 하나의 본체(本體)를 뜻한다. 이는 '본질(essence)'을 의미하며, 본질적 실체를 가지신 한 하나님이라는 뜻이다.[1] 쉽게 말해 하나님은 구별된 세 인격의 하나님이 본질에 있어서의 질적 차이나 구별 없이 하나의 본질로 계시는

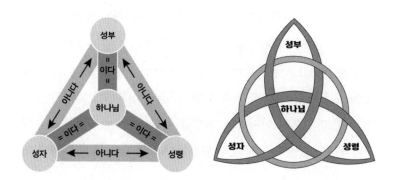

정통 삼위일체이해 도표

---

[1] 현요한, "[현요한 교수] 삼위일체가 궁금하다", 『현대종교』, 2021. 6. 29.

것을 뜻한다.[2]

이것을 이해하는 전통적인 접근은 다음과 같다. 먼저 부정의 방법이다. 성부는 성자가 아니고, 성자는 성령이 아니며, 성령은 성부가 아니다. 둘째, 긍정의 방법이다. 그러나 성부는 하나님이고, 성자는 하나님이며, 성령도 하나님이다. 삼위간의 인격적 구별과 본질적 일체됨을 이해해야 삼위일체 하나님을 온전히 이해할 수 있다. 신천지는 삼위일체 개념을 말이 안 된다는 이유로 비판하지만, 그렇다면 처녀였던 마리아가 잉태하여 예수님을 낳은 것은 말이 되는가? 이것은 우리가 지각으로 다 이해할 수 없는 하나님의 신비한 계시의 영역이다. 따라서 계시의 영역을 말이 안 된다는 이유로 무작정 비판하고 부인할 것이 아니라 이를 올바로 이해하기 위해 겸손하게 노력하는 것이 필요하다.

주의할 것은 '위(位)'를 자리로 해석하고, '체(體)'를 글자 그대로 몸이라고 이해하여 하나님이 한 육체에 세 영의 자리를 차지하여 계신 분으로 생각하면 안 된다는 점이다. 이만희는 그의 책 『천국 비밀 계시』에서 "일체(一體)에 위(位)가 셋이니 이것이 말하자면 삼위일체이다"라고 설명했다.[3] 이것은 조상신을 숭배할 때 '신위(神位)를 모신다'는 개념과 유사한 면이 있다. 신위(神位)는 '죽은 사람(조상)의 영혼이 의지하는 자리'를 뜻한다. 이런 개념에 기초해 삼위일체를 설명하게 되면, 삼위일체란 삼위 하나님의 신(神)들이

2 삼위 하나님의 위격 이해의 발전과정에 대해서는 다음을 참조하라. 김병훈, "삼위일체: 삼위 하나님의 위격의 이해", 『신학정론』, 22(1), 2004, 5, 183-220.

3 이만희, 『천국비밀 계시』 (과천: 도서출판신천지, 1998), 82.

한 육체에 자리 잡고 거하는 것을 뜻하게 된다.

위와 같은 방식이 신천지가 삼위일체를 이해하는 방식이다. 신천지는 이만희 총회장의 육체에 하나님의 영과 예수님의 영과 보혜사 성령(계 10:1의 요한에게 책을 먹여주는 또 다른 힘센 천사)이 함께 하기에 삼위일체라는 것이다. 신천지의 주장에 따르면 예수님은 하나님이 아니고, 성령도 하나님이 아닌 크고 힘 센 다른 천사(계 10:1)일 뿐이다. 삼위는 동등한 하나님이 아닌 서로 다른 영들이고, 그 영들이 이만희 총회장에게 접신된 모습이 바로 이들이 주장하는 삼위일체인 것이다.

성경에 나타나는 삼위일체는 어떤 모습일까? 기억할 것은 성경에 등장하는 삼위일체에 대한 서술은 하나님의 구속사적 사역에 관련되어 등장한다는 것이다. 하나님의 신비로운 구속역사를 이루는 삼위 하나님의 존재방식으로 인하여 우리는 하나님을 삼위일체라고 한다. 때문에 성경은 예수 그리스도의 구속사역이 삼위 하나님의 협력사역이라고 말씀한다.

> 예수께서 세례를 받으시고 곧 물에서 올라오실쌔 하늘이 열리고 하나님의 성령이 비둘기 같이 내려 자기 위에 임하심을 보시더니 하늘로서 소리가 있어 말씀하시되 이는 내 사랑하는 아들이요 내 기뻐하는 자라 하시니라(마 3:16-17)

여기에는 성자 예수, 성령, 성부가 분명하게 등장하며, 성부와 성자가 사랑과 인격적 친밀함으로 연결되었음을 말씀한다. 예수 그리스도의 공생애의 첫 출발점에서부터 성부, 성자, 성령이 함께 사역하고 계심을 알 수 있다. 하나님은 하늘에 계시고, 그의 성령을 보내어 성자의 사역을 돕는다. 이러한 협력사역은 마태복음의 말미에 보다 명시적으로 등장한다.

> 예수께서 나아와 일러 가라사대 하늘과 땅의 모든 권세를 내게 주셨으니 그러므로 너희는 가서 모든 족속으로 제자를 삼아 아버지와 아들과 성령의 이름으로 세례를 주고(마 28:18-19)

예수님께서는 세례를 베풀 때 반드시 성부와 성자와 성령의 이름으로 세례를 베풀도록 명령하신다. 하늘과 땅의 모든 권세를 소유하신 분이 왜 자신의 이름으로만 세례를 주라고 하지 않고 성부, 성자, 성령의 이름으로 주라고 하셨을까? 이것은 구원을 주시는 하나님이 성부, 성자, 성령의 삼위일체 하나님이기 때문이다. 성부는 구원을 작정하셨다. 성자는 구속사를 성취하셨다. 성령은 구속사가 각 사람에게 적용되게 하신다.[4] 이처럼 삼위일체 하나님은 서로 협력하며 구속의 역사를 성취해 가신다.

여기에 아버지, 아들, 성령 삼위 하나님의 이름이 나란히 등장한 것은 삼위가 동등함을 나타내기 위한 것이다. 성자는 성부와 동등하고, 성부가 성자의 이름으로 보낼 성령 또한 성부, 성자와 동등한 하나님이다. 여기 아버지, 아들, 성령의 이름은 구별된, 그러나

---

4 양형주, 『바이블 백신2』(서울: 홍성사, 2019), 87-88.

동등한 이름이다. 만약 이들 간에 우열이 있다면 최고 우위에 있는 한 이름만이 필요하다. 다른 이름을 동원할 필요가 없다. 삼위의 동등함을 보여주는 또 다른 사례는 고린도후서 13장 13절의 축복 기도문이다. 여기에는 성자 예수 그리스도의 이름이 먼저 등장하고, 성부 하나님이 나온 후 성령이 나온다. 만약 삼위 간에 서열의 질적 차이가 있다면 성부가 먼저 언급되었어야 했을 것이다. 따라서 이 기도문은 성부, 성자, 성령의 동등함을 보여준다.

또한 성경은 삼위 하나님의 구별됨을 말씀함과 동시에, 삼위의 일체성을 진술한다. 에베소서에 따르면 주도 한 분이요, 믿음도 하나요, 하나님도 한 분이다(엡 4:5-6). 보다 구체적인 진술로는 다음과 같은 것들이 있다.[5]

* 사도행전은 사도 바울을 불러 회심하고 선교하게 하는 이를 예수로 진술하기도 하고(행 9:17), 조상들의 하나님으로도 진술하며(22:14), 성령으로도 진술한다(13:2-4).
* 또한 바울 일행을 불러 복음을 전하게 하시는 이를 하나님으로 소개하기도 하고(행 16:10), 예수의 영으로도 소개한다(16:7).
* 바울을 예루살렘과 로마로 인도하는 이는 성령이시다(행 19:21, 22:22). 하지만 이는 동시에 예수의 일이기도 하다(23:11).

---

5 이하의 내용은 현요한, 『성령, 그 다양한 얼굴』(서울: 장로회신학대학교, 1998), 33-37.

* 아나니아가 성령을 속인 것은 하나님께 거짓말을 한 것이다 (행 5:3-4).
* 고린도전서는 하나님의 성령이 우리 안에 거하시면 하나님의 성전이 된다고 한다(고전 3:16-17). 하나님 아닌 다른 존재가 우리 안에 거하여 성전이 되게 할 수 없다. 여기서 하나님의 성령은 곧 하나님과 같은 존재임을 전제한다.
* 로마서 8장 9-10절에는 하나님의 영, 그리스도의 영, 영(성령), 그리스도가 교차되어 언급되고 있으며 성부, 성자, 성령이 사실상 일치함을 보여준다. 성령은 하나님의 영이요 그리스도의 영이다.

이상의 논의를 살펴볼 때 성경은 분명 삼위 하나님을 구별하여 말씀하는 동시에 삼위 하나님의 일치와 연대, 즉 하나 됨을 이야기한다. 이러한 말씀들을 종합하여 삼위 하나님이 한 본체라는 뜻으로 '삼위일체'라는 말을 사용하는 것이다. 따라서 삼위일체는 비성경적 용어가 아니라 하나님을 균형 있게 이해하게 하는 성경적 용어다.

2. 겟세마네 동산에서 예수님이 기도하신 것은 자기가 자기에게 기도한 거야?(어떻게 아버지가 아들이 되고 아들이 아버지가 될 수 있어?)

신천지는 삼위일체를 말이 되지 않는 비진리로 취급하면서 예수께서 십자가를 지기 전 겟세마네 동산에서 기도하셨던 일을 이야기한다.

> 조금 나아가사 얼굴을 땅에 대시고 엎드려 기도하여 가라사대 내 아버지여 만일 할만하시거든 이 잔을 내게서 지나가게 하옵소서 그러나 나의 원대로 마옵시고 아버지의 원대로 하옵소서 하시고(마 26:39, 참조. 막 14:36, 눅 22:42).

만약 예수님이 하나님이라면 예수께서 하나님께 기도한 것은 자기 자신에게 이야기 하는 것과 같은데, 이것은 말이 안 되는 개념이라는 것이다. 이들은 아버지도 하나님이고 아들도 하나님이면 아버지(성부)가 아들(성자)이란 말인데, 어떻게 아버지가 아들이 되고, 아들이 아버지가 될 수 있느냐고 묻는다.

이러한 이해는 교회사적으로 '양태론(樣態論)'이라 부르는 이단적 삼위일체론이다. 하나님은 한 분이시고, 구속사의 단계에 따라 모습(양태, mode)만 다르게 나타난 것이라는 주장이 양태론의 핵심이다. 양태론적 이해에 따르면 하나님은 한 분이지만 상황과 시대에 따라 세 개의 다른 얼굴(mask, 가면)로 나타나신다. 여기서 '위(位)'를 뜻하는 헬라어 '휘포스타시스(ὑπόστασις)'는 서방 기독교에서 라틴어 '페르소나(persōna)'로 번역되어 이해되었다. '페르소나'는 무도회나 연극에서 역할에 따라 바꾸어 쓰는 가면을 뜻한다. 이는 한 배우가 연극에서 여러 가면을 쓰고 일인 다역을 하는 상황을 전제한다. 이러한 '위(位)' 이해에 기초하여 양태론은 하나님이 시대에 따라 다른 얼굴(가면)을 갖고 나타나신다고 주장한다.

하지만 '위(位)'를 뜻하는 헬라어 '휘포스타시스'는 가면이 아닌 개별적 인격(person)을 뜻한다. 따라서 하나님은 세 인격(persons)으로 존재하면서도 하나의 본질적 실체(substance)를 가지는 한 하나님이다. 따라서 양태론적 주장은 오류다. 겟세마네 동산에서 예수님이 기도하신 것이 자기에게 기도한 것이냐는 신천지의 질문은 이단적 삼위일체론인 양태론을 그 이해의 바탕에 두고 있다. 예수님은 자신에게 기도하신 것이 아니라 분명 인격적으로 구별된 성부 하나님께 기도하신 것이다.

성경은 삼위일체 하나님에 대한 이러한 양태론적 이해에 분명히 선을 긋는다. 도리어 성경은 성부와 성자와 성령 사이의 구별을 분명하게 제시한다. 특히 **겟세마네의 기도는 삼위 하나님의 구별을 잘 보여주는** 본문이다. **성자와 성부는 같은 분이 아니다.** 하늘에 계신 성부 하나님과 이 땅에 오셔서 구원 사역을 행하시는 성자는 서로 다른 분이다.

성자는 십자가에서 "엘리 엘리 라마 사박다니 … 나의 하나님 나의 하나님 어찌하여 나를 버리셨나이까(마 27:46)"라고 부르짖고 죽음을 맞이하셨다. 이 본문에서 알 수 있듯 **십자가는 세상을 구원하기 위해 성부께서 성자를 버리신 사건이고, 부활은 성부께서 성령을 통해 성자를 살리신 사건**이었다.[6] 성령의 능력으로 부활한 성자는 성부 하나님 우편에 계신다(참조. 행 7:55). 이러한 말씀

---

6 김명용, 『이 시대의 바른 기독교 사상』(서울: 장로회신학대학교, 2001), 43.

들은 **삼위 하나님의 구별된 위격을 전제하지 않고는 이해가 불가능하다.** 다음의 구절을 보라.

> 이 예수를 하나님이 살리신지라 우리가 다 이 일에 증인이로다 하나님이 오른손으로 예수를 높이시매 그(예수)가 약속하신 성령을 아버지께 받아서 너희 보고 듣는 이것을 부어 주셨느니라(행 2:32-33)

이 말씀에 따르면 성부 하나님은 성자 예수님을 살리고 그의 오른손으로 높이시며 예수님께 성령을 주시는 분이다. 성자 예수는 아버지에게서 성령을 받아서 우리에게 부어주시는 분이다. 성령은 성자에 의해 우리에게 주어지는 분이다. 여기에는 높이는 이와 높임을 받는 이, 주시는 이와 받는 이, 부어주시는 이와 부은 바 되는 이 사이에 분명한 구분이 있다. 다음의 구절을 보라.

> 예수를 죽은 자 가운데서 살리신 이의 영(성령)이 너희 안에 거하시면 그리스도 예수를 죽은 자 가운데서 살리신 이(성부)가 너희 안에 거하시는 그(성부)의 영(성령)으로 말미암아 너희 죽을 몸도 살리시리라(롬 8:11)

예수를 죽은 자 가운데서 살리신 이는 하나님이다. 이 하나님의 영이 곧 성령, 즉 성결의 영이다(참조. 롬 1:4). 하나님은 성령의 능력으로 예수를 죽은 자 가운데서 살리셨다. 예수를 부활하게 한 성령은 신자 안에 또한 거하신다. 하나님은 이 성령이 신자 안에 내주(內住)하면, 그의 안에 계시는 성령으로 말미암아 신자의 죽을 몸도 살리겠다고 약속하신다. 여기서 성령의 내주는 장차 신자의 죽을 몸을 부활시키기 위한 보증 또는 인침으로 작용한다(고후 1:22, 5:5, 엡 1:13, 4:30). 여기서도 하나님(성부), 하나님의 영(성령), 그리스도 예수(성자)가 분명하게 구별된다. 더 나아가 성령과 그리스도는 성경에서 모두 신자를 위한 중보자로 표현된다.

> 누가 정죄하리요 죽으실 뿐 아니라 다시 살아나신 이는 그리스도 예수시니 그는 하나님 우편에 계신 자요 우리를 위하여 간구하시는 자시니라(롬 8:34)

여기 성자는 성부 우편에 앉아 우리를 위하여 간구하는 분으로 소개되며, '하나님 우편에 계신' 자로서 성부와 분명히 구별된다.

> 이와 같이 성령도 우리 연약함을 도우시나니 우리가 마땅히 빌 바를 알지 못하나 오직 성령이 말할 수 없는 탄식으로 우리를 위하여 친히 간구하시느니라(롬 8:26)

위 진술들에 따르면 성자는 하나님 우편에서 성도를 위해 간구하시는 분이고, 성령은 성도 안에서 성도를 위하여 간구하는 분이다. 성경은 기도하는 분과 기도를 받는 분을 분명히 구분한다. 예수(성자)께서는 제자들에게 자기의 이름으로 하나님(성부)께 기도

하도록 가르치셨다. 기도는 성부 하나님께 성자의 이름으로 성령 안에서 드리는 것이다.[7]

성도를 위한 성부, 성자, 성령의 구속역사는 베드로전서에도 뚜렷이 구별된다.

> 곧 하나님 아버지의 미리 아심을 따라 성령의 거룩하게 하심으로 순종함과 예수 그리스도의 피 뿌림을 얻기 위하여 택하심을 입은 자들에게 편지하노니 은혜와 평강이 너희에게 더욱 많을찌어다(벧전 1:2)

하나님은 예정의 주체로, 성자는 구속자로, 성령은 거룩하게 하는 이로서 서로 긴밀하게 연결되면서도 뚜렷하게 구분된다.

3. '나와 아버지는 하나'라는 말이 무슨 뜻인지 아니?

* 신천지의 주장:
"나와 아버지는 하나이니라(요 10:30)"라는 말씀의 진정한 의미는 무엇인가? 만약 아버지와 예수님이 같은 분이라면 아버지가 예수님이기도 하고, 예수님이 성부 하나님이기도 하다는 뜻인데, 이것은 논리적으로 맞지 않다. **'하나'라는 말은 같음을 의미하는 것이 아니라 하나님의 영이 예수님의 육체에 임하여 함께 역사한다는 것을 뜻하는 것이다.**

---

7 위의 책, 42.

결국 **예수님과 이만희 총회장이 하나라고 말할 수 있는 것은 예수님의 영이 이만희 총회장의 육체에 임하여 역사하기 때문**이다.

신천지가 이러한 주장을 통해 말하고자 하는 것은 **초림 때 예수님께서 자신과 하나님이 하나라고 했지만 예수님이 하나님이 아니었듯이 오늘날 이만희 총회장도 예수님과 하나라고 할 수 있지만 이만희 총회장이 예수님은 아니라는 논리**이다.

여기서 '하나'라는 것은 신천지가 성경개론에서 주장하는 주요 성경 해석 원리인 '영은 육을 들어 쓴다'는 개념에 기초한다. 영이 육을 들어 쓰기 위해 그 육체에 임할 때 영과 육이 하나가 된다는 것이다. 따라서 '하나 된다'는 개념은 영이 자신이 들어 쓰는 육과 함께 한다는 뜻이다. 이렇게 될 때 육체를 보는 것은 곧 그가 들어 쓰는 영을 보는 것이 된다.

이를 좀 더 쉽게 설명하면 다음과 같다. 하나님은 영이시기 때문에 사람은 하나님을 볼 수 없다. 그러나 영이신 하나님이 예수님의 육체와 하나 되었다. 비록 하나님을 직접 눈으로 볼 수는 없지만, 성령(하나님의 영)과 하나 된 예수님을 봄으로써 하나님을 볼 수 있게 된다.

신천지는 이러한 논리를 요한계시록의 요한과 연결시킨다. 신천지는 요한계시록에서 예수께서 사도 요한에게 나타나 오른손을 얹은 것을 예수님이 요한에게 안수한 사건으로 해석한다(계 1:17). 이 안수로 성령(예수님의 영)이 임한 요한은 예수님이 들어 쓰는 사람이 된 것이다. 그들은 이 시대의 목자, 곧 새 요한이 바로 이만희 총회장이며, 그는 예수님의 영이 임하여 예수께서 들어 쓰는 육체 사명자라고 주장한다.

따라서 신천지는 결론적으로 이만희 총회장의 육체에는 예수님의 영이 임하여 있고, 이만희의 육체를 보는 것이 곧 예수님을 보는 것이고, 하나님을 보는 것이라고 주장한다. 하지만 요한계시록 1장 17절은 예수님이 요한에게 안수했다고 말하지 않는다. 예수님은 단지 요한에게 손을 얹고 말씀하신 것일 뿐이다. 그렇다면 여기서 '나와 아버지는 하나'라는 말의 바른 뜻은 무엇일까?

첫째, '하나(헬. ἕν)'로 번역된 헬라어 단어는 중성형(neuter)이다. 만약 이것이 남성형인 '하나(헬. εἷς)'로 사용되었다면 이것은 인격 간의 구별이 없어지는 인격적 존재의 하나 됨을 의미하게 된다.[8] 하지만 '하나'가 중성형으로 사용되면 이것은 뜻(의지)과 행위가 일치한다는 뜻이다. 따라서 **'나와 아버지가 하나'라는 것은 영과 육체의 하나 됨이 아닌 성부와 성자의 뜻(의지)과 행위의 일치(unity)를 의미**한다.

둘째, 예수님은 제자들의 하나 됨을 위해 기도하셨다(요 17:11, 21-22). 이것은 제자들의 인격이나 존재가 하나로 합쳐지는 결합이 아니다. 특정한 제자의 영이 다른 제자의 육체를 들어 쓰는 것이 아님은 더욱 분명하다. 신천지에서 말하는 것처럼 다른 영이 자기 육체로 임하는 샤먼 같은 결합을 의미하는 것은 더더욱 아니다. 여기서 **제자들의 하나 됨은 제자들의 뜻과 행위가 그리스도가 주**

---

8 D. A. 카슨, 박문재 역, 『요한복음』 PNTC 주석시리즈 (서울: 솔로몬, 2017), 724.

신 말씀 안에서 하나로 일치됨을 뜻한다. 이러한 하나 됨은 성부 하나님이 성자 예수를 세상으로 보낸 것을 믿도록 하기 위함이다 (17:21).

셋째, 예수께서는 "내 아버지가 일하시니 나도 일한다(요 5:17)"라고 하셨다. 이는 아버지께서 명하신 일들만 자신이 행할 수 있다는 뜻이 아니라 **힘과 능력과 행위에 있어서 아버지와 동등함을 뜻**한다. 아버지가 행하시는 일을 예수께서도 행하시고, 예수께서 행하시는 일을 아버지도 행하신다. **두 분의 행위는 일치한다.**

넷째, 본문 10장 30절의 흐름에서 볼 때, 하나 됨은 성부가 성자에게 주신 양들을 보존하고 지키는 **행위와 소임의 하나 됨**이다 (참조. 요 10:28-29). 따라서 하나 됨은 신천지에서 주장하는 하나님의 영이 한 육체를 들어 사용하는, 이른바 샤먼적 신인합일을 의미하지 않는다.

4. 예수님은 하나님이 아니야!

신천지인들은 예수님을 하나님으로 믿지 않는다. 물론 그들에게 예수님을 믿느냐고 하면 자신들도 예수님을 믿는다고 한다. 그들의 정식 명칭도 신천지예수교 증거장막성전 아닌가? 그러나 **예수님을 어떤 분으로 믿느냐고 하면, 초림 시대 약속의 목자로 믿는다**고 한다. 언뜻 생각할 때 약속의 목자와 성자 하나님은 같은 표현인 것 같다. 왜냐하면 예수께서는 자신을 '선한 목자'라고 하셨기 때문이다(요 10:11). 그러나 이들의 주장을 깊이 들여다보면 이들이 예수님을 참 하나님으로 믿지 않는다는 사실을 알 수 있다.

* 신천지의 주장:

하나님께서는 시대별로 약속의 목자를 **보내주신다.** 아담 시대에는 아담을 첫 약속의 목자로, 노아 시대에는 노아를 약속의 목자로, 아브라함 시대에는 아브라함을 약속의 목자로, 모세 시대에는 모세를 약속의 목자로 보내신다. 이렇게 시대별로 보냄 받은 구원자 중에 한 분이 바로 초림 시대 약속의 목자인 예수님이다. **그러나 예수님은 초림 시대의 목자일 뿐 마지막 시대에 하나님의 약속을 최종적으로 성취하는 목자는 아니다. 초림 때 오신 예수님이 구약의 예언을 이루신 첫 언약의 목자였다면, 계시록이 성취되는 오늘날 신약의 예언을 이룰 새 언약의 목자는 이만희 총회장이다.** 이런 이유로 예수님은 하나님이 될 수 없다.

하지만 성경은 곳곳에서 예수님이 하나님이심을 명백하게 증거한다. 아래의 말씀들을 살펴보라.

… 아버지의 품속에 있는 <u>독생하신 하나님</u>이 나타내셨느니라(요 1:18)

도마가 대답하여 가로되 <u>나의 주시며 나의 하나님</u>이시니이다(요 20:28)

… 우리의 크신 하나님 구주 예수 그리스도의 영광이 나타나심을 기다리게 하셨으니(딛 2:13)

… 저(그리스도)는 만물 위에 계셔서 세세에 찬양을 받으실 하나님이시니라 아멘(롬 9:5)

… 우리가 참된 자 곧 그의 아들 예수 그리스도 안에 있는 것이니 그는 참 하나님이시요 영생이시라(요일 5:20)

이러한 말씀들은 직접적으로 예수님이 하나님임을 고백하는 구절들이다. 이 외에도 사도행전에는 '하나님이 자기 피로 사신 교회(행 20:28)'라는 표현이 등장한다. 이는 '하나님이 피 흘리신 교회', 즉 '예수님이 자기 피로 사신 교회'라는 말씀과 다를 바가 없다. 즉, 예수님이 하나님임을 나타내는 표현인 것이다.

요컨대 예수 그리스도를 하나님으로 고백하는 것은 기독교 신앙의 근본이다. 예수께서 하나님이심을 부인하는 것은 이단적 사상이다. 예수 그리스도는 하나님의 아들이시요, 참 하나님이다. 성경에 예수 그리스도는 단순한 하나님이 아닌 찬송과 존귀와 영광을 받기에 합당하신 하나님으로 등장한다(롬 9:5, 계 5:12-14). 사람은 찬양을 받을 수 없다. 만약 예수님이 하나님이 아니라면 바울이나 요한은 성경을 통해 성도들에게 우상숭배를 조장하고 있는 것이 된다. 신천지는 예수님을 초림의 목자일 뿐 하나님은 아니라 주장한다. 그렇다면 초림의 목자 예수님은 왜 하늘 보좌에서 천천

만만의 천사와 보좌의 생물과 장로들, 하늘 위, 땅 위, 땅 아래, 바다 위 모든 피조물들로부터 찬송을 받았을까?(계 5:11-13) 가장 결정적인 이유는 그가 바로 하나님이시기 때문이다.

그렇다면 재림의 목자라 주장하는 또 다른 보혜사 이만희 총회장은 사역을 마치면 온 세상의 피조물과 하늘 천천 만만의 천사로부터 찬송과 존귀와 영광을 받는가? 만약 이런 질문을 한다면 신천지인은 이를 부정하며 자신들은 하나님께만 찬송과 영광을 돌린다고 주장할 것이다.

그러나 신천지 초판 찬송가(2016년 6월 20일 간행) 43장 '맑은 물과 곧은 길이'의 가사에는 "오늘 나신 '만희 왕'을 찬양하며 경배하자"고 고백하는 대목이 있다. 이 사실이 보도되자 신천지 유관 언론단체인 천지일보는 이만희 총회장이 이 사실을 몰랐다가 최근에 알게 되었다고 하면서 관련자를 징계하고는 "찬양과 영광은 창조주 하나님께만 올려 드려야 한다. 구원받을 사람이나 구원받은 사람에게 하는 것이 아니다"라고 설교했다는 사실을 보도했다.[9] 신천지는 이를 비 성경적이고 불법적인 행위로 규정한 것이다.

그렇다면 신천지 논리에 비추어 볼 때 이상한 점이 발생한다. 초림의 목자는 하늘에서 영광과 찬양을 받는데, 왜 재림의 목자는 영광과 찬양을 받으면 안 될까? 심지어 이만희 총회장의 지구촌을 짊어지는 사역이 십자가 사역보다 더 무거운 사역이라고 주장하면서, 더 무거운 사역을 감당한다고 주장하는 총회장은 찬양을 받

---

9 강수경, "신천지 교회, '사람 찬양하는 가사' 관련자 대대적 징계", 『천지일보』, 2017. 6. 4.

을 수 없다고 말하는가?

초림의 목자는 온 세상을 창조하신 하나님이다. 그러나 이만희 교주는 그저 자신을 보혜사라 주장하며 뭇 사람 위에 자신을 특별하게 보이고 높이는 인간에 불과하다. 사람은 결코 하나님이 아니며, 찬양을 받을 수 없다. 그러나 인성을 취하셔서 이 땅에 오신 성자 하나님은 인류를 위한 구원사역을 마치고 본래의 존귀한 하나님의 보좌에 오르셨기 때문에 찬송 받으시기에 합당하다(빌 2:6-11). 그가 인류를 위하여 하나님과 동등하게 여김 받기를 포기하고 이 땅에 내려오셔서 이루신 놀라운 구원의 선물을 주셨기 때문이다.

성경은 예수 그리스도께서 이 세상에 오시기 전에 어떤 분이었는가를 분명하게 밝힌다.

본래 하나님을 본 사람이 없으되 아버지 품 속에 있는 독생하신 하나님이 나타내셨느니라(요일 1:18)

이 말씀은 신천지인이 주장하듯 예수라는 인간 안에 하나님의 영이 있음을 가리키는 것이 아니다. 예수 그리스도는 본래 성부 하나님의 품속에 있던 독생하신 하나님이었다. 그는 '참 하나님이시며 영생(요일 5:20)'이다. 우리는 성경말씀으로 우리 자신을 잘 지켜 우상을 숭배하게 하는 왜곡된 주장을 멀리해야 한다(요일 5:21).

5. 성경에 성령이 하나님이라는 말이 어디 있어?

신천지는 성령을 구별된 인격으로서의 삼위 하나님으로 믿지 않는다. 그래서 성경에 성령이 하나님이라는 말이 어디 있냐고 공격적으로 질문한다. 이들은 **성령을 타락한 천사들 곧 악령(惡靈)에 반대되는 선령(善靈)의 개념으로 이해해, 하나님께 속한 모든 영들을 총칭해서 성령이라 부른다. 신천지가 일컫는 성령은 하나님께 속한 천사들, 사도들을 포함한 순교자들의 영, 잠자는 자들의 영까지 모두를 포함한다.** 이는 성령 하나님에 대한 개념을 심각하게 훼손하는 설명이다.

놀라운 사실은 성경에 성령이 하나님이란 말이 없다고 해 놓고, 이만희 총회장은 자신의 책 『요한계시록의 진상』에 버젓이 자신이 성령(성신)이라 주장했다는 점이다. 이만희는 요한계시록 12장 5절을 인용하여 자신이 보혜사 성령이라 주장하며 "그는 성부이신 하나님의 위와, 성자이신 그리스도의 위를, 하나로 묶어 자신의 위에 앉으실 삼위일체의 성신이다"라고 썼다.[10] 성경에 성령이 하나님이라는 말이 없다고 하면서 자신이 성령이라고 당당하게 주장하는 것이다.

물론 성경에는 '성령 하나님' 또는 '성령이 하나님'이라는 직접적인 표현은 등장하지 않는다. 그럼에도 성령을 하나님이라고 하는 이유는 무엇일까?

---

10 이만희, 『천국비밀 계시록의 진상』 (과천: 도서출판신천지, 1985), 184.

첫째, 성경은 성령을 성부, 성자와 동등한 분으로 나란히 진술한다(마 28:19).

둘째, 성경에서는 하나님과 그리스도를 나타내는 표현들이 성령을 표현하는 데도 사용된다.[11]

* 성령은 구약성경을 통해 말씀하신 분이다(행 1:16, 4:25, 28:25).
* 성령은 당대에도 성도와 사도들에게 말씀하신다(행 8:29, 10:19, 11:12, 13:2-4, 20:23).
* 성령은 아나니아의 속임의 대상이며, 이것은 하나님을 속인 것으로 간주된다(행 5:3).
* 성령은 이스라엘에 의해 거역을 당하는 분이다(행 7:51). 이스라엘 백성이 하나님을 거역한 것은 성령을 거역한 것이다.
* 성령은 교회와 더불어 바른 진리를 깨우쳐 주시는 분이다(행 15:28).
* 성령은 바울이 비두니아로 들어가기를 허락하지 않는다(행 16:7).
* 성령은 교회에 감독자를 세워 교회를 돌보고 다스린다(행 20:28).
* 성령을 '생명의 성령(20:28)'으로도 부르는데, 생명을 주고 주관하는 분은 오직 하나님 자신이시기에, 여기서는 성령이 곧

---

11 현요한, 『성령, 그 다양한 얼굴』, 34.

하나님임을 의미한다.

셋째, 성경은 성령이 인격적인 활동을 하시는 구별된 위격임을 증거한다.

* 성령은 그리스도의 증인으로 묘사된다(행 5:32).
* 성령은 인격적인 활동을 하는 분이다. 생각하고(롬 8:27), 탄식하시며(롬 8:26), 근심하시고(엡 4:30), 시기하시며(약 4:5), 때로 모욕을 받기도 하신다(히 10:29).

넷째, 성경은 성령 앞에 정관사를 붙여 여러 영들이 아니라 유일하신 한 분임을 일관되게 증거한다.

행 5:32 - 개역한글	행 5:32 - NRSV
우리는 이 일에 증인이요 하나님이 자기를 순종하는 사람들에게 주신 성령도 그러하니라 하더라.	And we are witnesses to these things, and so is <u>the Holy Spirit</u> whom God has given to those who obey him."

다섯째, 성경은 성부와 성자, 성령이 우리와 함께 하신다고 말씀한다.

너희가 하나님의 성전인 것과 <u>하나님의 성령이 너희 안에 거하시는</u> 것을 알지 못하느뇨(고전 3:16)

이 말씀은 우리가 하나님의 성전이고, 하나님의 성령이 우리 안에 거하신다고 진술한다. 하나님의 성령이 거하시는 것은 곧 하나님이 거하시는 것이다. 하나님이 아닌 다른 존재가 우리 안에 거하여 우리를 그가 거하는 성전이 되게 할 수는 없다. 한편 성도가 '성령 안에' 사는 것은(갈 5:25) '그리스도 안에(고후 5:17)' 사는 것과 같다. 이렇게 볼 때 성경은 성도와 함께 하시는 분을 성령으로, 성부로, 때로는 성자로 진술함을 알 수 있다.

이러한 성부, 성자, 성령의 삼위일체적 형식은 고린도후서에서 고린도 성도들을 향한 마지막 기원인사로도 분명하게 등장한다.

> 주 예수 그리스도의 은혜와, 하나님의 사랑과, 성령의 교통하심이 너희 무리와 함께 있을찌어다(고후 13:13)

주 예수 그리스도(성자), 하나님(성부), 성령께서 나란히 성도와 함께 하신다는 것이다. 이는 성도를 향한 삼위일체 하나님의 현존을 분명하게 잘 드러낸다.

여섯째, 성령의 임재는 우리 안에 하나님이 거하시는 표지가 된다.

> 그의 계명들(서로 사랑)을 지키는 자는 주 안에 거하고 <u>주는 저 안에 거하시나니</u> 우리에게 주신 <u>성령으로 말미암아 그가 우리 안에 거하시는 줄을</u> 우리가 아느니라(요일 3:24)

그의 성령을 우리에게 주시므로 우리가 그(하나님) 안에 거하고 그 (하나님)가 우리 안에 거하시는 줄을 아느니라(요일 4:13)

성령이 거하시는 것은 하나님이 거하시는 것이면서, 하나님이 우리 안에 거하신다는 표지이기도 하다. 이러한 내용을 종합하여 고대 기독교에서는 성령을 하나님으로 고백하며 삼위일체의 신앙을 발전시켜 온 것이다. 결론적으로 성경은 성령이 신성을 가지신 하나님의 한 위격임을 증거한다.

6. 보혜사의 뜻을 아니? 오순절 성령과 진리의 성령의 차이를 알아?(요 16:13, 25)

이 질문을 받으면 대부분의 성도들은 보혜사는 '성령'이라고 대답한다. 이러한 대답에 대해 신천지는 요한복음 16장 13, 25절을 인용한다. 이들은 "진리의 성령이 오시면 그가 우리를 모든 진리 가운데로 인도하시고 장래 일을 알리실 것이라"라는 말씀과 "그동안 비사로 말했던 것들을 밝히 드러내는 역사가 일어난다"라는 말씀을 인용한 후, 그렇다면 지금 마지막 때에 성취될 계시록의 비밀이 밝히 드러나고, 감추었던 비유가 풀리고 있냐고 묻는다. 이 질문에 대해 성도들이 어리둥절해하면, 세상의 마지막 때인 지금 보혜사가 이 땅에 오신 것이 맞느냐고 다시 묻는다.

이 질문에는 신천지인들의 감추어진 의도가 있다. 그 의도는 이

시대의 '또 다른 보혜사'로 온 이만희 총회장을 알고 있냐는 것이다. **신천지는 보혜사를 영적 존재로 보지 않는다. 신천지는 보혜사(保惠師)를 한자 뜻대로 풀어 '은혜로 보호하는 스승'이라 정의**한다. '스승 사(師)'라는 글자를 근거로 이들은 이 시대의 보혜사를 '선생님'이라 부르기도 한다.

* 신천지의 주장:

보혜사를 '선생님'이라고 부르는 것은 보혜사가 사람이라는 인식을 자연스럽게 동반한다. 예수님은 이 땅에 하나님의 영이 함께 하여 아버지의 이름으로 이 땅에 오신 초림 시대의 보혜사이다. 요한일서 2장 1절에 따르면 보혜사는 하나님의 말씀을 받아 대언하는 대언자다. 초림의 보혜사인 예수님은 "아버지께 구하여 또 다른 보혜사를 보내 영원토록 함께 있게 하겠다"라고 약속하셨다(요 14:16).

여기서 말씀하신 '또 다른 보혜사'는 '진리의 영' 즉 '진리의 성령 보혜사'이며, 그는 요한계시록 10장에서 작은 두루마리를 가지고 온 '힘 센 다른 천사(10:1)'이다. 영이 육을 들어 쓴다는 신천지식 성경 원리에 입각해 보자면, 진리의 성령 보혜사는 마지막 시대에 한 사람 속에 들어가 그와 하나 되어 역사한다(요 14:16-17). 쓰임 받는 약속된 목자는 진리의 성령 보혜사와 하나가 되기에, 그 역시 육의 보혜사라 할 수 있다. 이 목자는 진리의 성령과 함께 모든 진리의 말씀을 가르치는, 즉 은혜로 보호하는 스승이 되며, 예수님의 영광을 나타내는 자, 곧 육의

보혜사가 된다.[12] 이 목자가 바로 이만희 총회장이며, 이만희 총회장이
야 말로 계시록 성취 시대의 또 다른 보혜사인 것이다.

그러나 신천지의 주장과는 다르게 보혜사 성령은 오순절에 이미
마가의 다락방에 임하셨다(행 2:1-4). 하지만 신천지는 오순절에
임한 성령은 '오순절 성령'으로, 마지막 계시록 시대에 약속의 목
자에게 임할 '진리의 성령'과 다르다고 주장하며 이 둘을 구별한
다. 그래서 신천지인에게 보혜사 성령이 초대교회에 마가의 다락
방에 이미 임하셨다고 말하면, 이들은 '오순절 성령과 진리의 성령
의 차이를 아느냐'고 되묻는다. 오순절 성령과 진리의 성령이 같
은 성령이라고 대답하면, 이들은 그 둘이 다르다고 주장한다. 오순
절 성령이 임했을 때 사람들이 방언을 하고 예수님을 믿게 하기는
했지만, 장래에 성취될 일들을 밝히 보여주지는 않았다는 것이다.
신천지는 여기에서 바울의 말을 인용한다. 바울은 "우리가 부분
적으로 알고 부분적으로 예언하니, 온전한 것이 올 때에는 부분적
으로 알던 것이 폐하리라(고전 13:9-10)"라고 했다. 마지막 때에
는 예언도 폐하고 방언도 폐한다(고전 13:8). 하지만 진리의 성령
보혜사가 오면 비로소 온전한 것이 오게 된다. 그래서 바울은 "우
리가 이제는 거울로 보는 것 같이 희미하나 그 때에는 얼굴과 얼굴
을 대하여 볼 것이요 이제는 내가 부분적으로 아나 그 때에는 주께
서 나를 아신 것 같이 내가 온전히 알리라(고전 13:12)"라고 말한

---

12 신천지총회교육부, 『신천지 정통 교리와 부패한 한기총 이단 교리 비교: 100항 상세반증』(과
천: 도서출판 신천지, 2016), 30.

다. 신천지는 이 말씀을 인용하며 여기에서의 '온전한 것'이 이만희 총회장을 통해 비유의 의미가 풀리며 요한계시록이 신천지에 성취된 실상으로 나타나는 것을 의미한다고 주장한다.

1) 보혜사의 바른 뜻은 무엇인가?

보혜사를 지칭하는 헬라어 '파라클레토스(παράκλητος)'는 '곁에'를 의미하는 접두어 '파라(παρα)'와 '부르다', '청하다'란 뜻의 동사 '칼레오(καλεω)'가 결합된 단어로, '조력자', '격려자', '중재자' 등의 의미를 갖는다. 이는 헬라의 법정 용어로 헬라 법정에서 재판관과 피고인 사이에서 중보와 변호, 위로를 해 주는 변호인 또는 변호사를 뜻한다.[13] 이런 면에서 법적인 상담자란 뜻의 'Counsellor(NIV)'로 번역되기도 한다.

고대 라틴 문서들은 '파라클레토스'를 '아드보카투스(advocatus)'로 번역하였다[14]. 영어성경(NRSV)은 이를 반영하여 법정에서 변호하는 변호인의 뜻을 가진 'advocate'으로 번역했다. 새번역은 '보혜사'란 용어를 그대로 사용하면서 난하주에 '변호해 주시는 분' 또는 '도와주시는 분'이란 해설을 첨부하였다. 가톨릭의 공동번역은 '협조자'란 표현을 사용하였고, 이와 상응하는 영어 번역

---

13 양형주, 『바이블백신 1』, 139.

14 "παράκλητος", BDAG.

은 'Helper(ESV)'이다. 여기에는 법적인 조력자란 뜻이 포함된다.

이와 유사하게 '위로자(Comforter-KJV)'란 용어도 사용되는데, 이는 '힘을 주다' 또는 '도움을 제공하다'는 라틴어 동사 '콘포르타레(confortare)'에서 유래한다. 이 단어는 부드러운 '위로자'라기 보다 '강하게 하는 자(strengthener)'란 뜻을 갖는다. 이러한 번역들은 '보혜사'라는 한자의 의미보다 헬라어 본래의 의미에 더 강조점을 두려는 경향을 보여준다.

그렇다면 '보혜사'란 단어는 어디서 왔을까? 원래 보혜사는 헬라어 '파라클레토스'를 한자로 음역한 표현이다. 따라서 보혜사의 한자 뜻인 '보호하고 은혜를 베푸는 스승'이란 번역은 본래의 의도와 다른 해석이다. 한국어 최초의 번역성경인 『예수셩교젼셔』(1887)에서는 이 단어가 '온위ᄒᆞᄂᆞᆫ쟈' 곧 '안위하는 자'로 번역되었다. 이것이 우리나라가 '파라클레토스'를 처음으로 이해하는 방식이었다.

이것이 『신약젼셔』(1911)에 와서 처음으로 '보혜ᄉᆞ'로 번역되었고, 이후 셩경개역(1938년) 이후에 나온 한글 성경 역본에는 최근의 개역개정과 새번역에 이르기까지 계속해서 '보혜사'를 사용하고 있다. 이는 번역의 어감이 우리에게 더 가깝게 다가오기 때문이다. 보혜사는 한민족 고유의 정서가 배어 있는 단어다. 강원도 홍천에 가면 보혜사(保惠寺)란 사찰이 있을 정도다.

따라서 원문과 번역의 의미를 곱씹다 보면 보혜사는 그리스도 안에서 의롭다 함을 얻은 성도들에게 죄 사함과 구원의 확신을 주시고 사탄의 참소로부터 성도를 변호하며 지켜주어 하나님 자녀로서의 담대함을 주시는 분이다(참조. 계 12:10).

또한 보혜사는 예수 그리스도를 의미하기도 한다.

> 나의 자녀들아 내가 이것을 너희에게 씀은 너희로 죄를 범치 않게
> 하려 함이라 만일 누가 죄를 범하면 아버지 앞에서 우리에게 대언
> 자가 있으니 곧 의로우신 예수 그리스도시라(요일 2:1)

'대언'이라는 단어는 무죄를 변호하는 '변호활동'을 뜻한다. 법정에서 변호인은 피고의 죄가 무죄임을 피고를 대신해서 적극적으로 말해주는 사람이다. 이런 면에서 요한일서 2장 1절의 대언자는 죄를 변호하는 변호인을 의미한다. 그리고 여기에서의 대언자는 바로 의로우신 예수 그리스도다. 예수 그리스도는 죄가 없는 의인으로 우리의 죄를 대신 지고 속죄하셨기에, 아버지 앞에서 당당하게 죄인을 변호할 수 있다. "아버지 저들의 죄를 저들에게 돌리지 마십시오. 제가 저들의 죄를 대신해서 십자가에 그 값을 치르고 죽었습니다."라고 예수님은 말씀하시고, 하나님께서는 예수 그리스도의 대언으로 말미암아 우리의 죄를 간과하신다(참조. 롬 3:25).

2) 진리의 성령 보혜사는 언제, 누구에게 오시는가?

신천지의 주장에 따르면 '오순절 성령'은 초림 때, '진리의 성령 보혜사'는 계시록이 성취될 때 온다고 한다. 신천지는 계시록 성취

때 오실 진리의 성령 보혜사는 영의 보혜사로, 육의 보혜사인 이만희 총회장에게 왔다고 주장한다. 이것이 계시록 10장에서 작은 두루마리를 가진 힘 센 천사가 요한에게 두루마리 책을 먹여주는 장면을 성취하는 사건이라는 것이다. 과연 그러할까? 성경대로라면 또 다른 보혜사(another Advocate-NRSV), 곧 진리의 성령 보혜사는 언제, 누구에게 임하시는가?

첫째, 다른 보혜사는 예수님의 제자들이 살아 있을 때 임한다.

내가 아버지께 구하겠으니 그가 <u>또 다른 보혜사를 너희에게 주사 영원토록 너희와 함께 있게</u> 하리니(요 14:16)

또 다른 보혜사는 2천 년 후의 신천지인에게 약속된 것이 아니다. 또 다른 보혜사는 예수님이 부활 승천하신 이후 제자들에게 곧바로 임하시는 분이고, 그 후로 지금까지, 그리고 영원히 함께 하시는 분이다.

둘째, 예수님은 보혜사, 곧 진리의 성령을 친히 제자들에게 보낸다고 약속한다.

<u>내(예수님)가 아버지께로부터 너희(제자들)에게 보낼 보혜사</u> 곧 … <u>진리의 성령이 오실 때</u>(요 15:26)

신천지는 또 다른 보혜사가 마지막 때에 특별한 목자에게 임한다고 생각한다. 그러나 결코 그렇지 않다. 또 다른 보혜사, 곧 진

리의 성령은 한 특정한 목자가 독점하는 영이 아니다. 진리의 성령은 '너희' 즉 예수님의 모든 제자들에게, 예수를 믿는 모든 자녀들에게 임한다.

셋째, 진리의 성령 보혜사는 예수님의 제자들을 진리 가운데로 인도하신다.

> 내가 아직도 너희에게 이를 것이 많으나 지금은 너희가 감당하지 못하리라 그러나 진리의 성령이 오시면 그가 너희를 모든 진리 가운데로 인도하시리니 …(요 16:12-13)

여기서의 '지금'은 예수께서 십자가를 지기 전을 뜻한다. 제자들은 예수께서 십자가를 진다는 말씀에 두려움에 떨었고, 십자가 사건이 가진 대속의 의미를 깨닫지 못하고 있었다. 그러나 진리의 성령이 오시면 그가 제자들을 참된 진리의 복음으로 인도하실 것이다. 그렇다면 진리는 무엇일까? 바로 예수 그리스도가 길이요, 진리이다(요 14:6). 문맥의 흐름상 계시록이나 신천지에서 성취될 예언은 진리가 될 수 없다.

넷째, 다른 보혜사는 예수의 이름으로 오시는 진리의 성령 (14:16, 26)이다. 요한복음 14-16장을 꼼꼼히 읽어보면 해당 본문은 '다른 보혜사'가 진리의 '영(the Spirit)'임을 강조하며, 결코 육체로 온다고 말하지 않는다. 그렇다. '다른 보혜사(another Advocate)'는 영으로만 오지 결코 육체로 오는 분이 아니다. 이것이 보혜사와 다른 보혜사의 결정적 차이점이다.

성경은 보혜사이신 예수님이 육체로 오셨고(요일 4:2, 골 2:9), 육체로 죽임을 당하셨다가 육체로 부활하신 것을 강조한다(요 19:33-34, 20:25-28, 눅 24:37-43). 더 나아가 예수님이 부활하신 육체 그대로 승천하셨다가 부활의 몸 그대로 이 땅에 다시 오실 것임을 힘주어 선포한다(행 1:9-11). 반면 성경은 다른 보혜사가 영으로만 오시는 분임을 분명히 한다. 그가 영(the Spirit)이시기에 세상은 그를 보지도 못하고 알지도 못한다(요 14:17).

다섯째, '다른' 보혜사란 어떤 면에서 다른 보혜사일까? '다르다'를 뜻하는 헬라어에는 '알로스(ἄλλος)'와 '헤테로스(ἕτερος)'가 있다. '알로스'는 종류와 본질에 있어서는 동일하지만 모양이나 형태가 다른 것을 의미한다. 즉 같은 성격을 가진 다른(another of the same nature) 개체를 뜻한다. 반면 '헤테로스'는 종류와 본질, 그리고 모양이나 형태도 다른 것을 의미한다. 따라서 요한복음 14장 16절의 **'다른 보혜사(헬. ἄλλος παράκλητος)'란 예수님과 본질에 있어서는 같지만 모양이나 형태에 있어서는 다르고 구별된 보혜사, 곧 성령 하나님이다.**

여섯째, 따라서 예수님이 약속하신 다른 보혜사는 결코 영의 보혜사와 육의 보혜사로 나눌 수 없다. 성경은 다른 보혜사가 곧 진리의 성령(the Spirit)(요 14:17, 26, 15:26)이라고만 증거한다. 그는 예수님의 이름으로 오셔서 예수님만 증거할 것이고, 제자들 속에 영원토록 거하실 것이다(요 14:17).

일곱째, 성령은 한 분이다(엡 4:4, 고전 12:11, 13). 부분적인 성령(오순절 성령)과 온전한 성령(진리의 성령)이란 없다. 따라서 오순절 성령과 보혜사 성령을 구분하는 것은 비성경적, 비상식적 구분이다.

3) '비사(祕事)'는 무엇이고, '밝히 이르는 것'은 무엇인가?(요 16:25)

예수께서는 제자들에게 모든 것을 **비사로 말했고, 때가 이르면 더 이상 비사로 말하지 않고 모든 것을 밝히 이르리라고 말씀**한다 (요 16:25). 신천지는 여기서의 '밝히 이른다'는 대목이 계시록의 예언이 성취되는 실상을 말한다고 본다. 비유가 밝히 열려 계시록의 실상이 구현되면 이때는 예수님을 믿을 뿐 아니라 비유도 깨달아야 죄 사함을 받는다고 주장한다.

그렇다면 지금 여기서 예수께서 말씀하신 비사는 무엇이고, 때가 이른다는 것은 무슨 뜻이며, 밝히 이르는 것은 무엇을 의미할까?

첫째, 신천지는 여기에서의 '비사'를 비유를 의미하는 것으로 해석한다. 하지만 요한복음 16장 이전까지의 문맥을 보면 비유로 말한 부분을 찾아볼 수 없다. 그나마 비유와 관련이 있는 부분은 해산하는 여인의 기쁨에 대한 대목이다(21절). 그러나 이 이야기만으로 예수님이 요한복음 16:25에서 말씀하신 '비사'를 비유로 보기에는 문맥상 어색하다.

'비사(祕事)'는 사전적 의미로 밖으로 드러내지 말아야 할 비밀스러운 일이나 사건이란 뜻이다. 여기서 '비사'는 헬라어로 비유를 뜻하는 '파라볼레(παραβολή)'가 아니라 '파로이미아(παροιμία)'

다. 이는 사물을 빗대어 표현하는 말이라기보다, **사건을 겉으로 드러내지 않기 위해 수수께끼나 암호 같은 방편으로 사실을 표현하는 것**을 뜻한다.[15]

예를 들자면 예수께서는 조금 있다가 자신이 십자가에 달려 죽을 것을 예고하시는데, 십자가에 죽는다는 직접적인 표현 대신, "조금 있으면 너희가 나를 보지 못하겠고"라는 표현을 사용하시고, 이후 부활하여 제자들을 다시 보게 될 것에 대해 "또 조금 있으면 나를 보리라"고 말씀하셨다(요 16:16). 제자들은 이 말씀을 듣고도 예수님이 무엇을 말씀하시는지 알지 못했다(16:18). 이러한 애매모호한 표현이 바로 '파로이미아' 곧 비사로 표현하신 것에 해당한다. 『새한글성경』은 이를 '**다른 말로 돌려서 말했다**'고 표현한다.

둘째, '때가 이르다'에서의 '때'는 언제를 말하는 것일까? 여기에서의 '이때'는 바로 앞 문단에서 계속해서 말씀하는 '조금 있으면 (16:17, 18, 19)', '내가 다시 너희를 볼 때(16:22)', '무엇이든지 예수 이름으로 구하고 응답받을 때(16:23, 24, 26)' 등을 말한다. 이는 곧 **예수께서 십자가를 지실 때와 부활하실 때**를 뜻한다. 유월절 만찬 단락(13-17장)이 시작되는 13장 1절은 '이때'를 '예수께서 자기가 세상을 떠나 아버지께로 돌아가실 때'라고 명시한다. 이는 예수님께서 십자가에서의 죽음과 부활, 그리고 승천이라는 구속사적 사건을 완성하시는 때를 뜻한다.

셋째, '밝히 이르는 것'은 무엇을 의미할까? 다음의 대목을 보자.

---

15 D. A. 카슨, 앞의 책, 704, 1014-1015.

제자들이 말하되 지금은 밝히 말씀하시고 아무 비사도 하지 아니하시니 우리가 지금에야 주께서 모든 것을 아시고 또 사람의 물음을 기다리시지 않는 줄 아나이다 이로써 하나님께로서 나오심을 우리가 믿삽나이다(요 16:29-30)

내가 아버지께로 나와서 세상에 왔고 다시 세상을 떠나 아버지께로 가노라 하시니(16:28)

이처럼 제자들은 예수께서 **다시 세상을 떠나 아버지께로 간다는 분명한 표현을 사용해 말씀하시고 나서야 예수님께서 말씀하시는 바를 비로소 알아듣고 반응한다. 따라서 예수께서 '밝히 이르신' 내용은 예수 그리스도의 십자가에서의 죽음과 부활, 승천이라는 일련의 과정이다.**

4) 요엘서에서 예언한 오순절 성령은 언제 오셨는가?

신천지는 **사도행전 2장에서 마가의 다락방에 임한 오순절 성령은 하나님께서 구약 선지자 요엘을 통해 약속하신 성령이며, 요한복음 14-16장에 예수께서 약속하신 진리의 성령, 즉 보혜사는 아니라고 한다.** 이들에 따르면 오순절 성령과 진리의 성령은 약속된 때와 성취의 시기가 다르다.

그렇다면 요엘서에 약속한 성령은 언제 오셨는가? 이에 관해 베드로는 요엘서를 인용하여 다음과 같이 말한다.

> 이는 곧 선지자 요엘로 말씀하신 것이니 일렀으되 하나님이 가라 사대 말세에 내가 내 영으로 모든 육체에게 부어 주리니 너희의 자녀들은 예언할 것이요 너희의 젊은이들은 환상을 보고 너희의 늙은이들은 꿈을 꾸리라(행 2:16-17)

본문은 하나님이 **요엘서에 약속하신 성령은 말세에 부어지는 영**이라고 분명 말씀한다. **성경에서 말세는 언제부터 시작되는가? 그것은 예수님의 초림이 끝난 이후부터다.** 예수님의 초림은 예수께서 부활 승천하심으로 마무리된다. 즉 예수께서는 초림 후 예수님의 임재와 사역을 이어가기 위해 성령을 보내실 것을 약속하신 것이다. 따라서 성령은 말세, 곧 예수께서 부활, 승천하신 이후에 오시는 분으로, 오순절 마가의 다락방에 임하신 것이다. 여기에 더해 우리는 성경에서 예수님의 부활 승천 이후를 '말세'로 표현하는 여러 구절들을 발견할 수 있다.

> 저희에게 당한 이런 일이 거울이 되고 또한 말세를 만난 우리의 경계로 기록하였느니라(고전 10:11)

> 네가 이것을 알라 말세에 고통하는 때가 이르리니 … 이같은 자들에게서 네(디모데)가 돌아서라(딤후 3:1, 5)

너희가 말세에 나타내기로 예비하신 구원을 얻기 위하여 믿음으로 말미암아 하나님의 능력으로 보호하심을 입었나니(벧전 1:5)

따라서 오순절에 임한 성령은 요엘서에서 약속된 성령임과 동시에 예수님께서 하늘로 올리우시기 전에 직접 약속하신 성령이기도 하다.

볼찌어다 내가 내 아버지의 약속하신 것을 너희에게 보내리니 너희는 위로부터 능력을 입히울 때까지 이 성에 유하라 하시니라(눅 24:49)

… 그들에게 분부하여 이르시되 예루살렘을 떠나지 말고 내게서 들은 바 아버지께서 약속하신 것을 기다리라 요한은 물로 세례를 베풀었으나 너희는 몇 날이 못되어 성령으로 세례를 받으리라 하셨느니라(행 1:4-5)

하나님이 오른손으로 예수를 높이시매 그가 약속하신 성령을 아버지께 받아서 너희 보고 듣는 이것을 부어 주셨느니라(행 2:33)

오순절에 임한 성령은 예수님이 약속하신 성령이고, 예수께서 부활 승천하신 후 시작되는 말세에 부어질 성령이다. 그렇다면 요한복음 14-16장에서 진리의 성령은 언제, 어떻게 오시는가?

내가 아버지께 구하겠으니 그가 또 다른 보혜사를 너희에게 주사 영원토록 너희와 함께 있게 하시리니… 그는 너희와 함께 거하심이요 또 너희 속에 계시겠음이라 내가 너희를 고아와 같이 버려두지 아니하고 너희에게 오리라(요 14:16-18)

여기서 예수께서는 제자들을 고아와 같이 버려두지 않겠다고 하신다. 이는 예수님께서 승천하신 이후에도 성령의 임재를 통해 제자들과 계속 함께할 것을 약속하신 것이다. 그래서 예수님은 아버지께 구하여 또 다른 보혜사 성령을 제자들에게 주신다고 약속하신다. 이러한 약속은 사도행전 2장 33절의 "약속하신 성령을 아버지께 받아서 … 부어 주셨느니라"라는 말씀과 동일한 약속이다.

예수께서는 진리의 성령이 오시면 제자들을 진리 가운데로 인도하시고, 장래 일을 알려주겠다고 말씀하신다(요 16:13). 성령이 임하여 예언할 것이라는 뜻이다. 이는 사도행전에서 다시금 선포된 "너희의 자녀들은 예언할 것"이라는 요엘서 2장의 예언의 성취와 같은 뜻의 말씀이다.

요한복음 14-16장은 이제 18장부터 예수께서 본격적으로 십자가를 지시기 전, 앞으로 일어날 일에 대한 예고의 말씀이다. 전체의 핵심은 다음과 같다.

이제 곧 예수께서 거처를 예비하러 하나님께 가실 것이고(요 14:2), 예수께서 가 계신 기간 동안 제자들을 고아와 같이 버려두지 않기 위해 예수님께서는 또 다른 보혜사 곧 진리의 성령을 보내실 것이다(14:16). 그는 예수님의 영광을 나타낼 것인데(요

16:14), 예수께서 미리 이 말씀을 하시는 것은 일이 일어날 때에 제자들로 하여금 이 모든 것이 하나님이 작정하신 사건임을 믿도록 하기 위함이다(요 14:29). 따라서 사도행전 2장의 오순절 성령과 요한복음 14-16장의 진리의 성령은 같은 성령이다.

'오순절 성령'은 성령이 오순절에 제자들에게 처음으로 강림하셨다는 뜻을 나타내는 표현일 수는 있지만, **요한복음에 나오는 '진리의 성령'과 구별되는 영을 지칭하는 말로 사용될 수는 없다.** 보다 정확하게는 **성경에 '오순절 성령'이라는 말 자체가 없다.** 사도행전 2장에는 1절에 '오순절'이란 표현이 나올 뿐, 그 어느 곳에서도 '오순절 성령'이란 용어를 사용하지 않고 오직 '성령'이란 표현만을 사용한다.

다른 한편 **'진리의 성령'은 진리를 밝히 드러내는 성령의 특징을 부각하기 위한 표현**이다. 이와 유사한 표현으로는 '은혜의 성령(히 10:29)', '약속의 성령(엡 1:13)', '약속하신 성령(행 2:33)', '생명의 성령(롬 8:2)', '믿는 자의 받을 성령(요 7:39)' 등이 있다. 만약 성령을 오순절 성령과 진리의 성령으로 구별한다면, 신천지는 은혜의 성령, 약속의 성령, 생명의 성령 등등 다른 여러 성령을 더 구분해 설명해야 할 것이다.

성령은 한 분 하나님이다. 성령은 요엘서에서 예언한 오순절 성령과 진리의 성령으로 나뉘지 않는다. 한 분의 성령이 오순절에 오셨고, 지금까지도 우리 안에 계셔서 진리이신 예수 그리스도를 증거한다.

5) 또 다른 보혜사는 어떤 일을 하시는가?

신천지는 또 다른 보혜사는 택한 목자와 하나 되어 진리의 말씀을 가르쳐 감춰진 계시록의 실상을 드러내며 예수님의 영광을 나타낸다고 한다. 그렇다면 성경이 말하는 '또 다른 보혜사'가 하는 일은 무엇인가?

첫째, 또 다른 보혜사는 영원토록 예수님의 제자들과 함께 하신다(요 14:16).

둘째, 또 다른 보혜사는 제자들과 함께 거하실 뿐만 아니라 제자들 속에 계신다(요 14:17).

셋째, 또 다른 보혜사는 보혜사 예수께서 제자들에게 말한 모든 것을 생각나게 하신다(요 14:26). 아래의 구절은 '또 다른 보혜사'인 성령께서 제자들로 하여금 예수님의 가르침을 떠오르게 한 사례다.

> 예수께서 대답하여 이르시되 너희가 이 성전을 헐라 내가 사흘 동안에 일으키리라 유대인들이 이르되 이 성전은 사십육 년 동안에 지었거늘 네가 삼 일 동안에 일으키겠느냐 하더라 그러나 예수는 성전된 자기 육체를 가리켜 말씀하신 것이라 죽은 자 가운데서 살아나신 후에야 제자들이 이 말씀하신 것을 기억하고 성경과 예수께서 하신 말씀을 믿었더라(요 2:19-22)

예수님은 이 말씀을 통해 자신의 죽으심과 부활을 알리신 것이었다. 그러나 이 말씀은 당시 유대인들과 제자들 모두에게 이해하기 어려운 '비사'였다. 그러나 예수께서 부활 승천하시고 성령이 강림하신 후 제자들은 이 말씀을 깨닫고 믿게 되었다. 이와 같이 요한복음은 이 부분에서 예수께서 말씀하셨던 것의 의미를 당시에는 깨닫지 못했다가 나중에야 보혜사 성령의 도움으로 깨닫게 되었음을 증언한다.

> 예수는 한 어린 나귀를 보고 타시니 이는 기록된 바 시온 딸아 두려워하지 말라 보라 너의 왕이 나귀 새끼를 타고 오신다 함과 같더라 제자들은 처음에 이 일을 깨닫지 못하였다가 예수께서 영광을 얻으신 후에야 이것이 예수께 대하여 기록된 것임과 사람들이 예수께 이같이 한 것임이 생각났더라(요 12:14-16)

제자들은 예수께서 나귀를 타고 가실 때 왜 나귀를 타시는지 이해하지 못했다. 유대인의 메시아로 입성하실 것 같으면 더 멋진 백마를 타는 것이 낫지 않았겠는가? 그러나 예수께서 영광을 얻으신 후, 곧 부활하신 후에야 제자들은 이것이 낮고 겸손하게 임하시는 예수님께 대하여 구약에 기록된 것임을 깨닫게 되었다.

이처럼 예수께서 말씀하신 것들을 제자들은 초림 때 다 깨닫지 못하였다. 뿐만 아니라 어떤 말씀은 전혀 이해하지도 못했다(참조. 요 6:60). 그러나 예수께서 부활, 승천하셔서 영광을 받으신 후에 제자들에게 오신 보혜사 성령은 제자들에게 예수님의 가르침을 상기시키고, 부활 이후의 새로운 상황에서 예수의 말씀이 무엇을 의미하는 것인지를 제자들에게 깨닫게 하셨다. 비사와 같은 예수님의 말씀은 부활의 빛 아래서 온전히 깨닫게 되는 말씀들로, 십자가, 부활, 승천 등 구속사적 사건들과 깊은 관련이 있다.

넷째, 다른 보혜사는 **'장래 일(요 14:13)'을 제자들에게 알려주신다.**

> 그러나 진리의 성령이 오시면 그가 너희를 모든 진리 가운데로 인도하시리니 그가 자의로 말하지 않고 오직 듣는 것을 말하시며 장래 일을 너희에게 알리시리라(요 16:13).

다른 보혜사는 자의로 말하지 않고, 듣는 것을 말하시며 장래 일을 알려주신다. 신천지는 장래 일을 '장래사' 곧 미래의 예언으로 보고, 요한계시록이 이 '장래사'에 해당한다고 주장한다. 따라서 보혜사는 2천 년 동안 감추어진 요한계시록을 풀어 그 참된 실상을 알려주는 존재라는 것이다. 하지만 이는 본문을 완전히 왜곡하는 해석이다. 본문이 가리키는 '장래 일'은 곧 '닥쳐오는 일(새한글 성경, things that are to come-NRSV)'로, 예수께서 13장부터 계속해서 말씀해 왔던 '조금 있으면 보지 못하고 또 조금 있으면 보게 되는 일(13:7)', 즉 예수 그리스도의 십자가 사건과 부활을 가리킨다.

다섯째, 다른 보혜사 곧 **진리의 성령이 오실 때는 그가 예수 그리스도를 증언**하실 것이고, 제자들도 성령에 힘입어 예수 그리스도를 증언할 것이다(요 15:26-27). 이 말씀에 따르면 다른 보혜사,

곧 진리의 성령은 단 한 사람에게만 임하는 것이 아니다. 그는 제자들 모두에게 오셔서 이들로 하여금 예수를 전하게 하신다. 또한 진리의 성령은 예수님을 믿지 않는 일에 대해 이것이 죄라고 책망할 것이다(요 16:8-9).

여섯째, 진리의 성령은 진리를 전해주는 영이다(요 14:17, 15:26, 16:13). 요한복음에서 말하는 진리는 무엇일까? 바로 예수 그리스도다.

> 예수께서 이르시되 내가 곧 길이요 진리요 생명이니 나로 말미암지 않고는 아버지께로 올 자가 없느니라(요 14:6)

주목할 것은 요한복음이 요한계시록이 성취될 실상에 대해 전혀 언급하지 않는다는 사실이다. 요한복음은 요한계시록이 성취될 때 구원을 얻는다고 하지 않는다. 비유풀이가 진리에 이르는 길이라고도 하지 않는다. 오직 예수 그리스도만이 길이요 진리요 생명이라고 한다. 따라서 또 다른 보혜사이신 진리의 성령은 예수님만이 길이요, 진리요, 생명임을 전해주는 분인 것이다. 성령은 예수님을 통해서만 영생을 얻고 하나님 아버지께로 나아갈 수 있다는 사실을 증언하는 분이다. 성령은 우리를 바로 이 진리 가운데로 인도하신다(16:13).

일곱째, 다른 보혜사가 오면 그 때부터 예수님의 이름으로 구하여 응답받는 역사가 일어난다.

그 날에는 너희가 아무 것도 내게 묻지 아니하리라 내가 진실로 진실로 너희에게 이르노니 너희가 무엇이든지 아버지께 구하는 것을 내 이름으로 주시리라 지금까지는 너희가 내 이름으로 아무 것도 구하지 아니하였으나 구하라 그리하면 받으리니 너희 기쁨이 충만하리라(요 16:23-24)

만약 다른 보혜사가 2천 년 후에 왔다면 신약의 제자들은 누구의 이름으로 기도했을까? 신천지의 주장에 따르면 다른 보혜사가 임한 실상의 때는 이만희 총회장이 1980년 봄에 천사의 손에 펴 놓인 책을 받아먹었을 때다. 그렇다면 예수님의 이름으로 기도하기 시작한 것도 이때부터이어야 하고 1980년 이전에는 누구도 예수님의 이름으로 구하는 일이 없어야 한다.

6) 거울로 보는 것 같이 희미하고 부분적으로 아는 것은 무엇인가?

신천지는 고린도전서 13:9-12를 인용하여 **오순절 성령이 오셨음에도 바울은 부분적으로 알고 부분적으로만 예언했음을** 강조한다. 이들이 이러한 주장을 통해 의도하는 바는 **바울조차도 오순절 성령만을 받았을 뿐 진리의 성령을 받지 않아 예언의 실상을 제대로 몰랐고, 실상은 예수님이 약속하신 보혜사 성령, 즉 또 다른 보혜사로 온 이만희 총회장이 와서 보여줄 때 밝히 드러난다는 말을 하고 싶어서다.** 과연 이러한 주장은 타당할까?

고린도전서 13장은 사랑에 대한 말씀이다. 바로 앞 장인 고린도전서 12장은 고린도교회의 성도들이 받은 다양한 은사와 이로 인한 혼란과 갈등 상황을 다룬다. 방언과 예언의 은사, 지식의 은사 등(12:8-10절) 다양한 은사가 나타나자 고린도교회의 교인들은 서로 자신의 은사가 더 중요하고 크다며 다투고 갈등한다. 이에 대해 사도 바울은 더욱 큰 은사를 사모하라고 권면하며 가장 좋은 은사는 사랑임을 강조한다(12:31).

고린도전서 13장은 사랑이 무엇인지를 설명한 후, 사랑은 결코 떨어지거나 폐하지 않는 영원한 것임을 진술한다(13:8). 그러면서 고린도 교회의 성도들이 지식의 은사로 알고, 예언의 은사로 예언하는 것은 부분적이고, 이 세상이 끝날 때 유효기간이 만료되는 임시적인 것이라 말한다(13:9). 아무리 성령의 은사로 깨달아 알게 된 지식이라 하더라도 이는 거울을 보는 것 같이 희미한 부분적인 지식일 뿐이다.

하지만 세상 끝에 그리스도가 재림하실 때, 우리가 주님을 얼굴과 얼굴을 맞대고 보게 될 때는 주님께서 우리를 완전하게 아시는 것처럼 우리도 주님에 대한 지식을 완전하게 알게 될 것이다. 이 땅에서의 소망은 모두 사라진다 해도 사랑은 없어지지 않고 계속 있을 것이다. 왜냐하면 하나님은 사랑이시기 때문이다(요일 4:8, 16). **하나님의 본질인 사랑은 결코 끝나지 않고 계속 존재할 것이기에, 이제 고린도 성도들은 은사로 다툴 것이 아니라 서로 사랑하기에 힘써야 한다는 것이 고린도전서 13장의 요지이다.**

따라서 **거울로 보는 것 같이 희미하고 부분적으로 아는 지식은,**

고린도 교회에 주어진 성령의 은사인 지식의 은사, 예언의 은사, 방언의 은사를 통해 알게 된 지식들을 말한다. 그 대척점에 있는 '온전히 아는 지식'은 사랑이신 하나님을 직접적으로 아는 지식이다. 따라서 거울을 보는 것 같은 희미한 지식은 그 실상이 감추어져 제대로 알기 어려운 계시록의 예언을 뜻하는 것이 아니다. 마찬가지로 '온전히 아는 지식'이 계시록의 실상을 깨달아 안다는 뜻도 아니다.

3장
배도, 멸망, 구원

신천지가 성경 전체를 풀어가는 핵심 교리는 배도, 멸망, 구원으로 이어지는 언약 노정의 순리다. 하나님이 구원을 위해 한 목자를 택하면 그 목자는 배도하고, 멸망자가 나타나 배도자를 멸망시킨다. 이후 새롭게 하나님의 나라를 창조할 목자가 나타나 새로운 구원 역사를 일으킨다는 것이 이 교리의 내용이다. 신천지는 이러한 배도, 멸망, 구원의 역사가 오늘날 계시록이 성취될 때에 신천지를 통해 구체적으로 구현되었고, 그 구체적인 실상을 보고 깨달은 이들은 신천지 밖에 없다고 주장한다. 이러한 무모한 배타적 확신을 주장하기 위해 이들은 기존 교회 성도들이 대답하기 어려운, 교회에서 한 번도 들어보지 못한 질문을 던지며 성도들을 미혹한다.

헤롯 시대에 주조한 갈릴리 갈대
형상의 동전(123쪽 참고)

1. 너, 세례요한이 배도자인 것 알아?

이 질문은 정상적인 신앙생활을 하는 교인이라면 처음 들어보는 황당한 질문이다. 예수님이 오실 길을 준비했던 구약시대의 마지막 예언자 세례요한이 배도자라는 것이다. 뿐만 아니다. 이들은 세례요한이 감옥에 갇힌 대목이 나오는 마태복음 11장 2-12절을 근거로 세례요한이 배도해서 지옥에 갔다는 충격적인 주장을 한다.[1]

* 신천지의 주장:

첫째, 세례요한은 예수님을 의심하고 믿지 않았다.

요한이 옥에서 그리스도께서 하신 일을 듣고 제자들을 보내어 예수께 여짜오되 오실 그이가 당신이오니이까 우리가 다른 이를 기다리오리

1 참고. 이만희, 『성도와 천국』(과천: 도서출판신천지, 1995), 82-84; 신천지총회교육부, 『신천지 정통 교리와 부패한 한기총 이단 교리 비교(2): 새 100항 상세반증』(과천: 도서출판 신천지, 2018), 10.

이까(마 11:1-2)

세례요한은 예수님의 길을 예비한 사자였다. 하지만 말년에 가서 예수님이 정말 구원자가 맞는지 확신하지 못하고 예수님을 의심했다. 그래서 그렇게 예수님을 열심히 증거해 놓고, 끝에 가서는 예수님을 믿지 못하고 다른 이를 기다려야 하는지 물었던 것이다.

둘째, 예수님은 이런 **세례요한에 대해 '바람에 흔들리는 갈대'**라고 하셨다. 바람에 흔들리는 갈대처럼 예수님을 믿었던 마음이 흔들렸다는 것이다.

··· 너희가 무엇을 보려고 광야에 나갔더냐 바람에 흔들리는 갈대냐 (11:7)

셋째, 예수님은 이런 세례요한을 향하여 **'천국에서 극히 작은 자도 그보다 크다'**고 하셨다.

내가 진실로 너희에게 말하노니 여자가 낳은 자 중에 세례 요한보다 큰 이가 일어남이 없도다 그러나 천국에서는 극히 작은 자라도 그보다 크니라(11:11)

이 말씀에 따르면 세례요한은 천국에서 가장 작은 자보다 더 작은 자가 된다. 이 말의 의미는 세례요한은 천국에 들어가지 못하고 결국 지옥에 들어갔다는 것이다.

넷째, 예수님은 "세례요한의 때부터 천국은 지금까지 침노를 당한다 (마 11:12)"라고 말씀했다. 세례요한의 제단인 예루살렘 성전이 그 시대의 천국이었는데 예수님의 이 말씀은 **세례요한이** 예루살렘 성전을 침노자에게 빼앗겼음을 말씀한다. 그렇다면 그 침노자는 누구일까? 예수께서, "뱀들아 독사의 새끼들아" 하며 책망했던 서기관과 바리새인들이다. 누가복음 16장 16절은 "율법과 선지자는 요한의 때까지요 그 후부터는 하나님 나라의 복음이 전파되어 사람마다 그리로 침입하느니라"라고 말씀한다. 이에 따르면 **예수님의 천국은 침입하는, 즉 예수님께 들어가는 천국이요, 반면 세례요한의 천국은 빼앗기는 천국**이다.

다섯째, 세례요한이 죽음을 당한 것은 하나님의 말씀 때문이 아니라, 헤롯왕이 동생의 아내를 취한 것을 책망했기 때문이다. 즉 세례요한은 사명을 제대로 감당하지 않고 쓸데없이 **세상 정치사에 관여하다 죽었다**(마 14:1-11).

여섯째, 세례요한의 제자들은 바리새인들과 함께 금식했다(마 9:14). 이는 **세례요한이 바리새인들과 연합하여 한통속**이 되었음을 보여준다.

일곱째, 게다가 세례요한은 예수님이 유대 땅에서 세례를 베푸실 때, 따로 사람들을 모아 세례를 베풀었다(요 3:22). 이러한 사실들은 세례요한이 **자기 종파, 자기 교단을 형성**했다는 사실을 보여준다. 이는 세례요한이 예수님과 하나 되어야 하는 사명을 망각하고 자신의 사리사욕을 취한 자임을 보여준다.

여덟째, 세례요한은 메뚜기를 먹었다. 메뚜기는 성경에 **이방 나라를**

상징하는 곤충으로 등장한다.

팥종이가 남긴 것을 메뚜기가 먹고 메뚜기가 남긴 것을 늦이 먹고 늦이 남긴 것을 황충이 먹었도다(욜 1:4)

그러므로 **세례요한이 메뚜기를 먹었다는 것은 이방 멸망자의 교리를 받아들였다는 뜻**이다. 즉 서기관과 바리새인의 교리를 받아들였다는 뜻이다.

그렇다면 이들의 주장에 대해 우리는 어떻게 대답할 수 있을까? 첫째, 신앙생활 하다가 확신이 없거나 의심이 들어 묻는 행위가 배도일까? 합리적 의심도 배도일까? 성경에 보면 예수님을 따르던 이들 중에도 예수님의 능력을 의심하는 이들이 여럿 있었다.

* 예수님은 딸의 죽음소식을 듣고 더 이상 예수님을 집으로 모시고 가기를 주저하는 회당장 야이로에게 "두려워 말고 믿기만 하라(막 5:36)"라고 하셨다.
* 예수님은 의심하여 바다에 빠져가는 베드로에게 "믿음이 적은 자여 왜 의심하였느냐(마 14:31)"라고 하시며 베드로를 건져주셨다.
* 예수님은 부활을 의심하는 제자들에 "어찌하여 두려워하며 어찌하여 마음에 의심이 일어나느냐(눅 24:38)"라고 하시며 자신의 살과 뼈를 만지게 하시며 믿도록 하셨다.

* 예수님은 심지어 자신 앞에서 욕하고 부인하고 저주했던 베드로(마 26:74)조차 용서하시고 사랑으로 다시 회복시키며 "너는 나를 따르라"라고 하셨다(요 21:15-22). 끝까지 제자 삼아 주신 것이다.
* 예수님은 자신의 부활을 의심하던 도마에게 손가락을 내밀어 옆구리에 넣어보라고 확인시켜주신 후, "믿음 없는 자가 되지 말고 믿는 자가 되라"라고 격려하셨다(요 20:27).

위의 사례들에 비하면 세례 요한이 "오실 그가 당신이오니이까 우리가 다른 이를 기다리오리이까(마 11:3)"라고 물은 것은 배도라고 할 수도 없다. 사도 요한이 이렇게 물은 것은 자신이 예언한 바가 당장에 예수님의 사역에 나타나지 않았기 때문이다. 요한은 예수께서 오셔서 불로 세례를 주고, 알곡은 모으고 쭉정이는 불에 태우실 것을 기대했었다(마 3:12).

그런데 예수께서는 도리어 주의 성령을 힘입어 가난한 자에게 복음을 전하고, 포로 된 자를 자유케 하고, 눈먼 자를 다시 보게 하고 눌린 자를 놓이게 하는 이사야 61장 1-2절의 역사를 일으키셨다(눅 4:18). 요한은 당장에 예수님의 종말적 심판의 역사가 일어나지 않자 과연 이분이 자신이 예언한 그분이 맞는지를 물어봤을 뿐이다.

둘째, 본문을 자세히 보면 '바람에 흔들리는 갈대'는 세례요한을 지칭하는 표현이 아니다. 이 표현이 등장한 문장은 의문문이다. '갈대다'가 아니라 '갈대냐?'는 질문이다. 본문의 문맥상 이 질문은 '갈대를 보러 간 것이 아니라 선지자를 보러 간 것이지 않냐'는 의미에 가깝다(마 11:9).

그렇다면 신천지가 '바람에 흔들리는 갈대'를 부정적인 의미로 파악하는 이유는 무엇일까? 그것은 17세기 프랑스의 철학자이자 수학자였던 파스칼이 그의 책 『팡세』에서 '인간은 생각하는 갈대'라고 말한 것 때문이다.[2] 여기서의 갈대는 연약한 인간을 빗댄 비유적 표현이다.

그러나 1세기 팔레스타인에서 '바람에 흔들리는 갈대'는 갈릴리의 아름다운 풍광을 상징적으로 표현하는 말이었다. 그래서 헤롯은 동전을 주조할 때 갈릴리의 아름다운 갈대를 상징으로 새겨 주조했을 정도였다.[3] 현대인들이 '연약한 심성'을 가진 사람을 표현할 때 사용하는 것과 같은 의미가 아니었던 것이다. 더욱이 이 본문은 세례요한을 갈대라고 비난하는 말씀이 아니라, 선지자보다 나은 자라고 칭찬하는 말씀이다(마 11:9).

셋째, '천국에서 지극히 작은 자도 저(세례요한)보다 크다'는 것은 결국 **천국 안에서의 일**이다. 세례요한이 아무리 꼴찌더라도 천국 안에서 꼴찌인 것이다. 이 말씀이 의미하는 바는 세례요한이 아무리 대단한 인물이라 하더라도 예수 그리스도가 가져온 복음 안에 머무는 이들이 얻는 은혜에 비하면 요한은 가장 작은 자에 불과할 정도로 예수 그리스도의 은혜가 크다는 것이다. 그리고 이런 은

---

2 양형주, 『정말 구원받았습니까』 2판 (서울: 브니엘, 2021), 156.

3 톰 라이트, 이철민 역, 『모든 사람을 위한 누가복음』(서울: IVP, 2011), 135.

혜를 고백한 이들은 하나같이 자신을 죄인중의 괴수로 고백한다
(딤전 1:15). 그리고 예수 그리스도의 긍휼과 영생의 선물에 감사
한다(딤전 1:16). 사도바울의 고백을 들어보라.

> 모든 성도 중에 지극히 작은 자보다 더 작은 나에게 이 은혜를 주
> 신 것은 측량할 수 없는 그리스도의 풍성을 이방인에게 전하게 하
> 시고(엡 3:8)

사도 바울은 은혜 받은 자신이 모든 성도 중에 지극히 작은 자보
다 더 작다고 고백한다. 이 말이 자신이 지옥에 갔다는 말인가? 아
니다. 자격 없고 연약한 인생에게 베푸신 하나님의 구원의 은혜가
얼마나 큰지를 고백하는 표현이다.

넷째, 세례요한의 때부터 천국이 침노당한다(마 11:12)는 것은
세례요한이 천국(제단)을 침노자에게 빼앗겼다는 뜻이 아니다. 여
기 천국이 **'침노당한다'는 뜻은 힘 있게 진입한다**는 뜻이다. '침노
하는 자가 빼앗는다'는 뜻은 바리새인이 **침노해서 천국을 빼앗았
다는 뜻이 아니라, 적극적으로 하나님 나라를 구하고 찾고 천국 문
을 두드리는 데 힘쓰는 이들이 천국을 차지한다**는 뜻이다. 그래서
새번역은 다음과 같이 번역했다.

> 세례자 요한 때로부터 지금까지, 하늘나라는 힘을 떨치고 있다. 그
> 리고 힘을 쓰는 사람들이 그것을 차지한다(마 11:12, 새번역)

여기의 '침노'한다는 단어가 누가복음 16장 16절에서는 '침입'
한다고 번역되어 있다. 모두 동일한 헬라어 동사 '비아조(βιάζω)'를
다르게 번역한 것이다. 따라서 '침노한다'는 것은 빼앗거나 약탈한
다는 의미라기보다 적극적으로 다가온다는 뜻이다.

신천지는 세례요한이 배도하였고(참조, 계 1:20 - 신천지는 세
례요한격 인물인 유재열 씨와 그가 세운 장막성전이 하나님의 언
약을 배도했다고 주장하며 그것이 일곱교회의 비밀이라고 한다),
멸망자(서기관, 바리새인)가 세례요한의 천국인 첫 장막에 침입
하여 이를 멸망시켰으며(참조. 계 17:7, 요 5:35), 이러한 상황에
서 구원자 예수님이 오셔서 사람들을 구원하셨다고 해석한다(계
10:7). 신천지는 이러한 해석을 요한계시록 12장과 연결짓는다(8
장 주제 중 '4. 요한계시록 12장의 해를 입은 여자가 누구인지 아
니' 항목 참고). 하지만 이러한 해석은 예수님과 세례요한의 유사
성을 생각한다면 받아들이기 힘들다.

가장 중요한 것은 철장으로 다스릴 남자와 여자가 광야로 도망
가는 반면, 세례요한은 빈들, 광야에서 외치는 자의 소리로 사역
을 시작한다. 여인의 노정과 세례요한의 노정은 정반대가 된다.

**다섯째, 세례요한은 쓸데없이 남의 정치사에 간섭한 것이 아니
라 선지자로서 마땅히 해야 할 일을 감당한 것**이다. "율법과 선지
자는 요한의 때까지(눅 16:16)"라는 대목에서 알 수 있듯, 세례요
한은 율법의 영향 아래 살았다. 그렇다면 율법은 헤롯왕이 자기 형
제 빌립의 아내 헤로디아를 취한 것에 대해 무엇이라 말씀할까?

너는 형제의 아내의 하체를 범치 말라 이는 네 형제의 하체니라 너
는 여인과 그 여인의 딸의 하체를 아울러 범치 말며 또 그 여인의
손녀나 외손녀를 아울러 취하여 그 하체를 범치 말라 그들은 그의
골육지친이니 이는 악행이니라(레 18:16-17)

왕 된 자는 말을 많이 두지 말 것이요 말을 많이 얻으려고 그 백성
을 애굽으로 돌아가게 말 것이니 이는 여호와께서 너희에게 이르
시기를 너희가 이 후에는 그 길로 다시 돌아가지 말 것이라 하셨음
이며 아내를 많이 두어서 그 마음이 미혹되게 말것이며 은금을 자
기를 위하여 많이 쌓지 말것이니라(신 17:16-17)

레위기 율법에 따르면 헤롯왕은 율법이 금지하는 끔찍한 일을
행한 것이다. 왕은 이러한 율법을 더욱 잘 지켜 모범을 보여야 한
다. 만약 왕이 율법을 거슬러 행한다면 선지자로서는 마땅히 왕을
책망해야 한다. 다윗 왕 시대의 나단 선지자를 보라. 다윗이 밧세
바와 간음을 행하자 어떻게 하는가? 그를 찾아가 책망하지 않는
가? (참조. 삼하 12:1-15)

여섯째, 세례요한의 제자들이 바리새인들처럼 금식한 것은 **유대
인으로서 다른 유대인들처럼 금식의 규례를 행했던 것이다.** 이들
과 한통속이 되었음을 보여주는 것이 아니다. 금식은 하나님을 경
외하는 유대인이라면 마땅히 행한 경건한 행위 중 하나였다. 당시
모든 유대인들은 정기적으로 금식했고, 바리새인들은 금식을 세칙
으로 규범화하여 더 적극적으로 행했다.

일곱째, 세례요한은 자기 교단을 키울 생각이 전혀 없었다. 세례요한은 도리어 자신의 제자들에게 자신은 망하고 예수님은 흥하여야 한다고 선언했다.

> 나의 말한 바 나는 그리스도가 아니요 그의 앞에 보내심을 받은 자라고 한 것을 증거할 자는 너희니라 신부를 취하는 자는 신랑이나 서서 신랑의 음성을 듣는 친구가 크게 기뻐하나니 나는 이러한 기쁨이 충만하였노라 그는 흥하여야 하겠고 나는 쇠하여야 하리라 하니라(요 3:28-30)

이런 사도요한이 어떻게 예수님으로부터 배도하여 자기 교단을 키운단 말인가?

여덟째, 세례요한이 먹은 메뚜기는 레위기의 음식규정에 따르면 먹을 수 있는 정결한 음식이다.

> 오직 날개가 있고 네 발로 기어다니는 모든 곤충 중에 그 발에 뛰는 다리가 있어서 땅에서 뛰는 것은 너희가 먹을찌니 곧 그 중에 **메뚜기 종류와 베짱이 종류와 귀뚜라미 종류와 팟종이 종류는 너희가 먹으려니와**(레 11:21-22)

하나님의 메신저(사자)였던 세례요한은 하나님의 종으로 결코 먹지 말아야 할 부정한 음식을 입에 대지 않고, 정결한 음식을 먹으며 하나님의 말씀을 증거했다.

참고로, 요엘서에 나오는 팟종이, 메뚜기, 늣, 황충 등은 메뚜기를 그 발달단계에 따라 다르게 부르는 명칭으로 모두 메뚜기를 가리키는 명칭들이다. 영어성경(NRSV, ESV)은 이를 총칭하여 메뚜기(locust)로 번역하며, 그 앞에 다른 특성들을 묘사하는 동명사를 붙여, 팟종이를 'cutting locust', 메뚜기를 'swarming locust', 늣을 'hopping locust', 황충을 'destroying locust'로 번역한다. NIV의 경우는 이를 '메뚜기(locust)', '큰 메뚜기(great locust)', '어린 메뚜기(young locust)', '그 밖의 메뚜기(other locusts)' 등으로 번역한다.

2. 성경의 순리는 배도, 멸망, 구원이야!

* 신천지의 주장:
신천지는 성경공부를 처음 할 때 성경의 내용을 역사, 교훈, 예언, 실상으로 구분해 가르친다. 그 중 장래사를 기록한 예언은 성경의 핵심적인 내용인 **배도, 멸망, 구원의 순리를 따라 이루어진다**고 주장한다.[4] 이를 **창조와 재창조의 노정과 순리**라고 한다.
'배도(背道)'란 무엇인가? 이는 길(道)을 등지는 것, 즉 길이요 진리이신 하나님을 등지는 것이다. 하나님의 택한 선민이 배도를 하면 멸망자가 와서 그를 멸망시키고, 구원자가 와서 싸워 이겨 새로운 구원의

---

4 이만희, 『천지창조』, 23.

역사를 일으킨다는 것이 이 교리의 핵심이다. 이들은 이런 식으로 아담 시대에 아담이 배도하여 멸망당했고, 노아 시대, 모세 시대에도 배도의 역사가 있었으며 배도자들은 멸망당했다고 주장한다.

과연 이들의 주장이 얼마나 타당한지 검토해 보자.

첫째, 아담이 배도자라는 표현은 성경 어느 곳에도 등장하지 않는다. 이는 노아와 모세도 마찬가지다. 신천지에 따르면 모세 시대의 배도자는 아론과 모세다. 그러나 우리는 성경 어디에서도 아론과 모세가 배도했다는 근거를 찾을 수 없다.

둘째, 불순종과 배도는 다르다. 신천지는 불순종, 실수, 범죄를 모두 배도라고 성급하게 싸잡아서 규정한다. 특히 모세에 대해서는 그가 지팡이로 반석을 친 실수를 배도라고 규정한다.[5] **실수가 배도가 될 수 있는가?** 불순종, 실수, 범죄와 배도는 다르다. 불순종은 하나님의 말씀을 따르지 않는 행위다. 반면 배도는 하나님을 완전히 등지고 떠나는 것, 즉 **배교**를 말한다. 게다가 하나님은 우리가 불순종하고 실수하고 범죄해도 긍휼을 베푸시고 용서해 주시는 분이다.

셋째, 아담은 배도하지도, 배도로 멸망당하지도 않았다. 하나님은 그의 수치를 반영구적으로 가리도록 가죽옷을 지어 입히셨다(창 3:21), 짐승의 가죽을 입었다는 것은 짐승처럼 되었다는 뜻이 아니다. 이는 짐승이 인간의 죄와 수치를 가리기 위해 피를 흘려

---

5 위의 책, 140-141.

대신 죽었음을 뜻한다. 이런 면에서 아담은 타락 후에도 여전히 큰 은총을 입은 자였다.

더 나아가 하나님은 여인의 후손으로 오실 메시아를 약속하며 그가 뱀의 머리를 상하게 할 것이라는 승리의 구원을 예고해 주셨다(창 3:15). 아담은 범죄 후에도 하나님을 떠나지 않고 장차 여인의 후손으로 오실 메시아를 소망하며 살아갔다. 하와는 나중에 가인을 낳고 "내가 여호와로 말미암아 득남하였다(창 4:1)"라고 고백한다. 아담이 타락 후에 낳은 첫 아들도 여호와로 말미암아 득남한 것이다.

넷째, 아론이나 모세 역시 배도로 멸망한 바 없다. 아론이나 모세는 치명적인 범죄 이후에도 하나님을 완전히 등지고 떠나지 않았다. 아론은 금송아지를 만들었지만 배도자로 낙인찍혀 멸망당하지 않는다. 도리어 아론의 죄악에도 불구하고 그와 그의 아들들은 훗날 대제사장 가문으로 쓰임 받는다. 모세 또한 실수 이후에도 하나님께 끝까지 쓰임 받고 이스라엘 백성들을 가나안 땅 앞까지 인도한다. 성경은 이런 모세에 대해 다음과 같이 평가한다.

> 또한 **모세는** 장래에 말할 것을 증거하기 위하여 **하나님의 온집에서 사환으로 충성**하였고(히 3:5)

만약 모세가 배도자라면 성경은 그를 '그는 하나님께 배도하여 멸망당했고 …'와 같은 말로 평가했을 것이다. 그러나 성경은 그를 충성된 사환으로 평가한다. 이를 잘 보여주는 사건이 예수께서 십자가를 지시기 전 변화산에서 변모하실 때 모세와 엘리야가 나타나 예수님과 함께 십자가를 지고 인류를 구원할 계획에 대해 논의하신 사건이다.

> 문득 두 사람이 예수와 함께 말하니 이는 <u>모세와 엘리야</u>라 영광 중에 나타나서 장차 예수께서 예루살렘에서 **별세하실 것**을 말씀할새(눅 9:30-31)

여기 '별세'는 헬라어로 '엑소도스(ἔξοδος)'다. 이는 출애굽을 가리키는 영어 '엑소더스(exodus)'의 어원이다. 예수님은 제2의 출애굽 계획을 천국에 들어간 모세와 엘리야와 함께 논의하셨던 것이다. 만일 모세가 배도했다면 어떻게 감히 다시 예수님 앞에 설 수 있겠는가? 모세는 배도자도 아니고, 멸망당하지도 않았다. 도리어 구원을 얻었다.

다섯째, 하나님이 배도자를 멸망시킨다는 것은 하나님도 모르고 성경도 모르는 해석이다. 왜냐하면 하나님은 긍휼과 자비가 무궁하신 하나님이기 때문이다. 이스라엘이 범죄하여 바벨론의 포로로 끌려갔을 때에도 하나님은 이들을 진멸시키지 않고 훗날 다시 고향으로 돌아오게 하신다. 이스라엘이 무너지고 불에 타서 황폐하게 되었을 때 예레미야 애가는 다음과 같이 말씀한다.

> 여호와의 자비와 긍휼이 무궁하시므로 우리가 진멸되지 아니함이니다(애 3:22)

그렇다. 하나님의 자비와 긍휼은 무궁하시다. 결코 잠시의 미혹에 휘둘려, 혹은 실수로 잘못을 저지른 사람을 배도자로 규정하여 멸망시키지 않으신다.

여섯째, 신천지는 솔로몬도 배도자라고 주장한다. 솔로몬은 말년에 우상숭배를 하고 이방 여인들에게 미혹되었고(왕상 11:6-8), 그의 사후 하나님의 징계로 나라가 반으로 나뉘었기 때문이다(왕상 12:16). **그러나 솔로몬은 당대에 멸망당하지 않았다.** 만일 솔로몬이 배도자라면 그의 사후가 아니라 당대에 나라가 쪼개지고 멸망당했을 것이다. 그러나 솔로몬의 통치는 중간에 끊어지지 않았고 다윗처럼 그가 죽기까지 40년 기간 동안 계속되었다. 그렇게 된 이유가 무엇인가? 바로 **하나님의 신실하신 자비와 긍휼 때문**이다.

그러나 네 아비 다윗을 위하여 네 세대에는 이 일을 행치 아니하고 네 아들의 손에서 빼앗으려니와 오직 내가 이 나라를 다 빼앗지 아니하고 나의 종 다윗과 나의 뺀 예루살렘을 위하여 한 지파를 네 아들에게 주리라 하셨더라(왕상 11:12-13)

하나님이 솔로몬에게 긍휼을 베푸신 것은 다윗 때문이다. 하나님은 다윗과 맺은 언약(삼하 7:12-16)을 이유로 솔로몬에게 끝까지 자비를 베푸셨다.

하나님의 긍휼은 **솔로몬이 쓴 잠언과 전도서가 구약성경에 들어있는 것**으로도 알 수 있다. 만약 솔로몬이 하나님께 완전히 등 돌린 배도자라면 어떻게 그가 쓴 책이 성경에 들어있을 수 있겠는가?

구속사의 흐름은 배도, 멸망, 구원이 아닌 **창조, 타락, 구속**이다. 하나님은 그의 영광을 위하여 세상을 창조하시고, 피조물인 인간이 타락하더라도 끝까지 포기하지 않고 구속하시는 신실하고 자비가 많은 하나님이다. 타락은 멸망이 아니다. 타락은 하나님의 구원의 손길을 촉발하는 계기가 된다. 하나님은 어떻게든 그의 백성이 멸망에 이르지 않고 구원에 이르기를 원하신다.

> 주의 약속은 어떤 이의 더디다고 생각하는 것 같이 더딘 것이 아니라 오직 너희를 대하여 오래 참으사 아무도 멸망치 않고 다 회개하기에 이르기를 원하시느니라(벧후 3:9)

바로 이것이 하나님의 마음이다.

3. 데살로니가후서 2장 3절에 배도, 멸망, 구원이 나와 있잖아!

신천지는 배도, 멸망, 구원의 도식을 가장 명확하게 뒷받침하는 성경구절로 데살로니가후서 2장 3절 말씀을 든다.

> 누가 아무렇게 하여도 너희가 미혹하지 말라 먼저 **배도**하는 일이 있고 저 불법의 사람 곧 **멸망**의 아들이 나타나기 전에는 이르지 아니하리니(살후 2:3)

* 신천지의 주장:

이 말씀에서 '배도'와 '멸망'이라는 표현을 확인할 수 있다. 구원의 일
이 나타나기 전에 먼저 배도하는 일이 있고, 그 다음에 멸망의 역사를
일으키는 멸망의 아들, 곧 멸망자가 나타난다. 하나님의 구원역사는
그냥 펼쳐지지 않는다. 배도하는 자와 멸망하는 자가 나타난 후에야
구원자가 나타나 구원역사를 이루는 것이다. 따라서 구원을 받으려면
배도자와 멸망자가 정말로 나타났는가를 확인해야 한다. 당신은 배도
자와 멸망자의 실상을 아는가?

이런 신천지의 주장을 처음 듣는 성도라면 **당장 눈에 띄는 단어
를 보고 당황하며, '정말 배도, 멸망, 구원의 도식이 성경적이겠구
나' 하고 생각할 수 있다.** 언뜻 들으면 그럴 것 같지만, 자세히 보면
본문은 이들의 주장과는 다른 사실을 전달하고 있음을 알게 된다.

**첫째, '배도'는 정확하게 표현하면 '배도하는 일(the rebel-
lion-NIV, NRSV)', '믿음을 배신하는 일(새번역)', '믿음을 저버
리는 일(새한글성경)'이다.** 헬라어 원문에 보면 '배도하는 일' 앞에
정관사가 들어있다. 따라서 이를 보다 정확하게 표현하면 **'그 반
역하는 일'**이다. 이는 오늘날에도 나타나는 배도의 사건이 아니라
그 당시에 데살로니가교회에서 일어난 특정한 사건이다. 이는 바
로 앞 1-2절에서 언급하는, 건강한 종말론을 붙들지 못하고 믿음
의 바른 길에서 벗어났던 사건이다.

형제들아 우리가 너희에게 구하는 것은 우리 주 예수 그리스도의

강림하심과 우리가 그 앞에 모임에 관하여 혹 영으로나 혹 말로나 혹 우리에게서 받았다 하는 편지로나 주의 날이 이르렀다고 쉬 동심하거나 두려워하거나 하지 아니할 그것이라(살후 2:1-2)

데살로니가교회에는 거짓 교사들이 침입해 있었다. 이들은 자신들이 특별한 하나님의 성령을 받고 직접 말씀을 받아서 하나님의 정확한 뜻을 전달한다고 주장했다. 심지어 사도 바울이 직접 자신들에게 특별한 편지를 써 주었다며 자신들의 주장을 정당화하기까지 했다. 바울은 이런 일들로 마음이 흔들리지 말라고 한다. 데살로니가교회에는 이미 마음이 흔들리는 사람들이 있었다.

우리가 들은즉 너희 가운데 규모 없이 행하여 도무지 일하지 아니하고 일만 만드는 자들이 있다 하니(살후 3:11)

바울은 종말이 오기 전 이런 미혹 가운데 마음이 흔들려 믿음을 저버리는 사건이 먼저 일어날 것이라고 한다. 이것이 '그 반역(배도)하는 일'인 것이다.

둘째, '멸망의 아들'이라는 표현에 관해서는 **두 가지 점을 주의해야** 한다. 먼저, 멸망의 아들은 **멸망시키는 자, 즉 '멸망자(destroyer)'가 아니다.** 멸망의 아들은 '멸망당하는 자'를 가리킨다. 이를 공동번역은 '멸망할 운명을 지닌 악한 자'로 번역한다. 영어성경은 '멸망받기로 작정된 자(the one destined for destruction-NRSV)', **'멸망당하기로 운명 지어진 사람**(the man doomed to destruction-NIV)' 등으로 번역한다. 이런 멸망당하는 자는 배도하는 사람들 가운데 나타난다.

그 다음으로 멸망의 아들을 가리키는 또 다른 표현이 '**불법의 사람**'이라는 표현이다. **불법이란 하나님의 말씀을 저버리는 행위를** 뜻한다. 따라서 **불법(不法)**은 신천지식 용어로 배도, 즉 **도를 등지는 행위**를 뜻하고, **불법의 사람**(the person of lawlessness)**은 배도의 사람**(the person of rebellion)이라고 할 수 있다. 따라서 **불법의 사람은 배도의 사람이자 멸망의 아들**이다. 문맥에 따르면 배도자와 멸망자는 같은 사람이 되어야 한다. 따라서 위 본문은 이를 살려서 다음과 같이 번역할 수 있다. '**먼저 배도하는 일이 있고, 저 배도의 사람이 나타나기 전에는 이르지 아니할 것이다**(for unless the rebellion comes first and the person of rebellion[literally 'of lawlessness'] revealed).'[6]

셋째, 멸망당하는 자는 배도하는 일을 겪는 이들, 즉 **배도하는 무리들** 가운데서 나온다. 신천지의 주장에 따르면 배도자는 멸망자에 의해 멸망당한다. 배도자와 멸망자를 다른 존재로 보는 것이다. 그러나 **본문에서 멸망자와 배도하는 무리들은 같은 무리**에 속한다.

넷째, 멸망의 아들이 갖는 특징이 있다. 그것은 **자기를 높이고 자기를 하나님의 성전에 앉아 자기를 하나님이라고 내세우는 것**이다.

---

6 C. A. Wanamaker, *The Epistles to the Thessalonians: a commentary on the Greek text*, NIGTC, Grand Rapids: Eerdmanns, 1990, p.243.

저는 대적하는 자라 범사에 일컫는 하나님이나 숭배함을 받는 자 위에 뛰어나 자존하여 하나님 <u>성전에 앉아 자기를 보여 하나님이</u> 라 하느니라(살후 2:4)

언뜻 들을 때는 자기가 하나님이라고 하는 말을 믿을 사람이 있을까 싶은 생각이 들 수도 있다. 그러나 사도행전 14장의 기사는 이런 일이 충분히 일어날 수 있음을 보여준다. 이 본문에는 바울과 바나바가 루스드라에서 나면서부터 앉은뱅이 된 사람을 고치는 것을 원주민들이 보는 장면이 등장한다. 이들은 놀라며 '신들이 사람의 형상으로 우리 가운데 내려오셨다'고 하며 바나바는 쓰스(제우스)라 하고, 바울은 허메(헤르메스)라 부르며 경배하려 했다(행 14:11-13). 원주민들은 바나바와 바울에게 각각 제우스와 헤르메스의 신이 육체에 강림했다고 여겼다. 바울과 바나바를 보는 것을 곧 제우스와 헤르메스를 보는 것이라 간주하여 이들에게 경배하려 한 것이다.

신천지는 이와 유사한 무속적인 사고구조를 갖고 있다. 자신이 이 땅에 다시 오는 또 다른 보혜사라 주장하는 총회장은 자신의 육체에 예수의 영이 임한다고 말한다. 자신이 예배당 보좌에 앉으면 하나님과 예수님의 영이 임하여 좌정하므로 자신을 보는 것이 곧 예수님을 보는 것이고 예수님을 보는 것이 하나님을 보는 것이라는 것이 이만희 총회장의 주장이다.

4. 너, 마지막 시대의 배도자, 멸망자, 구원자의 실상을 아니?

* 신천지의 주장:

성경의 언약 노정은 배도, 멸망, 구원이고, 이러한 언약 노정이 성경 각 시대마다 특정한 사람을 통해 실상으로 성취되어 나타난다. 예를 들어 아담의 세계에서의 배도자는 아담과 하와, 멸망자는 뱀, 구원자는 노아다. 이런 식으로 노아 세계, 아브라함 세계, 모세 세계, 여호수아 세계 등 배도, 멸망, 구원의 역사는 각 시대마다 실상의 인물로 나타난다. 신약 시대의 배도자는 세례요한, 멸망자는 바리새인과 서기관, 구원자는 예수님이다. 이러한 구원 노정은 마지막으로 계시록이 성취되는 때 결정적으로 이루어진다. 그리고 이것을 알아야 구원받는다.

하지만 이러한 내용은 요한계시록을 그냥 보아서는 알 수가 없다. 기성교회가 요한계시록을 깨닫지 못한 이유는 이것이다. 요한계시록에는 배도, 멸망, 구원이 모두 비밀로 감추어져 있고, 이것이 언제 어디서 구체적인 실상으로 나타났는지를 제대로 알아야 한다. 그렇다면 이러한 비밀은 요한계시록 어디에 감추어져 있을까?

배도의 비밀은 일곱 별과 일곱 금 촛대의 비밀(1:20)이고, 멸망의 비밀은 일곱 머리와 열 뿔 가진 짐승의 비밀(17:7)이며, 구원의 비밀은 일곱째 나팔(10:7)의 비밀이다. 이 비밀을 이루기 위해 나타난 실상의 인물은 배도자는 유재열, 멸망자는 청지기 교육원, 구원자는 이만희 총회장이다.

그렇다면 신천지의 배도, 멸망, 구원의 실상에 대한 주장은 과연 얼마나 타당할까?

첫째, 신천지는 성경에 나타난 시대별 배도, 멸망, 구원의 실상을 제대로 증거하지 못한다. 과연 성경은 시대별로 배도, 멸망, 구원의 실상이 나타날까? 이들이 주장하는 구약시대의 배도, 멸망, 구원의 노정 순리를 정리, 검토해 보자.[7]

목자선택	배도자	멸망자	구원자
아담 세계	아담과 하와	뱀	노아
노아 세계	노아	함	아브라함?
아브라함 세계	?	?	아브라함
모세 세계	아론, 모세(실수)	하나님?	여호수아
여호수아 세계	사후 이스라엘 자손 예) 솔로몬	하나님?	?
영적 이스라엘 (예수 초림)	육적 이스라엘을 대표하는 세례 요한	서기관 바리새인	예수님

---

7 이만희, 『천지창조』, 72-170의 내용을 도표로 정리한 것이다.

주 재림의 시대	영적 이스라엘을 대표하는 유재열	7머리 10뿔 짐승 청지기교육원	이만희?
천년성 시대 (이긴자)	천년성 밖에 있는 자들	하늘의 불? 하나님? (천년성 안의 성도는 해를 받지 않음)	?

위 표에서 보여주는 것처럼 신천지에서 주장하는 배도, 멸망, 구원의 순리는 성경과 정확하게 들어맞지 않는다. 이를 좀 더 구체적으로 검토해 보자.

1) 배도

이만희의 책 『천지창조』에서는 배도자를 각 세계마다 제시하려 한다. 그러나 배도자의 존재와 배도의 행위가 명확하게 들어맞지 않는 경우가 있다.

첫째, 아담 시대의 배도자는 아담이다. 그렇다면 하나님이 처음으로 택한 목자는 배도자가 될 운명인가? 그렇다면 노아시대에는 노아가 배도하고, 모세시대에는 모세가 배도하며, 예수님 시대에는 예수님이 배도자가 되어야 하는가? 이만희는 세례요한을 배도자로 주장하지만, 첫 목자 아담이 배도한다는 논리대로라면 예수님 시대의 배도자는 세례요한이 아닌 예수님이 되어야 한다.

둘째, 아브라함 세계의 배도자가 누락되어있다. 원래의 노정 순리대로라면 아브라함이 배도자가 되어야 하지 않겠는가? 그러나 이만희는 아브라함을 믿음의 조상으로 진술할 뿐, 결코 배도자로 언급하지 않는다.[8] 그렇다면 아브라함 세계의 배도자는 존재하지 않는 셈이다.

셋째, 모세의 실수는 배도의 행위가 아니다. 실수를 배도의 이유로 명시하는 것은 모세를 배도자의 카테고리 안에 억지로 끼워 넣으려는 자의적인 시도에 불과하다.

넷째, 여호수아 세계에도 배도자는 없다. 지금까지의 논리 전개로 보면 여호수아 세계의 배도자는 여호수아여야 한다. 그러나 여호수아가 배도했다는 주장은 없다. 도리어 두루뭉술하게 여호수아의 사후에 이스라엘 자손이 부패하여 배도했다고 한다. 이것은 이스라엘의 타락상을 이야기하는 것이다. 그러면서 솔로몬이 대표적인 배도자라는 주장만 한다. 그렇다면 솔로몬을 멸망시킨 멸망자와 구원자의 실상은 누구인가? 이에 대해 『천지창조』는 침묵한다.

다섯째, 천년왕국이라 주장하는 신천지 안에도 배도하는 일이 존재한다. 이미 현재의 총회장이 배도자라 주장하며 갈라져 나온 신천지의 아류가 30여 개 단체나 된다. 신천지에서는 신천지에 있다가 나간 사람을 배도자로 낙인찍는데, HWPL 대표였던 김남희

---

8 이만희, 『천지창조』, 84-86.

씨를 비롯해 이렇게 낙인찍힌 배도자는 매우 많다.

여섯째, 영적 이스라엘 세계에서는 배도자를 찾을 수 없다. 신천지의 주장대로라면 기독교 교회, 즉 현 교회가 배도했다는 말인가? 이 배도자의 실체가 누구인가? 유재열이 배도한 것이 기독교 세계의 배도인가? 결코 그럴 수 없다. 유재열은 장막성전이라는 사이비 단체를 만든 자로, 정통 기독교 교단 그 어느 곳에도 소속된 적이 없었다.

2) 멸망

신천지는 멸망자의 배후에 옛 뱀, 마귀, 사탄의 영이 역사한다고 주장한다. 아담시대에는 뱀이 역사했고, 노아 시대에는 사탄이 함에게 들어가 역사했다. 그런데 멸망자에 대한 이들의 주장을 검토해 보면 이상한 점들이 보인다.

첫째, 아담 시대에 아담을 멸망시킨 사탄이 들어 쓴 육, 즉 멸망자의 실상은 누구일까? 신천지 핵심 교리에는 영은 육을 들어 쓴다는 원칙이 들어있다. 그렇다면 여기서도 멸망자의 실상이 반드시 있어야 한다. 그러나 신천지는 그저 옛 뱀, 사탄이 아담을 멸망시켰다고는 할 뿐, 그 멸망자가 누구인지에 대해서는 침묵한다. 하지만 기억하라. 성경은 뱀이 사람의 육체를 입었다고 말하지 않는다.

둘째, 아브라함 세계의 멸망자는 누구인가? 그보다, 아브라함은 멸망당했는가? 배도자도 없는데 어떻게 멸망자가 있겠는가? 이만희는 아브라함 세계의 배도와 멸망에 대해서는 침묵으로 일관한다. 이것은 이들의 주장이 자의적인 조작임을 보여줄 뿐이다.

셋째, 모세 세계의 멸망자는 하나님인가? 모세와 아론이 가나안 땅에 들어가지 못하고 죽게 하신 분은 하나님이다. 그렇다면 하나님이 멸망자라는 말인가? 신천지의 주장대로라면 분명히 멸망자의 영이 들어 쓰는 육체가 있어야 할 텐데, 그 육체는 누구인가?

넷째, 일곱 머리 열 뿔 짐승이라 하는 청지기 교육원이 멸망자인가? 청지기 교육원은 지금 없지만 정통 교회는 여전히 건재하다. 그렇다면 멸망자는 배도자를 멸망시키기도 전에 사라진 것인가?

다섯째, 천년성 시대의 멸망자의 실체는 누구인가? 천년성 밖에 있는 자들을 멸하는 것은 하나님인가 사탄인가? 과연 누가 멸망자가 될 것인가? 이에 대해 신천지는 침묵한다.

3) 구원

신천지가 제시하는 시대별 구원자의 실상 역시 두루뭉술하다.

첫째, 어떻게 노아가 아담세계의 구원자가 될 수 있을까? 노아는 아담의 10대손이다. **구원자는 적어도 배도 이후 10대는 지나야 나타나는가?** 그렇다면 주 재림의 시대의 구원자는 유재열의 장막성전이 배도한 이후 10대가 지나서 나와야 하지 않을까?

게다가 구원자라 자처하는 이만희 총회장은 자신이 배도자의 무리 곧 장막성전 가운데에서 나온 밀 한 되 보리 석 되(계 6:6)와 같은 자라 한다. 만약 이런 논리라면 아담 세계의 구원자도 아담 당대의 자손 중에 나와야 한다. 그렇다면 셋이 무너져가는 아담 계보의 구원자가 될 만한데, 그가 구원자가 되지 못한 이유는 무엇인가?

둘째, 어떻게 아브라함이 노아세계의 구원자가 될 수 있는가? 온 세상은 아브라함 이전에 이미 바벨탑 사건으로 멸망당하여 언어가 갈라지고 사람들은 뿔뿔이 흩어지게 되었다. 온 인류는 원래 물로 심판 당했어야 한다. 그럼에도 물로 망하지 않은 이유는 하나님께서 노아에게 하신 언약 때문이었다(창 9:11).

셋째, 여호수아 세계의 구원자의 실상은 누구인가? 이만희는 명확한 인물을 밝히지 않는다.

넷째, 영적 이스라엘 시대에 밀 한 되 보리 석 되가 구원자라면 보리 석 되의 실상은 누구인가? 신천지는 그런 존재가 있다고만 하지 그들이 누구인지, 지금 어디 있는지 육하원칙에 입각해 말하지 못한다. 그들이 구원의 역사를 일으킨 후 살아있는지 여부에 대해서도 신천지는 침묵한다. 조악한 실상을 알면 사람들이 흔들릴 것이 분명하기 때문이다.

다섯째, 천년성 시대에 배도한 이들 가운데 이들을 구원할 구원자는 누구인가? 신천지는 천년성 안의 성도들은 해를 받지 않고 보호받는다고 한다. 그렇다면 천년성 밖에 있는 배도자들 중에 구원의 역사는 어떻게 일어날까?

이상으로 살펴본 것처럼 배도, 멸망, 구원의 노정은 신천지가 성경의 이야기를 얼마나 자의적으로 조악하게 짜깁기했는지를 보여줄 뿐이다.

신천지의 배도, 멸망, 구원의 노정 순리는 그밖에도 다음과 같은 오류를 포함하고 있다. 신천지가 자신 있게 증거하는 요한계시록에 나타나는 배도, 멸망, 구원의 역사는 그 순서가 맞지 않는다. 신천지는 요한계시록에 나오는 '비밀'이란 단어에만 목을 매어 배도의 비밀은 1장 20절, 멸망의 비밀은 17장 10절, 구원의 비밀은 10장 7절에 나온다고 주장한다. 그러나 만약 요한계시록이 노정 순리를 시간별로 기록했다면 배도, 멸망, 구원의 비밀은 순차적으로 나타나야 한다. 요한계시록의 순서를 바탕으로 신천지의 논리를 설명하게 되면 배도자가 구원받고 다시 멸망한다는 이상한 논리가 성립할 수 있다.

5. 마태복음 24장 45절의 때를 따라 양식을 나누어 주는 충성되고 지혜 있는 종이 누군지 아니?

* **신천지의 주장:**

마태복음 24장은 배도, 멸망, 구원의 노정순리를 보여주는 장이다. 그 가운데 마태복음 24장 45절의 **'충성되고 지혜 있는 종'**이 구원자인 **이만희**다. 이를 줄여 **'충지종'**이라고도 한다. 충지종이 때를 따라 나누어 주는 양식은 예언의 말씀과 그것이 성취된 실상을 증거하는 말씀이다.[9] 좀 더 구체적으로 말하면 이 양식은 마태복음 24장의 종말 예언의 말씀과, 이것이 이루어진 실상에 관한 해석이다. 이 **배도, 멸망, 구원의 사건이 성취되는 현장에서 성취된 실상을 보고 듣고 증거하는 목자가 바로 충지종**인 것이다.

그렇다면 과연 마태복음 24장 45절의 충성되고 지혜 있는 종은 자칭 구원자라는 이만희를 가리키는 것일까?

첫째, 24장 45절은 이를 둘러싼 문맥의 흐름(32-51절) 안에서 이해해야 한다. 이 구절은 무화과나무의 비유 뒤에 위치해 있다. 단락의 흐름은 다음과 같다. 무화과나무 가지가 연해지고 잎사귀를 내는 변화가 오면 여름이 가까이 오는 줄 분별하는 것처럼(32절), 종말의 성도는 예수님이 말씀하신 종말의 징조를 보면 종말이 가까워 옴을 분별하고 깨어 준비해야 한다(33절).

이때는 모든 사람이 **깨어 준비된 사람과 깨어있지 못한 사람의 두 부류**로 나뉠 것이다. 밭에는 데려감을 당하는 사람과 버려둠을 당하는 사람이 있을 것이고, 맷돌질을 하는 집에서도 데려감을 당하는 사람과 버려둠을 당하는 사람이 있을 것이다. 충성되고 지혜 있는 종이 있을 것이고(45절), 악하고 미련한 종(48-49절)이 있을 것이다. 이처럼 본문은 두 부류의 대비되는 인물상을 제시하고 있다.

둘째, 본문은 특정인을 예언한 것이 아니다. 문장을 꼼꼼히 살펴

---

9 신천지총회교육부, 『신천지 정통 교리와 부패한 한기총 이단 교리 비교: 새 100항 상세반증』, 23.

보면 이 문장은 마태복음을 읽은 성도들에게 종말의 때에 '누가 과연 이런 사람이 되어 준비될 수 있겠느냐'를 묻는 의문문임을 알 수 있다. '종말의 때에 과연 누가 충성되고 지혜 있는 종이 되겠느냐?' 하는 도전과 격려의 말씀인 것이다. 종말의 때에 끝까지 깨어 있는 사람은 여호와를 경외하는 지혜가 있는 사람이고(잠 1:7), 신실하고 충성된 변함없는 사람이다.

셋째, 만약 '충성되고 지혜 있는 종'의 실상이 이만희 총회장이라면, 이어서 나오는 48절의 '그 악한 종'의 실상이 무엇인지에 대해서도 대답해야 할 것이다. 악한 종은 충지종과 같은 집안에 있는 종이다. 이 종이 악한 이유는 진리의 말씀을 깨닫지 못해서가 아니다. 주인이 더디 오리라는 생각에 깨어있지 못했기 때문이다. 이 말씀의 핵심은 주님의 종말이 언제 올지 모르기에 늘 깨어 있어야 한다는 것이다.

넷째, 만약 충지종이 이만희 총회장이라면, 데려감을 당하는 맷돌질 하는 여자는 누구인가? 그 실상도 이만희 총회장일까? 그럼 여자 이만희인가? 원래 여자는 배도자의 실상 아니었는가?(계 12:2)

4장
구원

신천지인이 포교활동을 하면서 가장 많이 공격하는 것이 성도들의 구원관이다. 구원의 확신을 흔들거나, 이미 얻은 구원을 의심하게 하는 것이다. 이에 성도들은 이들의 공격을 당당하게 물리칠 수 있도록 준비하고 확신 가운데 거해야 한다.*

* 이에 관한 보다 구체적인 설명은
양형주, 『정말 구원받았습니까』 2판, 25-81을 참조하라.

1. 성경에 주여, 주여 하는 자마다 천국에 갈 수 없다고 하는데, 자신 있니? 아버지의 뜻대로 행하는 자라야 간다고 하는데 아버지의 뜻이 뭔지 알아?(마 7:21)

* 신천지의 주장:

이 구절은 신천지인들이 성도들의 마음을 흔들어 신천지 성경공부(복음방)에 초대할 때 가장 자주 인용하는 구절이다. 이들은 마태복음 7장 21절을 인용하며, 성경에 입술로만 '주여, 주여' 부른다고 천국에 들어가는 것이 아니라 아버지의 뜻대로 행하는 자라야 천국에 들어간다는 말씀을 인용하며 기성 교회의 성도들에게 천국에 들어갈 자신이 있느냐고 묻는다.

또 천국에 들어가려면 아버지의 뜻대로 행해야 한다는 대목을 들어 '아버지의 뜻'이 무엇인지 아느냐고 묻는다. 이때 성도가 자신 있게 대답하지 못하고 확신이 없는 모습을 보이면 그 틈을 파고들며 그 뜻을 제대로 알기 위해 성경공부를 하자고 제안한다. 이렇게 말하는 배경에는 '아버지의 뜻'에 대한 다음과 같은 전제가 있다.

첫째, 아버지의 뜻을 올바로 깨닫게 해 주는 곳이 신천지이다.

둘째, 신천지 말씀을 배울 때 아버지의 뜻을 제대로 깨달을 수 있다.

셋째, 신천지 말씀을 통해 성경을 알면 비유가 열리고, 예언을 깨닫게 되며, 계시록의 실상을 깨닫게 된다.

넷째, 오늘날 계시록이 성취된 참된 실상은 신천지와 이긴자 이만희 총회장이다.

그렇다면 우리는 이런 질문에 대해 어떻게 답변할 수 있을까?

첫째, '주여, 주여 하는 자'들은 성도가 아니라 거짓 선지자들이다. 본문인 마태복음 7장 21절은 15-27절의 문맥에 위치해 있다. 문단의 처음 시작인 15절의 시작을 보라.

거짓 선지자들을 삼가라 양의 옷을 입고 너희에게 나아오나 속에는 노략질하는 이리라(마 7:15)

예수님은 이들 거짓선지자들이 양의 옷을 입고 나아오기에 겉모습에 속지 말고 그들의 열매로 이들을 분별할 것을 말씀한다(16, 20절). 따라서 겉으로 거룩한 척 '주여, 주여' 한다고 저들이 천국에 들어갈 자라고 덥석 믿을 것이 아니라 과연 저들이 '내 아버지의 뜻대로' 행하는지 분별해야 한다는 것이다. 게다가 이들은 양의 옷을 입는다. 양의 옷과 같이 흰 옷, 흰 양복 정장 입는 것을 선호한다.

둘째, '아버지의 뜻'은 예수 그리스도께로 돌이켜 그를 믿고 영

생을 얻는 것이다.

> 내 아버지의 뜻은 아들을 보고 믿는 자마다 영생을 얻는 이것이니
> 마지막 날에 내가 이를 다시 살리리라 하시니라(요 6:40)

주의할 것은 '아버지의 뜻'이 아니라 '내 아버지의 뜻'이라는 표현이 사용되었다는 점이다. 즉 여기서의 '내 아버지의 뜻'은 예수 그리스도를 이 땅에 구주로 보내신 아버지, 즉 성부 하나님의 뜻이다. 성부께서 예수 그리스도를 보내신 뜻은 우리를 죄에서 구원하기 위한 것이다(마 1:21). 이에 대해 갈라디아서는 다음과 같이 말씀한다.

> 그리스도께서 하나님 곧 우리 아버지의 뜻을 따라 이 악한 세대
> 에서 우리를 건지시려고 우리 죄를 위하여 자기 몸을 드리셨으니
> (갈 1:4)

아버지의 뜻은 예수님의 말씀과 사역을 통해 계시되었다. 구체적으로는 마태복음 7장에서 산상수훈의 말씀으로 계시되었고, 더 넓게는 예수 그리스도를 믿고 구원을 얻게 하는 복음의 말씀으로 계시되었다. 예수님은 마태복음 7장 21절에서 하늘에 계신 내 아버지의 뜻대로 행하는 자가 천국에 들어간다고 말씀하신 후, 24절에서는 다음과 같이 말씀한다.

> 그러므로 누구든지 나의 이 말을 듣고 행하는 자는 그 집을 반석
> 위에 지은 지혜로운 사람 같으리니(마 7:24)

이 말씀에 따르면 아버지의 뜻대로 행하는 자는 예수님의 '이 말
씀'을 듣고 행하는 자다. 이는 구체적으로는 산상수훈의 말씀(마
5-7장)이며, 더 넓게는 예수님이 주시는 복음의 말씀이다. 아버지
의 뜻이 곧 예수님의 말씀이라는 것은 마태복음 7장 21절의 병행
구절인 누가복음 6장 46절에 분명하게 잘 드러난다.

> 너희는 나를 불러 주여 주여 하면서도 어찌하여 나의 말하는 것을
> 행치 아니하느냐(눅 6:46)

여기서는 '내 아버지의 뜻'이 '내가 말하는 것' 즉 예수님의 말씀
으로 대치되었다.

마태복음 18장은 아버지의 뜻에 대한 또 다른 통찰을 제공한
다. 그것은 공동체의 지체 중 하나라도 잃으면 안 된다는 것이다.

> 이와 같이 이 소자 중의 하나라도 잃는 것은 하늘에 계신 너희 아
> 버지의 뜻이 아니니라(마 18:14)

이처럼 아버지의 뜻은 세상 모든 사람들이 복음의 진리를 듣고
예수를 믿어 구원을 얻게 해 작은 자들을 하나도 잃지 않고자 하
는 것이다.

하나님은 <u>모든 사람이 구원을 받으며</u> 진리를 아는 데 이르기를 원
하시느니라(딤전 2:4)

2. 두렵고 떨림으로 구원을 이루라고 했는데, 넌 자신 있니?(빌 2:12)

이 질문 역시 구원의 확신을 흔들어 성도들을 신천지 성경공부
로 유도하려는 신천지의 흔한 질문 중 하나다. 이런 질문을 받을
때 성도들은 어떻게 대답해야 할까? 우선 말씀을 살펴보자.

그러므로 나의 사랑하는 자들아 너희가 나 있을 때뿐 아니라 더
욱 지금 나 없을 때에도 항상 복종하여 두렵고 떨림으로 너희 구
원을 이루라(빌 2:12)

첫째, 이 말씀은 **구원을 잃을 것에 대한 경고의 말씀이 아니다.**
이 말씀은 언뜻 보면 구원의 확신을 흔드는 구절 같다. 그러나 자
세히 보면 전혀 그렇지 않다. 이는 이 구절 전후의 맥락과, 빌립보
서, 더 나아가 다른 성경과의 관계를 살펴볼 때 보다 분명하게 나
타난다.

둘째, 다음 구절(13절)은 **하나님이 성도들의 구원을 위해 친히
행하신다**고 말씀한다.

너희 안에서 행하시는 이는 하나님이시니 자기의 기쁘신 뜻을 위하여 너희로 소원을 두고 행하게 하시나니(빌 2:13)

하나님이 이런 방식으로 구원 역사를 이루어 가시는데 이 구원이 실패할 것처럼 공포감을 준다는 것은 본문의 의도에 맞지 않는다. 빌립보서 시작 부분에도 이와 비슷한 진술이 있다.

너희 속에 착한 일을 시작하신 이가 그리스도 예수의 날까지 이루실 줄을 우리가 확신하노라(빌 1:6)

셋째, '두렵고 떨린다는 것은 구원을 잃을 것에 대한 불안함이 아니라 하나님께 가까이 나아가는 기쁨과 즐거움의 감정이다. 이러한 감정은 시편에 종종 표현된다.

여호와를 경외함으로 섬기고 떨며 즐거워할지어다(시 2:1)

오직 나는 주의 풍성한 인자를 힘입어 주의 집에 들어가 주를 경외함으로 성전을 향하여 경배하리이다(시 5:7)

그러므로 우리가 진동치 못할 나라를 받았은즉 은혜를 받자 이로 말미암아 경건함과 두려움으로 하나님을 기쁘시게 섬길지니(히 12:28)

넷째, 성경은 구원을 '얻는다' 또는 '받는다'고 말씀한다. 우리의 구원은 오직 믿음으로 말미암아 얻는 것, 또는 받는 것이다. 빌립보서에는 구원의 다양한 차원이 등장한다. 1장에서는 바울이 감옥에서 풀려나는 것을 '구원'으로 설명하기도 한다.

> 이것이 너희 간구와 예수 그리스도의 성령의 도우심으로 내 구원에 이르게 할 줄 아는 고로(빌 1:19)

이를 새번역으로 보면 다음과 같다.

> 나는 여러분의 기도와 예수 그리스도의 영의 도우심으로 내가 풀려나리라는 것을 압니다(빌.1:19, 새번역).

성경에서 '구원'이라는 표현은 죄로부터의 구원뿐만 아니라 전쟁으로부터의 구원, 질병의 고통으로부터의 구원 등으로 다양하게 사용된다. 그렇다면 빌립보서 2장 12절의 구원은 어떤 구원일까? **구원을 '이루라'는 것은 또 다른 차원의 구원, 즉 공동체의 하나 됨**을 가리킨다. 이는 교회 내의 분란을 전제한다. 2장의 흐름을 보면 이것이 의미하는 바를 보다 분명하게 알 수 있다.

빌립보서 2장에서 바울은 빌립보 교인들에게 마음을 같이 하여 같은 사랑을 갖고 뜻을 합하여 한 마음을 품어(2절) 아무 일에든지 다툼이나 허영으로 하지 말고 오직 겸손한 마음으로 남을 낮게 여기라(3절)고 권면한다. 그리고 겸손한 마음의 모델로 자기를 낮추

시고 죽기까지 복종하신 예수 그리스도의 마음을 제시한다(5-11
절). 따라서 이 본문은 이런 마음으로 비록 바울이 옥에 갇혀 교회
에 없어도 서로에게 순복하며 하나 됨을 이루라고 하는 본문이다.

　구원에 대한 자신과 확신은 나에게서 오지 않는다. 나를 구원해
주신 하나님에게서 온다.

> 내가 확신하노니 사망이나 생명이나 천사들이나 권세자들이나 현
> 재 일이나 장래 일이나 능력이나 높음이나 깊음이나 다른 아무 피
> 조물이라도 우리를 우리 주 그리스도 예수 안에 있는 하나님의 사
> 랑에서 끊을 수 없으리라(롬 8:37-39).

　우리를 하나님의 사랑에서 끊을 수 있는 것은 그 무엇도 없다. 하
나님을 향한 나의 사랑, 나의 믿음은 약해지고 흔들릴 수 있다. 그
러나 우리를 향한 **하나님의 사랑**과 그분의 신실함(faithfulness)
을 뒤흔들고 끊을 수 있는 것은 아무것도 없다.

3. 왜 예수교는 교단마다 교리가 다른 거니? 천국 갈 수 있겠어? 왜 기존 교회는 한 성령을 받았다고 하면서 교단이 나누어지고 교리가 다르지?

　신천지인들이 교회 다니는 성도들을 공격할 때 가장 자주 사용
하는 질문이다. 성경이 하나인데 교리가 나뉘면 천국이 어디에 있

는지, 누구를 따라가야 구원을 얻는지를 알 수 없어 교회를 신뢰할 수 없게 된다는 것이다. 신천지인은 이렇게 교리가 서로 다른 곳에서 과연 구원을 얻을 수 있겠느냐며 교회에 대한 불신을 싹트게 만든다. 이런 이들의 질문에 대해 어떻게 대답해야 할까?

첫째, 예수교에는 순복음, 장로교, 침례교, 감리교 등 많은 교단들이 있다. 이러한 교단들은 강조점들이 저마다 다르다. 순복음은 성령의 역사를 강조하고, 루터교는 이신칭의의 종교개혁전통을 강조하며, 장로교는 종교개혁 전통 위에 세워진 합리적인 대의 참여 제도를 강조하고, 침례교는 명칭 그대로 물에 잠기는 침례를 강조한다. **각 교단마다의 서로 다른 강조점들은 전 세계 기독교가 성장하고 선교가 이루어지면서 특정 지역의 상황과 필요에 따라 교회를 성장하게 하는 주요한 동력이 되었다.**

둘째, 각 교단들의 서로 다른 강조점에도 불구하고 모든 교단들이 공통적으로 믿고 고백하는 핵심적인 교리가 있다. 그것은 성부, 성자, 성령 삼위의 하나님이 독립적인 위격이면서도 하나의 본체를 이루시는 **삼위일체 하나님**이라는 것이며, 또한 예수 그리스도 외에 구원을 위한 다른 길이 없고, **오직 예수를 통해서만 구원받을 수 있다**는 사실이다.

또한 우리가 고백하는 예수님은 **우리의 죄를 대신하여 십자가에 죽으신 분**이다. 우리는 그를 구세주로 믿고 고백함으로 구원을 얻는다. 우리가 믿는 예수님은 **육체로 부활하신 예수님**이다. 또한 육체로 부활하신 그대로 천국에 가셨고, **종말에 재림하실 때 부활하신 육체 그대로 이 땅에 다시 오시는 예수님**이다. 우리가 믿는 예수님은 **참 사람이 되신 참 하나님**이다. 그는 '우리의 크신 하나님 구주 예수 그리스도(딛 2:13)'이다.

또한 우리는 "성령이 하나이요(엡 4:4)"라는 말씀과 같이 **한 성령님**을 고백한다. 천사, 순교자의 영 등 하나님께 속한 선한 영들이 다 성령인 것이 아니다. 성령님은 한 분 성령님(the Spirit)이시다. 성경에는 항상 성령 앞에 정관사가 들어가 '바로 그 성령'이라는 표현을 사용해 성령이 한 분이심을 나타낸다.

또한 예수님은 아직 재림하지 않으셨고, 우리는 그분의 육체적 재림을 기다리고 있다. 우리는 우리의 영혼이 죄에서 구원받으면, 장차 예수님이 재림하실 때 우리 자신의 **죽을 몸도 부활**할 것을 믿는다(롬 8:11). 성도의 부활은 영의 부활이 아닌 육체의 부활이다. 영은 불멸의 존재이기에 영의 부활이란 말은 성립되지 않는다.

우리는 예수 그리스도가 육체로 재림하실 때 다른 존재의 영이 아닌 **우리 자신의 영과 부활한 우리의 몸이 온전히 하나 되는 전인의 구원**을 믿는다. 따라서 우리는 우리 민족 정서에 오랫동안 깃들어왔던 접신 구원을 믿지 않는다. 다른 사람의 영이 우리 몸에 들어오는 방식의 구원은 무속인이나 구약의 이방 종교들과 같은 가증한 종교들의 특징이다. 우리는 순교자의 영과 순교자의 육체가 함께 살아나는 구원, 우리의 몸과 영혼이 함께 하나 되는 온전한 전인적 구원을 믿는다. 예수님의 전인적인 부활이 바로 이것을 입증한다.

이처럼 다양한 특성을 가진 교회들이라 할지라도 공통의 신앙고백이 있기에 교회의 교리적 통일성은 유지된다. 이런 특징을 '다양성 속의 일치성(unity in diversity)'이라고 한다. 심지어 교회에 갈등이 있어 서로 다른 교단으로 갈라진다 하더라도 공통의 고백은 남는다. 우리는 이것을 사도들의 신앙고백이란 뜻의 '사도신경'으로 고백한다. (사도신경이 성경과 맞지 않는 사람의 가르침이란 주장에 대해서는 다음 장을 보라)

따라서 서로 다른 교단의 교회를 다닌다는 것은 다른 믿음을 갖고 있음을 의미하는 것이 아니라, 서로 다른 신앙의 강조점을 자신의 형편과 상황에 따라 선택하는 다양성 가운데의 일치성을 의미하는 것이다.

셋째, 신천지의 신앙은 예수교의 공통된 신앙고백과 여러 면에서 일치하지 않는다. 먼저, 신천지는 삼위일체 하나님을 믿지 않는다. 예수 그리스도가 하나님임을 부인한다. 한 분 성령을 부인하고, 성령을 그저 하나님께 속한 여러 다른 영들이라고 정의한다. 신천지는 믿음만으로는 구원을 얻을 수 없고, 마지막 시대에는 비유를 깨달아야 죄 사함 받고 구원을 얻는다고 주장한다. 신천지는 예수의 육체적 부활을 믿지 않는다. 성도의 온전한 부활도 믿지 않는다. 순교자의 영과 접신하는 신인합일이란 이름의 기괴한 접신 부활을 믿는다. 그러나 신인합일이란 말은 성경에 없다.

핵심적인 신앙고백에 있어서 신천지는 달라도 너무나도 다르다. 도리어 예수교가 고백하는 것과 전혀 다른 구원, 전혀 다른 예수, 전혀 다른 복음, 전혀 다른 하나님을 고백한다. 그래서 정통 기독교는 신천지를 이단이라 한다. 이단이라는 단어에는 다를 이(異), 끝 단(端)의 한자가 사용된다. 즉 결론이 다른 단체를 일컫는 표현이다. 성경으로부터 논의를 시작하지만 결론은 다른 예수, 다른 영, 다른 복음으로 끝나는 것이 이단인 신천지다.

> 만일 누가 가서 우리의 전파하지 아니한 다른 예수를 전파하거나 혹 너희의 받지 아니한 다른 영을 받게 하거나 혹 너희의 받지 아니한 다른 복음을 받게 할 때에는 너희가 잘 용납하는구나(고후 11:4)

이 말씀처럼 신천지는 다른 예수, 다른 영, 다른 복음을 잘 받아들이고 따라가고 있다. 왜 잘 받아들일까? 그것은 그들의 말들이 처음 들어보는 말이기 때문이다. 신천지의 이야기를 들은 사람들은 이들의 말이 기존 교회에서 들어보지 못한 말들이기에 혹 무엇인가 더 심오한 것이 있나 하는 호기심과 궁금증을 갖고 이들을 찾아간다. 그러나 우리는 교회에서 받은 것 외에 다른 복음을 찾아선 안 된다. 사도 바울은 분명히 경고한다.

> 다른 복음은 없나니 다만 어떤 사람들이 너희를 교란하여 그리스도의 복음을 변하게 하려 함이라 그러나 우리나 혹은 하늘로부터 온 천사라도 우리가 너희에게 전한 복음 외에 다른 복음을 전하면 저주를 받을 지어다(갈 1:7-8)

넷째, 예수교 안의 수많은 교단이 다른 교리를 갖고 있다는 이유로 기성 교회를 비판하는 신천지 역시도 수많은 단체로 분리되었

다. 지금까지 '새천지'를 비롯한 30여개의 단체들이 신천지로부터 갈라져 나왔다. 갈라져 나온 이들은 저마다 현 총회장이 배도자고, 자신이 구원자요 이 시대의 참 보혜사라 주장한다. 신천지는 또 다른 아류 보혜사만 무려 30여명을 배출한 단체라는 것을 아는가? 신천지에서 갈라져나간 단체들은 공통의 고백이 아니라 저마다 서로 다른 보혜사를 믿는 상이한 단체들이 되었다.

　좀 더 근본적으로는, 신천지 또한 장막성전에서 갈라져 나온 아류에 불과하다. 신천지에서 볼 때는 장막성전이 배도해서 이만희 총회장이 장막성전을 나온 것이지만, 장막성전의 입장에서 볼 때 그렇지 않다. 이만희 총회장은 장막성전의 아류집단을 이끄는 목**씨가 자신이 참된 구원자 '실로(창 49:10)'라고 미혹하자 이에 넘어가 장막성전으로부터 제명처리 된 자에 불과하다.

　이만희 총회장이 장막성전이 배도했기 때문에 그곳을 나왔다고 하는 것도 억지 주장이다. 왜냐하면 언약의 노정 순리에 따르면 총회장은 장막성전이 배도했다고 해서 그곳을 나오는 것이 아니라, 멸망자가 장막성전을 삼켰을 때 그곳을 나와야 했기 때문이다. 이러한 순리대로라면 이만희 씨는 청지기 교육원이 들어와서 배도자를 삼켰을 때 장막성전을 나왔어야 한다. 이런 면에서 이만희 총회장의 구원은 신천지의 언약 노정 순리에 맞지 않는 어색하고 이상한 구원이다.

4. 사도신경은 성경에 맞지 않는 '사람의 가르침'일 뿐이야

신천지는 공교회의 소중한 신앙고백이자 신앙의 표준인 사도신경을 부인한다. 이는 사도들의 신앙고백이 아니며, 성경에 맞지 않는 사람의 가르침일 뿐이라는 것이다.[1] 신천지는 사도신경은 성경에 나와 있지도 않을뿐더러 그 내용도 성경적이지 않은데 오늘날 대부분의 교회 성도들은 사도신경을 고백하는 이유도, 그 의미도 모른 채 주문 외우듯 이를 따라한다고 주장한다.[2] 교회는 성경적이지도 않은 사도신경대로 신앙 고백을 하지 않으면 무조건 이단이라고 몰아가는데, 이것은 명백하게 잘못된 사람의 규정일 뿐이라는 것이다. 그렇다면 신천지가 사도신경을 비성경적이라고 주장하는 근거는 무엇인가?

* **신천지의 주장:**

첫째, 사도신경에는 예수님께서 빌라도에 의해 십자가에 못 박혔다고 했다. 그러나 분명히 빌라도는 예수님을 놓아주려 했다(요 19:6, 눅 23장, 마 27장). 예수님을 죽음으로 몰고 간 것은 그 당시 종교 지도자들이다(행 4:6-10, 마 26장).

둘째, 사도신경에서는 '거룩한 공회'를 믿는다고 하였는데, 공회는 예

---

1 신천지총회교육부, 『신천지 정통교리와 부패한 한기총 이단교리 비교: 100항 상세반증』, 12.

2 위의 책, 12.

수님을 죽이려고 거짓말하고 사도들을 능욕한 곳이므로 거룩한 곳이
될 수 없다(마 26:59, 행 5:12-17).

셋째, 사도신경은 몸이 다시 사는 것이 죽은 육체가 다시 사는 것이라
한다. 그러나 사도 바울은 육체가 아닌 신령한 몸으로 다시 산다고 했
고(고전 15:35-44), 혈과 육은 하나님 나라를 유업으로 받을 수 없다
고 했다(고전 15:50).

이러한 주장에 대하여 우리는 어떻게 대답할 수 있을까?

**첫째, 빌라도는 로마 총독의 공식 권한으로 예수에게 사형을 선
고했다.** 물론 빌라도는 예수님을 놓아주려는 시도를 했었다. 그러
나 **그에게는 예수님을 놓아 줄 권한과 함께 십자가에 못 박을 공식
적인 권한도 있었다.**

빌라도가 가로되 내게 말하지 아니하느냐 내가 너를 놓을 권세도
있고 십자가에 못 박을 권세도 있는 줄 알지 못하느냐(요 19:10).

반면 당시의 유대의 종교지도자들은 사람을 로마 제국의 백성이
었기에 사람을 죽이는 권세를 갖지 못했다. 종교지도자들 역시 스
스로 이런 권한이 없음을 고백한다.

빌라도가 가로되 너희가 저를 데려다가 너희 법대로 재판하라 유
대인들이 가로되 우리에게는 사람을 죽이는 권이 없나이다 하니
(요 18:31)

유대 총독 빌라도는 로마 황제의 사형 권한을 대리 집행하는 자였다. 유대종교지도자들이 스스로 예수를 죽일 수 있었다면 이들에게는 굳이 빌라도를 찾아갈 필요가 없었다. 이들은 자신들에게 사람을 처형할 수 있는 권한이 없었기에 빌라도의 권한으로 예수님을 처형해 달라고 요구한 것이다. 빌라도는 예수님을 심문한 후 그에게 죄가 없다는 것을 알고 이를 거부하려 한다. 그러나 유대인들은 빌라도가 권한을 행사하도록 다음과 같이 협박한다.

이러하므로 빌라도가 예수를 놓으려고 힘썼으나 유대인들이 소리 질러 가로되 이 사람을 놓으면 가이사의 충신이 아니니이다 무릇 자기를 왕이라 하는 자는 가이사를 반역하는 것이니이다(요 19:12)

예수님을 무죄방면하면 가이사, 즉 로마 황제의 충신이 아닐 뿐 아니라 그에게 반역하는 것이라 협박한 것이다. 유대인들은 식민지 백성이었지만 대표단을 구성해서 로마 황제에게 총독 몰래 상소를 올리거나 대표단을 파견할 수 있었다. 이에 위협을 느낀 빌라도는 결국 사형을 언도하고 만다.

결국 유대의 종교지도자들은 빌라도에게 그가 황제로부터 받은 사법권을 집행하여 예수께 사형을 언도해 달라고 집요하고 거칠게 요구했던 것뿐이고, **실제로 예수님의 사형을 언도한 것은 빌라도**이다. 또한 실제로 예수님을 십자가에 못 박고 처형한 것은 유대의 종교지도자들이 아닌 로마의 병정들이었다. 따라서 사도신경의 "본디오 빌라도에게 고난을 받아 십자가에 못 박혀 죽으시고" 라는 고백은 올바른 고백이다.

둘째, 사도신경에서 믿는 '**거룩한 공회(公會)'는 '거룩한 공교회 (公教會)'**를 줄인 말이다. 유대인의 종교 최고 의결기구인 **산헤드 린 공회를 말하는 것이 아니다.** 그래서 새번역 사도신경은 이를 '공교회'로 번역한다.

'거룩한 공교회(the holy universal church)'는 모든 시대와 모든 장소에 있는 그리스도의 참된 보편적 교회를 지칭하는 특별 한 표현이다. 이를 영어로 'the holy catholic church'라고도 하 는데, 여기서 가톨릭(catholic)은 교황을 중심으로 하여 로마 바 티칸에 기반을 둔 가톨릭교회(Catholic)를 지칭하는 표현이 아니 다. 이는 동, 서방을 비롯한 여러 교회의 분열 이전 그리스도의 몸 된 온 세상의 교회를 통칭하는 표현이다. 그래서 이런 의미를 살 려 이를 '우주적 교회(universal church)'라고도 한다. 이는 온 시 대 모든 곳의 교회는 모두 주님의 몸 된 하나의 교회라는 고백에 기초한다.

위와 같은 내용을 공교회에서 교육받은 적이 없는 신천지인이라 면 공회의 의미를 충분히 오해할 수 있다. 신천지가 근거구절로 제 시하는 것들(마 26:59, 행 5:12-17)은 모두 대제사장, 서기관, 사 두개인, 존경받는 바리새인 등으로 구성된 유대의 최고 종교 의결 기구인 산헤드린 공회에 대한 이야기다.

셋째, 우리의 혈과 육은 하나님 나라를 유업으로 받기 위해 **썩을 몸에서 썩지 않는 몸, 곧 신령한 몸으로 변화한다.** 신천지는 우리의 썩을 혈과 육으로는 하나님 나라를 받을 수 없고, 순교자의 영과 신인합일한 몸이 되어야 그 나라를 받을 수 있다고 주장한다. 이들이 주장하는 신인합일한 몸이 '신령한 몸'이라는 것이다. 그러나 이는 '신령한 몸'이라는 표현을 오해한 것이다. 내 영이 아닌 다른 영이 나에게 신접해서 얻는 몸이 신령한 몸이라는 것은 무속적 개념이다. 성경이 말하는 신령한 몸은 원래의 썩을 몸이 신령하게 변화된 영광스러운 몸을 가리킨다.

혈과 육, 그리고 신령한 몸의 관련성을 보다 명확하게 알아보려면 먼저 "혈과 육은 하나님 나라를 이어 받을 수 없다"라는 말씀을 바로 이해해야 한다.

> 형제들아 내가 이것을 말하노니 혈과 육은 하나님 나라를 이어 받을 수 없고 또한 썩는 것은 썩지 아니하는 것을 유업으로 받지 못하느니라(고전 15:50)

'형제들아'는 고린도전서 15장에서 그동안 전개해 왔던 부활 논의를 마무리하기 위해 주위를 환기시키는 부름이다. 그 이전까지의 부활 논의의 핵심 내용은 죽은 자의 몸은 썩을 몸이지만, 부활의 때에는 우리의 썩을 몸이 신령한 몸, 썩지 아니할 몸으로 완전히 변화한다는 것이다. 그래서 이미 죽은 성도 역시 그리스도께서 오실 때 썩은 육신이 부활하여 영광스러운 몸으로 바뀌게 된다(15:42-44).

현재와 같은 썩을 몸, 즉 혈과 육으로는 예수 그리스도의 재림 때 맞이할 하나님의 나라의 유업을 이어받을 수 없다. 그렇기에 이런 썩을 혈과 육이 마지막 때 거룩하고 신령한 몸으로 변화된다는 것이다. 그래서 이어지는 51-54절은 이러한 마지막 때 우리의 혈과 육을 지닌 몸이 어떻게 변화되는지를 자세히 설명하고 있다. 이를 새번역으로 쉽게 풀어 보면 다음과 같다.

> 보십시오, 내가 여러분에게 비밀을 하나 말씀드리겠습니다. 우리가 다 잠들 것이 아니라, 다 변화할 터인데, 마지막 나팔이 울릴 때에, 눈 깜박할 사이에, 홀연히 그렇게 될 것입니다. 나팔소리가 나면, 죽은 사람은 썩어 없어지지 않을 몸으로 살아나고, 우리는 변화할 것입니다. 썩을 몸이 썩지 않을 것을 입어야 하고, 죽을 몸이 죽지 않을 것을 입어야 합니다. 썩을 이 몸이 썩지 않을 것을 입고, 죽을 이 몸이 죽지 않을 것을 입을 그 때에, 이렇게 기록한 성경 말씀이 이루어질 것입니다. "죽음을 삼키고서, 승리를 얻었다"(고전 15:51-54, 새번역).

여기서 '썩지 않을 것', '죽지 않을 것'은 불멸의 부활의 몸을 말한다. 이를 메시지 역본은 더 쉽게 풀이한다.

> 친구 여러분, 내가 강조하고 싶은 것은 이것입니다. 땅에 속한 우리의 삶은 그 본성상 우리를 하나님 나라로 인도해 주지 못합니다. 그 삶의 "자연스런 본성"은 죽음입니다. 그러니 그 삶이 어떻게 마지막에 가서 "자연스럽게" 생명의 나라에 들어갈 수 있겠습니까?

그러나 나는 여러분에게 나도 다 이해하지 못하는 놀라운 비밀을 알려 드리겠습니다. 우리는 모두 죽지 않고 변화될 것입니다. 여러분이 모든 소리를 잠재울 나팔소리를 듣고 위를 쳐다보며 눈을 깜빡이는 순간, 그 일은 끝날 것입니다. 나팔 신호가 하늘로부터 울리면, 죽은 자들이 무덤을 박차고 일어나서 죽음의 힘이 미치지 못하는 곳, 다시는 죽을 일이 없는 곳에 이르게 될 것입니다. 그와 동시에 우리도 그들과 똑같은 방식으로 모두 변화될 것입니다. … 모든 썩을 것이 썩지 않을 것으로 바뀌고, 죽을 수밖에 없는 것이 죽지 않을 것으로 바뀔 것입니다. 그때가 되면, 다음의 말씀이 이루어질 것입니다. "생명이 죽음을 삼키고 승리를 거두었다!"(고전 15:50-54, 메시지)

따라서 사도신경은 성경적이지 않은 것이 아니라, 도리어 우리가 자칫 놓치기 쉬운 성경의 핵심적인 교리들을 요약해놓아 성도가 모일 때마다 이러한 내용을 함께 고백하고 상기하게 할 수 있게 하는 소중한 신앙의 유산이다.

5. 교회 목사님은 하늘에 속한 말을 하니, 땅에 속한 말을 하니? 분별할 수 있겠어?

신천지인은 섭외(전도)하려는 교회 성도들에게 다가가 다음과 같은 요한일서 말씀을 인용하며 이야기한다.

사랑하는 자들아 영을 다 믿지 말고 오직 영들이 하나님께 속하였
나 시험하라 많은 거짓 선지자가 세상에 나왔음이니라(요일 4:1)

살리는 것은 영이니 육은 무익하니라 내가 너희에게 이른 말은 영
이요 생명이라(요 6:63)

저희는 세상에 속한 고로 세상에 속한 말을 하매 세상이 저희 말
을 듣느니라(요일 4:5)

위로부터 오시는 이는 만물 위에 계시고 땅에서 난 이는 땅에 속
하여 땅에 속한 것을 말하느니라 … 하나님의 보내신 이는 하나
님의 말씀을 하나니 이는 하나님이 성령을 한량없이 주심이니라
(요 3:31-34).

* 신천지의 주장:
사람이 하는 **말을 들어 보면 그가 어디에 속했는지 알 수 있다. 참 목
자와 거짓 목자를 어떻게 분별하는가? 하나님이 보내신, 성령이 함께
하는 자는 하나님의 말씀을 전하고, 땅에서 난 사람은 땅에 속한 이야
기를 전한다. 그러므로 우리는 성도의 영혼을 인도하는 목사님의 말에
무조건 아멘 할 것이 아니라, 그 말을 제대로 듣고 그가 어디에 소속되
었는지 분별하고, 목자와 함께 하는 영을 분별해야 한다.**
또한 창세기 1장은 비유로 풀어야 하는데, 하늘에 속한 진리는 상수(上
水), 땅에 속한 말은 하수(下水)이다(참조. 창 1:7). 하늘에 속한 진리

는 역사와 교훈의 내용이 아니라 하나님께서 이루실 예언의 말씀이며, 이 예언의 말씀이 감추어져 있는 것이 비유이고 요한계시록이다. 따라서 교회에서 비유를 풀어주고, 요한계시록을 풀어주면 상수를 말하는 것이고, 교회에서 비유도, 요한계시록도 제대로 설명해 주지 않으면 땅에 속한, 인간적인 역사와 교훈을 이야기 하는 것이다.

강단에서 목자가 세상적인 이야기와 예화를 드는 것은 비판받아야 하며, 그런 목회자가 있는 교회일수록 비유풀이와 계시록 말씀이 없다. 상수를 마셔야 영혼이 살아나고 구원을 얻으니, 이제는 하늘에 속한 말씀을 배우고 깨달아야 할 때다. 만약 목사님이 교회에서 상수에 대해 설교하지 않고 하수에 대해서만 말한다면, 그는 하늘에 속한 목자가 아니라 땅에 속한 목자다. 여기에는 하늘에 속한 목자는 하나님 소속이고, 땅에 속한 목자는 사탄의 소속이라는 전제가 들어있다.

신천지인들의 이런 말들에 대해 성도들은 우리 교회 목사님도 하늘에 속한 말을 하며 참된 진리를 선포한다고 대답해야 한다. 보다 구체적인 답변은 다음과 같다.

첫째, 우리 교회에서도 비유를 해석해 준다. 단, 신천지에서 푸는 비유풀이와 다르다. 신천지 비유풀이가 단어풀이 수준에서 그친다면, 우리 교회는 비유의 문맥과 상황을 고려하여 비유를 보다 입체적으로 해석한다. 그렇기에 교회의 비유풀이와 신천지의 비유풀이는 푸는 방식과 결론이 다르다.

교회가 해석하는 비유의 결론은 예수 그리스도와 하나님의 나라로 이어진다. 반면, 신천지 비유풀이의 결론은 이긴자 이만희 총회장이며, 이 땅에 이루어진 천년왕국인 신천지다. 결국 비유풀이는 신천지식 결론에 도달하기 위한 사전 세뇌과정에 불과하다. 신천지식 비유풀이를 공부하다보면 내면에 나타나는 증상과 변화가 있다.

① 우리 교회 목사님을 땅에 속한 말을 하는 거짓 목자라고 생각한다. 목사님에 대한 신뢰가 흔들리니 예배시간에 말씀도 들리지 않고 졸게 된다.
② 성경 보는 관점이 바뀐다. 모든 것이 비유로 보인다. 비유가 아닌 것은 말하기도 싫고 듣기도 싫다.
③ 예수님이 내 마음에서 멀어진다. 전에는 예수님이 내 마음에 계시고 나의 구원자로 고백했다면, 이제 예수님은 초림 시대의 구원자일 뿐이고, 이제 계시록 시대에는 새로운 목자를 통해 구원받아야 한다는 생각이 든다.
④ 지금 다니는 교회는 바벨론 교회고, 어디인지는 모르지만 진리의 성읍 시온산으로 옮겨야 겠다는 생각이 든다.

둘째, 우리 교회에서도 요한계시록을 풀어준다. 단 신천지의 계시록 해석과는 다르다. 신천지의 계시록 해석의 결론은 다음과 같다.

* 신천지의 주장:
신천지가 아름다운 진리의 성읍이고, 거룩한 성 새 예루살렘이요, 천년왕국이다. 신천지에 들어가야 구원을 받고, 신천지를 거부하면 구원이 없다. 이만희 총회장은 계시록 전장이 성취되는 사건을 직접 보고 들은 증인, 곧 대언자이자 보혜사이기에 그를 통해 계시록을 깨달아야만 제대로 계시록을 알 수 있다. **결국 계시록은 기록된 지 2천 년 만에 한국에서 성취되는 사건으로, 이만희 총회장에 대한 약속이다.**

그러나 신천지의 계시록 해석은 수많은 단어와 상징들을 알레고리적 비유풀이를 통해 연결하며 이를 자의적으로 해석하는 것일 따름이다. 교회의 계시록 해석은 이와 전혀 다르다. 교회에서 요한계시록을 해석할 때는 요한계시록이 사도 요한이 실제로 일곱 교회에 보낸 편지라는 사실을 전제한다. 따라서 이를 해석할 때 편지를 둘러싼 정황, 로마의 도미티아누스 황제 치하에서 고난과 핍박을 받던 상황을 고려하여 해석한다.

이렇게 해석하게 되면, 요한계시록은 예수님께서 제국의 핍박 가운데 고난 받는 성도들을 위로하고, 성도들이 음란하고 폭력적인 제국의 세력과 싸워 마침내 승리할 것이라는 확신과 소망을 심어주시는 내용으로 해석된다. 이러한 해석은 편지가 기록된 역사적 맥락을 고려하지 않고 이를 자의적인 단어풀이로 해석하는 기괴한 신천지식 요한계시록 해석과는 확실히 다르다.

셋째, 요한일서 4:1,5가 말씀하는 사람이 어디에 속해있는가를 **분별하는 핵심기준은 예수 그리스도께서 육체로 오신 것을 시인하느냐의 여부이다.** 이를 시인하는 자는 하나님께 속하고 성령을 받은 사람이지만, 이를 인정하지 않는 사람은 하나님의 영을 받지 않은 사람이다. 이를 공동번역은 다음과 같이 말씀한다.

> 사랑하는 여러분은 자기가 성령을 받았노라고 말하는 사람들을 다
> 믿지 말고 그들이 성령이라고 주장하는 것이 과연 하느님께로부터
> 온 것인지 아닌지를 시험해 보십시오. 많은 거짓 예언자가 세상에
> 나타났기 때문입니다. 하느님의 성령을 알아보는 방법은 다음과
> 같습니다. 예수 그리스도께서 사람의 몸으로 오셨다는 것을 인정
> 하는 사람은 모두 하느님께로부터 성령을 받은 사람이고 예수께
> 서 그런 분이시라는 것을 인정하지 않는 사람은 모두 하느님께로
> 부터 성령을 받지 않은 사람입니다. 그런 사람은 그리스도의 적대
> 자로부터 악령을 받은 것입니다 …(요일 4:1-3)

결국 핵심은 예수 그리스도가 성육신하셨음을 인정하고 말하느
냐에 있다. 성육신이란 성자가 육신이 되어 이 땅에 오신 것을 말
한다. 하나님의 영이 예수의 육체를 들어 쓴 것을 의미하는 것이
아니다. 예수는 참 하나님이자 참 사람으로 이 땅에 오셨고, 죄와
사망의 권세를 이긴 영광스런 육체로 부활하셔서 승천하셨으며,
승천하신 그대로 영광스런 몸으로 이 땅에 다시 오신다. 이것을 인
정하고 말하면 성령으로 말하는 사람이지만, 이것을 부인하면 악
령으로 말하는 사람이라는 것이 위 본문의 의미다.

따라서 자기가 성령을 받았노라고 주장하는 교주의 말을 무조건
맹신하고 따를 것이 아니라, 그리스도의 성육신과 육체의 부활을
말하느냐 하지 않느냐를 기준으로 옳은 믿음을 판단해야 한다. 이

러한 기준에 따르면 신천지인들은 성령을 받지 않았음이 분명하다. 그리스도의 성육신과 육체적 강림을 인정하지 않기 때문이다.

넷째, 요한복음 6장 63절에서 예수님이 "내가 너희에게 이른 말은 영이요"라고 하신 것은 말이 곧 영이라는 뜻이 아니다. 신천지는 영을 눈으로 볼 수 없으니 말을 통해 그 사람이 어디에 속한 사람인지를 분별해야 한다고 하면서 이 구절을 인용한다. 그러나 이 구절의 **본래 뜻은 예수님의 말씀이 성령의 능력으로 하는 말씀이며, 그렇기에 생명을 만들어내는 말씀**이라는 뜻이다. 이를 메시지 성경은 다음과 같이 번역한다.

> 성령만이 생명을 만들어 낼 수 있다. 육신의 근육과 의지력으로는 아무것도 일어나게 할 수 없다. 내가 너희에게 전하는 모든 말은 성령의 말이며, 생명을 만들어 내는 말이다(요 6:63, 메시지)

이 말씀은 오병이어의 기적이 있었던 후에 하신 말씀이다. 예수께서 큰 기적을 베풀자 놀란 사람들은 예수님께 떡을 구하기 위해 찾아왔고, 예수님께서는 자신이 바로 참된 떡이며, 자신을 먹는 사람(예수님을 영접하고 받아들이는 사람)에게 생명을 줄 것이라 말씀한다(요 6:51-58). 또한 이 말씀을 어려워하던 사람들에게 예수님께서는 이 말씀을 깨닫게 하는 것은 오직 성령의 능력으로 가능하며, 성령이 오실 때 사람들이 비로소 이 말씀을 깨닫게 될 것이라 말씀한다(요 7:39, 15:26, 16:13). **성령이 오시면 사람들은 예수께서 하신 말씀이 성령으로 하신 말씀임을 깨달을 것이고, 생명**

에 도달하게 된다.

이 대목을 마무리하며, 교회에 대한 제언을 한 가지 하고자 한다. 교회는 성경공부와 설교를 통해 지금보다 더 자주 요한계시록과 비유에 대한 공부를 정기적으로 시행해야 한다. 요한계시록 이해를 위해서는 필자가 쓴 다음의 책을 참고하라.

양형주, 『스토리 계시록』(브니엘)
양형주, 『평신도를 위한 쉬운 요한계시록 1. 2』(브니엘)
양형주, 『정말 구원받았습니까』(브니엘)
양형주, 『신천지 백신1. 2』(두란노)

6. 마지막 시대에 구원 받으려면 어디로 가야 하는지 아니?

이 질문에 감추어진 의도는 마지막 시대의 구원이 신천지에 있다는 말을 하고자 하는 것이다. 신천지가 마지막 시대에 구원의 처소가 되는 이유가 무엇일까? 그것은 마지막 계시록 시대의 이긴 자라 자처하는 이만희 총회장이 있는 곳이 신천지이기 때문이다. 그러나 이런 사실을 노골적으로 처음부터 밝힐 수는 없기에 신천지는 이런 질문으로 상대방의 궁금증을 유발한다. 이들이 마지막 시대 구원받을 약속의 성전이 신천지임을 주장하는 근거는 다음과 같다.

＊ 신천지의 주장:

마태복음 24장에 따르면 말세에는 큰 환난이 임하는데 그때가 되면 산으로 도망해야 한다(마 24:16). 이 산은 말세의 환난을 싸워 이긴자가 가는 곳이다. 마지막 때에는 예수님을 믿고 있다고 해서 안심해서는 안 된다. 예수님을 믿을 뿐 아니라 그 말씀을 지켜야만 복이 있다(계 1:3). 성경은 마지막 때 환난을 견뎌내고 이긴자가 있다고 말씀한다. 그는 ① 생명나무 과실을 받아먹고, ② 둘째 사망의 해를 받지 아니하고, ③ 감추었던 만나와 흰 돌을 받으며, ④ 철장 권세를 받고, ⑤ 흰 옷을 입고, ⑥ 성전 기둥이 되고, ⑦ 하나님 보좌에 앉은 자다.

이런 이긴자가 있는 곳은 저 높은 하늘이 아니다. 요한계시록 21장을 보면 장차 천국은 하늘에서 땅으로 내려온다고 했다(계 21:2). 영계 하늘에서 이 땅에 내려온 산은 어디일까? 요한계시록 14장에는 이긴 자가 서 있는 산이 등장한다. 바로 시온산이다(계 14:1). 그리고 이 산은 이긴자가 거하며 영적인 시온산이라 불리는 새 하늘과 새 땅, 신천지 예수교 증거장막성전이다.

이러한 주장에 대해 우리는 어떻게 대답할 수 있을까?

첫째, 종말의 구원은 특정한 장소에 임하는 것이 아니다. 하나님의 나라는 볼 수 있게 임하는 것이 아니다. 예수님은 마지막 시대의 구원이 여기 있다, 저기 있다 하는 이들에 대해 미리 경고하신 바 있다.

하나님의 나라는 볼 수 있게 임하는 것이 아니요 또 여기 있다 저기 있다고도 못하리니 하나님의 나라는 너희 안에 있느니라(눅 17:20-21).

또 사람이 너희에게 말하되 보라 저기 있다 보라 여기 있다 하리라 그러나 너희는 가지도 말고 좇지도 말라(눅 17:23).

둘째, 예수님은 마지막 때 **이긴자요, 그리스도의 영이 함께 하는 자라 주장하는 이들을 믿지 말라고 경고**하셨다.

그 때에 사람이 너희에게 말하되 보라 그리스도가 여기 있다 보라 저기 있다 하여도 믿지 말라(막 13:21)

셋째, 성경은 **한 사람의 '이긴자'를 특정하지 않는다.** 게다가 이기는 자는 이미 승리한 자가 아니라, 현재의 고난 중에도 믿음으로 승리하기 위해 끝까지 분투하는 모든 성도들을 말하는 것이다. 영어성경(NRSV)은 이를 'everyone who conquers'라고 번역한다. **믿음의 분투에서 승리하는 모든 사람들**이라는 것이다.

넷째, 마태복음 24장 16절에 **도망의 목적지로 설정된 '산'은 시온산을 가리키는 것이 아니다.** 마태복음에 따르면 시온산은 성전이 있는 산이고, 그 성전은 무너질 것이며(마 24:1-2), 성전이 무너지는 것은 곧 시온산이 무너짐을 뜻한다. 따라서 성도들은 무너지는 시온산에 머물러 있어야 할 이유가 없다.

유대에 있는 자들은 산으로 도망할지어다(마 24:16)

여기에서의 '산'은 원문과 영어성경에는 복수형으로 표현되어 있다. 즉 이 산은 시온산이 아니라 시온산 주변의 산들(moun-tains)을 뜻한다. 시온산이 예루살렘에 있기 때문에 유대인들은 시온산 주변의 산들을 잘 알고 있었다. 대표적으로 시온산에서 가장 가까운 산은 시온산 동쪽, 기드론 시내 건너에 있는 감람산이다.

다섯째, 히브리서의 시온산과 하늘의 예루살렘은 1984년에 나타날 신천지라는 집단이 아니라 성령강림 이후 구원 받은 성도들의 하늘 공동체를 두고 하신 말씀이다.

그러나 너희가 이른 곳은 시온 산과 살아계신 하나님의 도성인 하늘의 예루살렘과 천만 천사와 하늘에 기록한 장자들의 총회와 교회와 만민의 심판자이신 하나님과 및 온전케 된 의인의 영들과(히 12:22-23)

히브리서는 당시 초대교회 때부터 새 언약의 복음 아래 있는 그리스도인들이 이미 시온산에 이르렀다고 증거하고 있는 것이다. 따라서 이 말씀의 시온산은 1984년에 나타날 신천지와는 어떤 관련도 없다.

여섯째, 요한계시록 14장 1절의 시온산은 이 땅에 이루어진 것이 아니라 하늘에 이루어진 것이다. 신약성경에는 시온산이 딱 두 곳에 나온다. 히브리서 12장 22절과 요한계시록 14장 1절이다.

히브리서 12장 22절은 앞서 살펴본 것처럼 시온산이 하늘에 있는 예루살렘에 있다고 증거한다. 그렇다면 요한계시록 14장 1절이 말씀하는 장소 역시 하늘이라고 보는 것이 자연스럽다(2절).

만약 14장 1절의 시온산이 이 땅에 있는 영적 시온산인 신천지라고 주장하면 곤란한 상황이 발생한다. 신천지는 시온산에서 부르는 '새 노래(계 14:3)'가 배도, 멸망, 구원의 비밀이 들어 있는 계시록 실상의 말씀이고, 이 말씀은 인봉을 떼기 전에는 공개되지 않는다고 주장한다. 그러나 요한계시록에 따르면 이 '새 노래'는 인봉을 떼기 전 5장 9절에 이미 공개된다.[3] 그렇다면 여기에서의 시온산은 새 노래가 배도, 멸망, 구원에 관한 노래라고 주장하는 신천지일 수 없다.

계시록 14장에서 부르는 새 노래는 예수 그리스도의 피로 구속함을 얻은 백성들이 부르는 노래다(14:3). 예수 그리스도의 십자가와 부활의 구속역사를 찬양하는 천상의 노래인 것이다. 이 노래는 이 땅에서 치열한 믿음의 분투를 수행하고 승리한 성도들이 천상의 하늘 보좌에서 부르는 노래다. 따라서 요한계시록 14장의 시온산은 이 땅의 신천지가 아닌, 치열한 영적 싸움 끝에 승리에 다다른 성도들에게 주어진 거룩한 산이다.

---

3 양형주, 『신천지 백신 2』(서울: 두란노, 2020), 89-90.

7. 예수님이 예언을 주신 것은 일이 이루어질 때 보고 믿으라는 뜻이야(요 13:19, 14:29)

신천지인들은 구약의 예언을 예수님이 성취하신 것처럼, 예수님이 주신 예언 또한 반드시 성취되어야 하는데(참조. 신 18:22), 이 예언이 이루어지는 때가 언제인지 아느냐고 묻는다. 그들이 인용하는 성경구절은 다음과 같다.

> 지금부터 일이 일어나기 전에 미리 너희에게 이름은 일이 이룰 때에 내가 그인 줄 너희로 믿게 하려 함이로라(요 13:19)

> 이제 일이 이루기 전에 너희에게 말한 것은 일이 이룰 때에 너희로 믿게 하려 함이라(요 14:29)

신천지인들은 '일이 이룰 때'를 요한계시록 실상이 성취되는 때, 곧 이만희가 또 다른 보혜사로 이긴자가 되어 요한계시록의 예언의 말씀대로 신천지를 세울 때로 여긴다. 요한계시록에 나타난 배도, 멸망, 구원의 역사가 실상으로 나타나는 때인 것이다. 그런데 과연 위 본문의 '일이 이룰 때'가 요한계시록의 실상을 이룰 때를 가리키는 것일까?

예수님은 요한복음에서 요한계시록에 관해 단 한마디도 언급하지 않는다. 시온산에 대한 언급은 더더욱 없다. 그렇다면 여기서 '일이 이룰 때'의 '일'은 계시록의 성취가 아닌 다른 일임이 분

명하다.

요한복음 13장 19절의 **'일'은 예수께서 십자가를 지고 인류의 죄를 대속하는 일**을 뜻한다. 따라서 '일이 이룰 때'는 예수님께서 십자가에 못 박히는 일이 이루어질 때를 말한다. 이러한 사실을 요한복음 13장 1절에서 확인할 수 있다.

> 유월절 전에 예수께서 자기가 세상을 떠나 아버지께로 돌아가실 때가 이른 줄 아시고 세상에 있는 자기 사람들을 사랑하시되 끝까지 사랑하시니라(요 13:1)

요한복음 13-17장은 18-20장의 십자가와 부활을 준비하는 장이다. 13-17장의 내용을 요약하면 다음과 같다.

13장: 예수께서 십자가를 앞두고 제자들을 모아 세족식을 거행하시고(13:3-20), 가룟유다의 배신을 예고하시고 (13:21-30), 서로 사랑하라는 새 계명을 주신 후(31-35절), 베드로의 부인을 예고하신다(13:36-38).

14장: 예수께서 자신이 길이요 진리요 생명임을 밝히시고 (1-24절), 보혜사 성령을 약속하신다(14:25-31절)

15장: 포도나무와 가지의 비유를 하시며, 예수 그리스도 안에 거하라고 말씀하신다. 그것만이 살 길이다. 또한 장차 보낼 것을 약속하신 진리의 성령 또한 오직 그리스도를 증언할 것이다.

16장: 장차 십자가와 부활 이후 보낼 것이라 약속하신 진리의 성령이 오시면 예수 그리스도를 증거하고 나타낼 것이다.

17장: 십자가를 지기 전 제자들을 위한 대제사장적 기도를 드린다.

18장: 예수님이 체포되고, 베드로는 예수를 부인하고, 예수님은 빌라도 앞에 선다.

19장: 예수께서 사형을 언도받고 십자가에 달려 돌아가신다.

위 본문들을 주의 깊게 읽다 보면, '예수님께서 아버지께로 돌아가실 때'는 18-19장에 있을 십자가 죽음을 의미한다는 사실을 알 수 있다.

또한 **요한복음 14장 29절의 '일'은 바로 앞 28절이 말씀하는 '내가 갔다가 너희에게로 오는 일', 즉 죽으시고 부활하실 일**을 뜻한다. 예수께서는 십자가에 달려 죽으신 후(19:30), 예고하신 대로 제자들에게 오셨다(20:19). 이런 관점으로 14장 28-29절을 다시 읽어보라.

> 내가 갔다가(십자가) 너희에게로 온다(부활) 하는 말을 너희가 들었나니 …
> 이제 일(십자가와 부활)이 이루기 전에 너희에게 말한 것은
> 일이 이룰 때(십자가와 부활)에 너희로 믿게 하려 함이라(요 14:28-29)

예수께서는 십자가와 부활이 일어나기 전에 이 일을 제자들에게 예고하신 것이 실제로 이 일이 일어날 때 이것이 하나님의 구속역사임을 **믿게 하기 위함**이라고 하신다. 이 말씀을 하신 것은 십자가와 부활의 사건이 일어났을 때 **제자들이 이 일을 믿지 못하고 의심할 가능성이 크기 때문**이다. 실제 부활 이후 일어난 일을 보라.

이 날 곧 안식 후 첫날(부활절) 저녁 때에 제자들이 유대인들을 두려워하여 모인 곳에 문들을 닫았더니 예수께서 오사 가운데 서서 가라사대 너희에게 평강이 있을찌어다(요 20:19)

… 도마가 가로되 내가 그 손의 못자국을 보며 내 손가락을 그 못자국에 넣으며 내 손을 그 옆구리에 넣어 보지 않고는 믿지 아니하겠노라 하니라(요 20:25)

도마에게 이르시되 네 손가락을 이리 내밀어 내 손을 보고 네 손을 내밀어 내 옆구리에 넣어보라 그리하고 믿음 없는 자가 되지 말고 믿는 자가 되라(요 20:27)

이처럼 예수님께서 요한복음 14장 28-29절의 말씀을 하신 것은 십자가와 부활을 통해 제자들의 믿음이 더욱 견고해지기 원하셨기 때문이었다.

8. 예수님을 믿으면 죽어도 산다는데, 아직 사망의 문제가 해결되지 않았잖아?

예수님께서는 요한복음에서 "나는 부활이요 생명이니 나를 믿는 자는 죽어도 살겠고 무릇 살아서 나를 믿는 자는 영원히 죽지 아니하리니(요 11:25-26)"라고 말씀하셨다. 신천지인은 이 말씀에 문제를 제기한다. 예수님을 믿으면 죽었다가 살아나야 하는데 실제로는 죽었다 살아난 사람이 없고, 살아서 믿는 자는 영원히 죽지 않는다고 하셨지만 살아서 믿었는데 죽지 않은 사람이 없지 않냐고 묻는다. 이러한 질문을 바탕으로 신천지인들은 이런 일이 없는 이유는 아직 **때가 이르지 않았기 때문이고, 그때가 오면 믿는 사람들은 영원히 죽지 않게 될 것이라** 주장한다.

이러한 주장의 바탕에는 **이 '죽지 않고 사는 때'가 바로 신천지가 도래한 지금 이때라고 주장하려는 의도가 숨어있다.**

> *** 신천지의 주장:**
> **고린도전서의 '죽지 않고 사는 때'에는 이만희를 통해 구원의 나팔이 울려 퍼지고 신천지에서 죽지 않고 영원히 사는 영생불사가 이루어진다.** 고린도전서 15장 51절에 따르면 '이때'는 우리 모두가 마지막 나팔에 순식간에 홀연히 다 변화되는 때다. 이때에는 "죽은 자들이 썩지 아니할 것으로 다시 살아나고, 살아있는 성도도 변화"된다(고전 15:52). 요한계시록 10장 7절에 따르면 이때는 일곱째 나팔의 비밀이 이루어지는 때다. 여기서 나팔은 비유로서 이만희를 상징한다. 결

국 나팔이 울려 퍼지는 것은 이만희를 통해 6천년 동안 봉해졌던 성경의 비밀이 비로소 밝히 증거되는 것을 뜻한다. 따라서 죽지 않고 사는 때를 알리는 구원의 나팔이 이만희를 통해 울려 퍼졌으니 지금이 신천지에 와서 구원을 얻어 육체영생을 할 때다.

그러나 위와 같은 신천지의 주장은 성경적인 해석과는 거리가 멀다. 그렇다면 이러한 내용에 대한 성경적인 해석은 무엇일까?

첫째, 예수님을 믿으면 죽어도 산다는 것은 예수 그리스도께서 부활하신 육체로 이 땅에 재림하실 때 **무덤에 잠자던 성도들이 살아나는 역사**를 뜻한다. 예수님은 죄와 사망의 권세를 깨뜨리고 하나님의 나라를 이 땅에 이루셨지만, 그 나라가 완성되어 이 땅이 완전히 에덴동산으로 바뀐 것은 아니다. 그렇기 때문에 피조세계는 여전히 죽음의 한계 안에 갇혀 생로병사를 경험한다. 그리스도께서 가시적으로 강림하실 때가 되어야만 마침내 그리스도 안에 있는 성도는 무덤에 잠자는 성도이든, 살아있는 성도이든 모두 부활의 몸으로 이 땅에서의 육체의 죽음을 완전히 극복하게 된다.

둘째, 살아서 예수님을 믿는 자는 **영원히 죽지 않는다는 것**은 예수님을 믿음으로써 받게 되는 생명이 육체의 죽음에 의해 사라지지 않고 영원까지 계속된다는 뜻이다.

셋째, 우리가 **사망의 한계를 최종적으로 극복하게 되는 때는 그리스도께서 강림하실 때**다. 우리는 그때를 기다린다.

넷째, 무덤에서 **잠잔다**는 것은 성도가 죽은 후에 **부활을 기다리는 임시적인 상태에 있음**을 뜻한다.

다섯째, 말씀의 순서를 눈여겨보라. **먼저는** 그리스도 안에서 죽
은 자들이 부활의 육체를 입고 살아난다. 그 후에 살아있는 자들의
몸이 **부활의 육체로 변화되어 영원히 산다.**

여섯째, 신천지인들에게는 사망 해결의 문제가 시급하다. 이들
은 자신들이 왕 같은 제사장이 되면 영생불사하고 죽지 않는 몸을
가질 것이라 기대하지만, 갈수록 더욱 많은 신천지인들이 죽어간
다. 신천지인들이 영생불사라고 믿는 총회장 역시 점점 늙고 병들
어간다. 늙어간다는 것은 아직 사망의 권세를 극복하지 못했다는
증거다. 신천지는 이런 죽음의 문제를 해결할 수 없다. 죽음의 문
제는 2천 년 전 부활의 몸으로 승천하신 그리스도가 올라가신 그
대로 이 땅에 강림하실 때 비로소 해결이 가능하다.

> … 너희 가운데서 하늘로 올리우신 이 예수는 하늘로 가심을 본 그
> 대로 오시리라(행 1:11)

9. '이제 구원과 나라와 권세가 이루었다'고 하는데, '이제'가 언제인지 알고 있어?

> 내가 또 들으니 하늘에 큰 음성이 있어 가로되 이제 우리 하나님의
> 구원과 능력과 나라와 또 그의 그리스도의 권세가 이루었으니 우
> 리 형제들을 참소하던 자 곧 우리 하나님 앞에서 밤낮 참소하던 자
> 가 쫓겨났고(계 12:10)

신천지인은 요한계시록에 익숙하지 않은 성도들에게 자신만만 하게 요한계시록 12장 10절의 '이제'가 언제인지를 묻는다. 요한 계시록의 내용 자체도 생소한데, 여기에 신천지식의 '명확한' 해 답을 요구하는 질문을 받으면 성도는 당황하며 어쩔 줄 몰라 한다. 그러면 질문을 던진 신천지인은 '이제'가 언제인지도 모르면서 어 떻게 제대로 된 신앙생활을 할 수 있겠냐며 성도를 질책한다.

* 신천지의 주장:
'이제'는 용이 내어 쫓기는 때이며, 용으로 비유된 멸망자의 장막인 청 지기 교육원이 내어 쫓기는 때를 말한다. 즉 '이제'가 가리키는 때는 청지기 교육원 원장인 탁*환 목사를 비롯한 7목자가 무너지는 때이다. 신천지의 구원도식에 따르면 **배도자**를 멸망시킨 **멸망자**의 장막이 무 너지면 **구원자**가 나타나 거룩한 산 시온에 마지막 시대에 구원을 베 풀 신천지 증거장막 성전을 세우게 된다. 따라서 '이제 구원과 나라와 권세가 이루어졌다'는 것은 배도자, 멸망자가 망하고 구원자의 시대가 열리는 때가 왔다는 것이다.

하지만 이 말씀에서의 **'이제'는 예수 그리스도가 십자가와 부활 로 하나님 보좌에서 밤낮 참소하던 마귀를 내쫓고 몰아내는 승리 의 때**를 가리킨다. 10절을 다시 한 번 살펴보자.

내가 또 들으니 하늘에 큰 음성이 있어 가로되 이제 우리 하나님의 구원과 능력과 나라와 또 그의 그리스도의 권세가 이루었으니 우

리 형제들을 참소하던 자 곧 우리 하나님 앞에서 밤낮 참소하던 자
가 쫓겨났고(계 12:10)

하늘을 울리는 큰 음성은 예수 그리스도가 사탄의 권세를 이기
고 승리한 소식을 선포하는 음성이다. 교회를 비유한 존재인 여인
이 아기, 즉 예수 그리스도를 낳고, 이 아이는 장차 십자가와 부활
의 과정을 거쳐 하나님 보좌 앞으로 나아가 철장의 권세를 받는다
(5절). 이때 하늘에 전쟁이 있어 미가엘과 천사들이 용과 그의 졸
개들과 전투를 벌이고, 결국 용과 그 졸개들은 패배해 하늘에서 내
어쫓기게 된다(7절). 그는 온 천하를 꾀고 하나님 앞에 성도들을
참소하던 자였다(10절). 그러나 이들은 이제 십자가의 죽음과 부
활로 참소할 수 있는 권세를 잃어버리고 이 땅으로 내어쫓긴다. 패
배한 용은 이 땅에서 제한된 기간인 세 때 반, 즉 1,260일 동안 임
시로 권세를 얻고 발악하지만 이미 패배하고 권세가 꺾였기에 큰
힘을 발휘하지 못한다.

5장
비유

신천지인들은 천국 비밀은 비유로 감춰져 있기 때문에 천국 비밀을 깨닫기 위해서는 비유를 깨달아야 한다고 주장한다. 따라서 천국 비밀에 대해 알고 있냐는 질문은 곧 천국에 대한 비유를 깨달았냐는 뜻이다. 신천지에 따르면 **천국 비밀은 곧 비유풀이를 통해 요한계시록의 비밀을 깨달아야 알 수 있는 것**이다. 또한 이들에게 요한계시록의 비밀은 이만희 총회장이 마지막 구원의 나팔로서, 배도자, 멸망자들과 싸워 이기고 **요한계시록을 성취하여 새로운 구원의 증거장막성전, 곧 신천지를 만들었다는 것**이다. 즉 요한계시록을 성취한 것은 이긴자라 자처하는 총회장이고, 말씀대로 성취된 곳이 신천지라는 것이다.

1. 너는 천국 비밀을 깨달았니?

천국 비밀을 깨달았냐는 신천지의 질문에는 무엇이라 답해야 할까? 물론 성도들은 자신 있게 깨달았다고 대답해야 한다. 이 확신은 '천국 비밀', '하나님 나라의 비밀'이 무엇인지 성경을 통해 정확히 확인하고 마음에 새겨야 생기는 법이다. 성경을 펼쳐 천국 비밀, 곧 하나님 나라의 비밀이 무엇인지 직접 확인해 보자. **그것은 바로 예수 그리스도다.**

> 이 비밀은 만세와 만대로부터 옴으로 감추었던 것인데 이제는 그의 성도들에게 나타났고 하나님이 그들로 하여금 이 비밀의 영광이 이방인 가운데 어떻게 풍성한 것을 알게 하려 하심이라 이 비밀은 너희 안에 계신 그리스도시니 곧 영광의 소망이니라(골 1:26-27)

> 이는 저희로 마음에 위안을 받고 사랑 안에서 연합하여 원만한 이

해의 모든 부요에 이르러 하나님의 비밀인 그리스도를 깨닫게 하
려 함이라(골 2:2)

하나님의 비밀은 바로 예수 그리스도이다. 하나님이 통치하시는
나라에 들어가기 위한 길은 예수 그리스도밖에는 없기 때문이다.

예수께서 가라사대 내가 곧 길이요 진리요 생명이니 나로 말미암
지 않고는 아버지께로 올 자가 없느니라(요 14:6)

이것이 비밀인 이유는 세상의 논리로는 예수 그리스도를 이해할
수 없기 때문이다. 십자가에 달려 못 박힌 그리스도께서는 자신을
내어주심으로 도리어 인류의 모든 죄를 사하시고 구원이 되신다.
이것은 세상의 논리로 이해가 불가능한 역설적인 신비다.

십자가의 도가 멸망하는 자들에게는 미련한 것이요 구원을 얻는
우리에게는 하나님의 능력이라(고전 1:18)

우리는 십자가에 못 박힌 그리스도를 전하니 유대인에게는 거리끼
는 것이요 이방인에게는 미련한 것이로되 오직 부르심을 입은 자
들에게는 유대인이나 헬라인이나 그리스도는 하나님의 능력이요
하나님의 지혜니라(고전 1:23-24)

예수 그리스도의 복음의 시작은 마치 겨자씨 한 알 같이 미약해

보인다. 그러나 그것이 살아서 퍼져가며 온 인류를 구원하는 하나님의 능력이 된다. 세상 사람들의 눈에는 예수 그리스도의 십자가의 복음이 미련해 보이고 하찮아 보일 수도 있지만, 이것이 세상을 구원하는 하나님의 능력이요 우리의 소망이다. 이런 면에서 예수 그리스도의 복음은 바로 천국비밀의 핵심이다.

마태복음 13장에 나오는 천국 비밀 역시 예수 그리스도의 복음을 통해 온 세상에 퍼져가는 역설적인 능력의 역사를 설명하기 위한 것이다(참조. 마 4:23, 9:35, 23:14).

2. 너 마지막 때에 예수님께서 천국에 관한 비밀을 비유로 감추셨다는 것 아니?

신천지는 마태복음 13장의 천국 비유가 **천국에 관한 비밀을 비유로 감춘 것**이라 주장한다. 이들은 요한복음 16장 25절을 인용하여 예수께서 비유로 하신 말씀은 **때가 이르면 반드시 밝히 풀리게 된다**고 한다. 그때가 바로 지금, 즉 신천지를 통해 감추었던 비유의 말씀이 드러나는 때라는 것이다.

하지만 **비유는 무언가를 감추기 위한 것이 아니고 드러내고 풀어서 쉽게 이해시키기 위한 도구이자 문학적 장치다.** '비유(比喩)'는 '견줄 비(比)'에 '깨우칠 유(喩)'자로 이루어져 있다. 사전적으로는 '어떤 사물이나 현상을 그와 비슷한 다른 사물이나 현상에 빗대어 표현함'이라고 정의된다. 정리하자면 비유는 어떤 사물이나 현상을 다른 것과 견주어 보여줌으로써 그것을 **보다 쉽게 깨우칠 수 있도록 하기 위한 것**이다.

우리는 무엇 때문에 사물이나 현상을 다른 것에 빗대어 표현할까? 무언가를 감추고 비밀로 하기 위해서인가? 아니다. 도리어 그것을 더 쉽게 이해할 수 있도록 하기 위해서 설명하고자 하는 대상을 우리에게 친숙한 다른 것에 견주어 설명한다. 마찬가지로 예수님은 어떻게 하면 예수님이 선포하신 천국을 사람들에게 이해하기 쉽게 말해줄 수 있을지 고민하셨다. 여기 예수님의 고민을 들어보라.

> 이 세대를 무엇으로 비유할꼬 …(마 11:16)

> 또 가라사대 이 세대의 사람을 무엇으로 비유할꼬 무엇과 같은고 (눅 7:31)

> 그러므로 가라사대 내가 하나님의 나라를 무엇으로 비할꼬(눅 13:20)

이러한 예수님의 고민은 하나님의 나라에 대한 설명을 비유로 감추기 위한 것이 아니라, **어떻게 해서든 일상의 사물이나 현상을 가져와 천국에 빗대어 설명하여 그 비밀을 우리에게 밝히 보여주기 위해서**임을 드러낸다. 그래서 예수님은 팔레스타인에서 농사를 짓던 유대인들을 이해시키기 위해 천국을 농부가 씨를 뿌리고 농사하는 장면에 빗대어 설명하셨고, 갈릴리에서 물고기를 잡는 어부들을 위해 천국을 물고기 잡는 장면에 빗대어 설명하신 것이다.

비유가 어렵게 느껴지는 이유는 빗대어 설명하는 대상에 익숙하지 않기 때문이다. 마치 낫을 한 번도 보지 못한 사람에게 기역이 낫과 비슷한 모양이라고 하면 이를 잘 이해하지 못하는 것과 같다. 그러나 일단 낫이 무엇인지 알고 왜 기역을 낫에 빗대어 설명하는지 알면 이와 유사한 방식의 다른 비유는 쉽게 알아들을 수 있게 된다. 마찬가지로 예수님의 천국 비유도 예수님의 설명 방식에 익숙해지면 더 이상의 설명이 필요하지 않게 된다.

마태복음 13장에는 모두 일곱 개의 천국 비유가 등장한다. 이중에서 처음 말씀하신 두 개의 비유인 씨 뿌리는 비유(13:1-9)와 가라지 비유(13:24-30)는 예수님이 친절하게 그 의미를 설명해 주셨다(13:18-23, 13:36-43). 그러나 그 이후에 말씀하신 겨자씨 비유(13:31-32), 누룩 비유(13:33), 천국보화 비유(13:44), 진주 비유(13:45-46), 그물 비유(13:47-50)에 대해서는 그 의미를 풀어 설명해주지 않으셨다. 왜 그러셨을까? **그것은 굳이 설명하지 않아도 이들이 쉽게 알아들을 수 있었기 때문**이다. 두 개의 비유에 대한 설명을 들은 회중들과 제자들은 별다른 설명 없이도 나머지 다섯 개의 비유의 의미를 다 깨달을 수 있었다. 천국 비유를 모두 말씀하신 후 예수님이 제자들에게 던진 질문과 제자들의 대답을 주목하라.

이 모든 것을 깨달았느냐 하시니 대답하되 그러하오이다(마 13:51)

제자들은 비유풀이가 없어도, 비유를 듣기만 해도 그 안에 설명하려는 것이 무엇인지 곧바로 깨달았다. 비유는 비밀을 감추기 위한 것이 아니다. 비유는 보다 쉽게 많은 사람들을 이해시키기 위한 것이다. 참고로 **요한복음 16장 25절의 때가 이르면 반드시 밝히 드러날 것은 비유가 아니라 예수님의 십자가와 부활**이다. 이에 관해서는 2장 6과 4장 6의 설명을 참조하라.

3. 예수님은 비유가 아니면 말씀하지 않았다고 하셨어. 왜 그랬을까?

* 신천지의 주장:

신천지는 마태복음 13장 34-35절을 인용하여 비유의 중요성과 특별한 의미를 강조한다. 비유는 마지막 때에 성취될 일을 비사로 감춘 것인데, 창세로부터 감추인 비밀들이 마지막 때에 비유를 깨달음으로써 드러난다는 것이다.

예수께서 이 모든 것을 무리에게 <u>비유로 말씀하시고 비유가 아니면 아무 것도 말씀하지 아니하셨으니</u> 이는 선지자를 통하여 말씀하신 바 내가 입을 열어 비유로 말하고 창세부터 감추인 것들을 드러내리라 함을 이루려 하심이라(마 13:34-35)

신천지는 이 구절을 문자적으로 풀이하여 예수께서는 비유로만 가르치셨고, 예수께서 말씀하신 이 비유는 창세로부터 감추인 것

이라고 주장한다. '창세로부터 감추인 것'에 대해서는 시편 말씀을 인용한 것이다.

> 내가 입을 열고 비유를 베풀어서 옛 비밀한 말을 발표하리니(시 78:2)

창세로부터 신천지가 이루어질 것이 비유로 감춰졌다가 6천 년만에 그 비밀이 풀린다는 것이다. 이러한 주장에 힘을 더하기 위해 이들은 이사야 말씀을 가져온다.

> 내가 <u>종말을 처음부터 고하며</u> 아직 이루지 아니한 일을 옛적부터 보이고 이르기를 나의 모략이 설 것이니 내가 나의 모든 기뻐하는 것을 이루리라 하였노라(사 46:10)

신천지는 하나님이 세상을 창조할 때부터 종말의 내막을 감추어 알리셨다고 주장한다. **세상을 창조한 때부터 장래에 이뤄질 신천지의 역사를 알리셨다**는 것이다. **그것이 바로 창세기 1-3장에 있는 창조의 내용**이고, 따라서 창세기에 감춰진 내용은 곧 요한계시록의 배도, 멸망, 구원이며 지금에 와서야 감춰진 비유의 내용이 드러나고 성취되는 시대가 되었다는 것이다. 그리고 이 비유의 비밀이 신천지를 통해 드러나기 때문에, 신천지는 **신천지식의 알레고리 비유풀이를 배워야 한다고 성도들을 설득하고 미혹한다.**

이에 대해 우리는 어떻게 대답할 수 있을까?

첫째, 예수께서 비유로만 말씀하신 것은 마태복음 13장에 한정된 이야기다. 마태복음에는 총 다섯 개의 설교가 등장한다. 산상수훈(5-7장), 제자파송설교(10장), 천국비유(13장), 공동체 설교(18장), 종말설교(24-25장)가 바로 그것이다. 이 중에서 산상수훈, 제자파송설교, 공동체 설교에는 비유가 거의 없다. 물론 이해를 돕기 위해 약간의 비유가 들어가기는 했지만, 대부분의 설교는 비유가 아닌 일반적인 서술로 구성되어 있다. 종말설교에는 종말에 대한 설명과 함께 이해를 돕기 위한 비유들이 24장 후반부와 25장(열 처녀 비유, 달란트 비유)에 등장한다. 따라서 비유로만 말씀하신 것은 13장에 국한된다.

둘째, 비유로 말씀하신 것은 천국에 대한 비밀을 감추기 위한 것이 아니라 오히려 **쉽게 풀어서 알려주시기 위함**이다. 마태복음 13장 34-35절을 다시 한 번 살펴보라. "… 비유가 아니면 아무 것도 말씀하지 아니하셨으니 … 내가 입을 열어 비유로 말하고 창세로부터 감추인 것을 드러내리라 함을 이루려 하심이라." 예수님께서는 비유로 말씀하시는 이유가 **감추인 것을 드러내기 위해서**라고 분명하게 말씀하신다. 그리고 제자들은 이 말씀을 들었을 때 말씀을 모두 이해했다(13:51). 만약 예수님이 비밀을 감추려고 하셨다면, '내가 창세로부터 감추인 것을 새로운 천국 비유로 종말까지 감추리라'고 하셨을 것이다.

비유는 비유에 활용된 문화적 상황에 익숙하다면 그 뜻을 쉽게 파악할 수 있다. 하지만 비유의 맥락을 모른다면 그 비유는 수수께끼처럼 들릴 수 있다.[1] 그래서 예수님은 마태복음 13장에 나오는 7개의 비유 중 처음 두 가지 비유인 씨 뿌리는 비유(마 13:1-9, 10-23)와 가라지 비유(13:24-30, 36-43)를 친절하게 해석해 주셨다. 비유를 처음 접한 사람에게는 이러한 비유가 생소할 수 있기 때문이다. 이 두 가지 비유에 대한 설명을 들은 사람들은 나머지 다섯 개 비유들(겨자씨, 누룩, 밭에 감추인 보화, 진주장사, 그물 비유)의미를 보다 쉽게 이해할 수 있었다. 그랬기에 예수님은 그 의미를 설명하실 필요가 없었다.

셋째, 시편 78편 2절의 '비유를 베풀어 드러내려 한 예로부터 감추어졌던 비밀한 것'은 앞으로 성취될 비밀스런 예언과는 관계가 멀다. 해당 본문과 이어지는 시편 78편 3절을 보면 여기에서의 '비밀한 것'은 우리, 곧 시편 기자인 아삽과 당대의 사람들이 **'들어서 이미 아는 바'**이고, **'조상들로부터 전해들은 것'**이다. 이어지는 4절은 이것이 하나님께서 '그의 백성들을 위해 행하신 능력과 기이한 사적들'이라고 한다. 따라서 시편 78편 2절의 비유는 감추어진 것이 아니라 드러나 알려진 것이다. 여기서 우리는 '비유(히. 마샬)'의 의미를 다시 검토해야 한다.

구약성경에서 말하는 비유는 지혜로운 교훈, 즉 잠언(proverb)을 뜻한다. 예를 들어 '솔로몬의 잠언(잠 10:1, the proverbs of Solomon)'은 히브리어로 직역하면 '솔로몬의 **마샬** 즉 '솔로몬의 **비유**'다. 따라서 여기서 **비유는 지혜로운 교훈으로서, 미련한 자**

---

1 비유가 어떻게 의미의 투명성과 불투명성을 갖는지에 대해서는 양형주, 『정말 구원받았습니까』 2판, 151-173쪽을 참조하라.

가 언뜻 듣기에는 알쏭달쏭할 수 있지만, 명철한 자가 진지하게 들으면 깊은 하나님의 지혜가 담겨있음을 알 수 있는 교훈을 뜻한다 (참조. 시 49:4, 잠 10:1).

시편 78편에는 크게 두 개의 교훈(마샬)이 있다. 첫째는 광야 시대 이스라엘 열조들의 실패에 관한 이야기(시 78:12-39)이고, 둘째는 에브라임 땅에서 열조들이 범한 실패의 이야기(78:40-72)다. 78편 2절에서 말하는 비유와 비밀한 것은 이 두 교훈을 통해 드러난 하나님의 구속사의 교훈과 지혜와 신비를 뜻한다. 그래서 78편 1절은 "내 교훈을 들으며 내 입의 말에 귀를 기울이라"라고 말씀한다. 이 교훈들에 집중하여 귀 기울이면 하나님의 구원의 신비와 경륜을 깨달을 수 있기 때문이다.

넷째, 이사야 46장 10절의 '종말'과 '아직 이루지 아니한 일'은 종말에 이루어질 요한계시록의 배도, 멸망, 구원의 역사가 아니다. 이는 이사야가 기록된 당시의 위기, 곧 유다의 멸망과 구원 역사를 가리킨다. **'처음'**이란 창조 때를 말하는 것이 아니라 하나님이 **유다의 구원역사를 시작할 때**를 가리키고, **종말**은 세상 끝이 아니라 이스라엘 백성을 향한 **구원 역사의 결과**를 가리킨다. 그래서 '종말을 처음부터 고하여'라는 말은 '시작할 때 결과를 미리 밝히며'란 뜻이다. 46장 10-11절에서는 '알리다', '이르다', '부르다'라는 세 개의 서술어가 이어지며 하나님의 구원역사를 진술한다.

그렇다면 하나님이 아직 이루지 않은, '옛적부터 보이신 하나님의 기뻐하는 일'은 무엇인가? 우리는 세 번째에 등장하는 '부르다'라는 표현이 들어간 부분에서 그것이 무엇인지를 알 수 있다. 해당 본문에서 하나님은 동쪽에서 사나운 날짐승을 부르시는데, 이는 먼 나라에서 하나님의 뜻을 이룰 사람을 부르는 것을 의미한다 (11절). 여기서 '사나운 날짐승'은 페르시아 왕 고레스를 가리킨다. '날짐승'은 독수리를 가리키는데, 고레스가 전투에 나갈 때 내걸었던 군기 문양이 독수리였다.[2] 따라서 하나님께서 말씀하신 '아직 구원역사를 시작하기 전부터 고한 아직 이루지 아니한 일'은 하나님이 고레스를 통해 하나님의 구원역사를 이루어 가실 것을 뜻한다.

4. 듣기는 들어도 깨닫지 못하고 보기는 보아도 알지 못하는 이유는 무엇일까?(마 13:14-15)

신천지인은 비유는 6천 년간 감추어졌던 천국의 비밀이기에, 비유를 풀어주는 이가 없으면 듣기는 들어도 깨닫지 못하고 보기는 보아도 알지 못한다고 주장한다. 이들의 주장대로 듣기는 들어도 깨닫지 못하고 보기는 보아도 알지 못하는 이유는 비유가 감추어둔 천국 비밀이기 때문일까? 들어도 깨닫지 못하고 보아도 알지 못하는 보다 근본적인 이유는 무엇인가?

신천지가 이런 주장의 근거로 삼는 마태복음 본문을 살펴보자.

이사야의 예언이 저희에게 이루었으니 일렀으되 너희가 듣기는 들

---

2 존 오스왈트, 이용중 역, 『NICOT 이사야 II』(서울: 부흥과개혁사, 2016), 283.

어도 깨닫지 못할 것이요 보기는 보아도 알지 못하리라 이 백성들의 마음이 완악하여져서 그 귀는 듣기에 둔하고 눈은 감았으니 이는 눈으로 보고 귀로 듣고 마음으로 깨달아 돌이켜 내게 고침을 받을까 두려워함이라 하였느니라(마 13:14-15)

첫째, 이 말씀에 따르면 듣지 못하고 깨닫지 못하는 **핵심적인 이유는 백성들의 완악한 마음 때문**이다(마 13:15). 위 본문에서의 '이사야의 예언'은 이사야 6장 9-10절을 가리킨다. 예수님 당시의 이스라엘 백성들은 이사야의 예언대로 마음이 완악해져서 회개하기를 거부하고, 눈을 감고 귀를 막았으며 예수님께 치유받기를 두려워했다. 백성들이 듣지 못하고 보지 못했던 것은 예수님의 비유의 말씀에 대한 것만이 아니었다. 이들은 예수님의 놀라운 치유의 표적 앞에서도 귀를 막고 눈을 감았다.

이렇게 많은 표적을 그들 앞에서 행하셨으나 그를 믿지 아니하니 이는 선지자 이사야의 말씀을 이루려 하심이라 이르되 주여 우리에게서 들은 바를 누가 믿었으며 주의 팔이 누구에게 나타났나이까 하였더라 그들이 능히 믿지 못한 것은 이 때문이니 곧 이사야가 다시 일렀으되 그들의 눈을 멀게 하시고 그들의 마음을 완고하게 하셨으니 이는 그들로 하여금 눈으로 보고 마음으로 깨닫고 돌이켜 내게 고침을 받지 못하게 하려 함이라 하였음이더라(요 12:37-40)

여기(40절)에서 인용한 이사야의 예언도 난하주에 따르면 이사

야 6장 10절이다. 그렇다면 성경은 비유만 감춘 것이 아니라 표적도 감춘 것인가? 그렇지 않다. 예수님은 이 모든 것들을 사람들이 쉽게 듣고 보고 믿을 수 있도록 베푸셨다. 그럼에도 백성들이 보지도 못하고 듣지도 못한 이유는 무엇보다 마음의 완악함 때문이었다.

둘째, 이런 완악한 마음과 보지 못하는 눈, 듣지 못하는 귀는 구약시대 **시내산에서 율법을 받은 이스라엘 백성들에게서도 확인**된다. 하나님이 이스라엘 백성에게 율법을 주시고 언약을 세우실 때 하나님은 모세를 통해 다음과 같이 말씀하셨다.

그러나 **깨닫는 마음**과 **보는 눈**과 **듣는 귀**는 오늘날까지 여호와께서 너희에게 주지 아니하셨느니라(신 29:4).

이로써 알 수 있는 것은 이스라엘 백성들이 출애굽 때부터 완고하고 목이 곧은 백성이었다는 사실이다. 이것은 이스라엘이 멸망하고 포로로 끌려갈 때도 마찬가지였다(사 6:9-10). 성경은 이들의 귀먹고 눈먼 상태가 메시아가 오기 전까지 계속될 것임을 예고하기도 했다(사 6:11-13).

셋째, 듣지 못하고 깨닫지 못하는 중요한 이유는 백성들이 하나님을 저버리고 우상을 숭배하며 우상을 닮아가기 때문이다. 우상은 눈과 귀가 있어도 살아있는 존재가 아니기 때문에 보지도 못하고 듣지도 못한다. 이런 우상을 섬기는 이들은 우상을 닮는다. 그 결과 우상처럼 보지 못하고 듣지 못하게 된다. 이사야는 여러 곳에서 우상숭배를 하는 이들을 듣지 못하고 보지 못하는 맹인으로 묘사한다.

조각한 우상을 의뢰하며 부어 만든 우상을 향하여 너희는 우리의 신이라 하는 자는 물리침을 받아 크게 수치를 당하리라 너희 귀머거리들아 들으라 너희 소경들아 밝히 보라 소경이 누구냐 내 종이 아니냐 누가 나의 보내는 나의 사자 같이 귀머거리겠느냐 누가 나와 친한 자 같이 소경이겠느냐 누가 여호와의 종 같이 소경이겠느냐 네가 많은 것을 볼찌라도 유의치 아니하며 귀는 밝을찌라도 듣지 아니하는도다(사 42:17-20)

우상을 만드는 자는 다 허망하도다 그들의 기뻐하는 우상은 무익한 것이어늘 그것의 증인들은 보지도 못하며 알지도 못하니 그러므로 수치를 당하리라(사 44:9)

그 나머지로 신상 곧 자기의 우상을 만들고 그 앞에 부복하며 경배하며 그것에게 기도하여 이르기를 너는 나의 신이니 나를 구원하라 하는도다 그들이 알지도 못하고 깨닫지도 못함은 그들의 눈이 가려서 보지 못하며 그 마음이 어두워져서 깨닫지 못함이라(사 44:17-18)

시편 또한 우상을 섬기고 의지하는 자들은 모두 우상을 닮아갈 것이라 선언한다.

저희 우상은 은과 금이요 사람의 수공물이라 입이 있어도 말하지 못하며 눈이 있어도 보지 못하며 귀가 있어도 듣지 못하며 코가 있어도 맡지 못하며 손이 있어도 만지지 못하며 발이 있어도 걷지 못하며 목구멍으로 소리도 못하느니라 <u>우상을 만드는 자와 그것을 의지 하는 자가 다 그와 같으리로다</u>(시 115:4-8)

열방의 우상은 은금이요 사람의 수공물이라 <u>입이 있어도 말하지 못하며 눈이 있어도 보지 못하며 귀가 있어도 듣지 못하며 그 입에</u> 는 아무 기식도 없나니 <u>그것을 만든 자와 그것을 의지하는 자가 다 그것과 같으리로다</u>(시 135:15-18)

넷째, 신약성경에서 말하는 '보기는 보아도 알지 못하는 마음'은 우상에 사로잡혀 하나님의 나라를 깨닫지 못하고 복음을 믿고 받아들이지 못하는 마음이다. 사도 바울은 이런 현상을 복음증거의 현장에서 동일하게 경험했다. 바울은 로마에서 자기에게 오는 이들에게 아침부터 저녁까지 하나님 나라를 증거하고 예수 그리스도께서 주시는 구원의 일을 권면했다(행 28:23). 바울의 말을 듣고 복음을 깨달아 예수를 믿는 이들도 있었지만 믿지 않고 거부하는 이들도 있었다. 이들을 향해 사도 바울은 이사야 6장 9-10절을 그대로 인용하여 다음과 같이 말한다.

서로 맞지 아니하여 흩어질 때에 바울이 한 말로 일러 가로되 성령이 선지자 이사야로 너희 조상들에게 말씀하신 것이 옳도다 일렀으되 이 백성에게 가서 말하기를 <u>너희가 듣기는 들어도 도무지 깨닫지 못하며 보기는 보아도 도무지 알지 못하는도다</u> 이 백성들의 마음이 완악하여져서 그 귀로는 둔하게 듣고 그 눈을 감았으니 이는 눈으로 보고 귀로 듣고 마음으로 깨달아 돌아와 나의 고침을 받을까 함이라 하였으니 <u>그런즉 하나님의 이 구원을 이방인에게로 보내신 줄 알라</u> 저희는 또한 들으리라 하더라(행 28:25-28)

여기서 이스라엘 백성들이 **들어도 깨닫지 못하고 보아도 알지 못한 것은 비유가 아니라 사도 바울이 전했던 하나님 나라의 복음**이었다. 마태복음 13장의 천국 비유 역시 천국을 쉽게 이해하도록 하기 위한 것이었다. 이들이 그 말씀을 보고도 보지 못하고 듣고도 듣지 못한 것은 마음에 우상이 가득 차 있어 완고한 마음으로 예수 그리스도를 배척했기 때문이다.

　다섯째, 유대인들이 복음을 거절한 것에 대해서 로마서 11장 8절은 다음과 같이 증거한다.

기록된 바 하나님이 오늘까지 그들에게 혼미한 심령과 보지 못할 눈과 듣지 못할 귀를 주셨다 함과 같으니라(롬 11:8)

유대인들은 깨닫지 못하는 마음, 곧 혼미한 심령과 보지 못할 눈, 그리고 듣지 못할 귀로 하나님 나라의 복음을 거절해 왔다.

　여섯째, 신명기는 이런 영적 무지 현상, 즉 **보지 못하고 듣지 못하고 깨닫지 못하는 증상을 치유하기 위한 방법**으로 비유에 대한 깨달음이 아니라 **'마음의 할례'가 필요하다고 말한** 바 있다.

네 하나님 여호와께서 네 마음과 네 자손의 마음에 할례를 베푸사 너로 마음을 다하며 성품을 다하여 네 하나님 여호와를 사랑하게 하사 너로 생명을 얻게 하실 것이며(신 30:6)

이 마음의 할례는 이스라엘에게 생명을 얻게 하는 결정적인 역할을 한다. 그렇다면 마음의 할례는 어떻게 일어나는가?

또 새 영을 너희 속에 두고 새 마음을 너희에게 주되 너희 육신에서 굳은 마음을 제하고 부드러운 마음을 줄 것이며(겔 36:26)

마음의 할례는 하나님이 부어주시는 새 영, 즉 하나님의 성령을 통해 일어난다. 성령이 임하시면 굳은 마음이 제거되고 부드러운 마음, 즉 순종하는 마음을 받게 된다.

오직 이면적 유대인이 유대인이며 할례는 마음에 할지니 영에 있고 율법 조문에 있지 아니한 것이라 그 칭찬이 사람에게서가 아니요 다만 하나님에게서니라(롬 2:29, 개역개정)

이를 새번역은 다음과 같이 표현한다.

오히려 속 사람으로 유대 사람인 이가 유대 사람이며, 율법의 조문을 따라서 받는 할례가 아니라 성령으로 마음에 받는 할례가 참 할례입니다. 이런 사람은, 사람에게서가 아니라, 하나님에게서 칭찬

을 받습니다(롬 2:29, 새번역)

이 마음의 할례는 예수 그리스도를 구주로 믿고 받아들일 때 일어난다.

… 또 성령으로 아니하고는 누구든지 예수를 주시라 할 수 없느니라(고전 12:3)

성령께서 나의 마음을 변화시킬 때 우리는 비로소 우리가 죄인임을 고백하고 예수 그리스도를 생명의 주로 받아들여 마음의 할례를 받게 되는 것이다. **따라서 말씀을 바르게 깨닫고 바르게 듣고 바르게 보려면 복음을 듣고 믿어 예수 그리스도께 나아가야** 한다.

5. 천국의 비밀이 허락된 '너희'와 그렇지 않은 '저희'는 누구일까?

신천지는 비유로 감춘 천국의 비밀이 아무에게나 허락된 것이 아니라고 하며, 예수님의 말씀을 인용한다.

* 신천지의 주장:
대답하여 가라사대 천국의 비밀을 아는 것이 너희에게는 허락되었으나 저희에게는 아니 되었나니(마 13:11)

이 말씀에서는 '너희'와 '저희'가 뚜렷하게 대조된다. **'너희'는 예수님의 비유풀이를 듣고 깨닫는 자들**이다. 많은 선지자와 의인이 보고자 해도 보지 못했고 듣고자 해도 듣지 못했지만 '너희'는 특별히 비유와 풀이를 듣고 깨닫도록 택함받은 것이다. **반면 '저희'는 비유도 모르고 풀이도 모르는 자들이다.**

따라서 '너희'는 신천지의 비유풀이를 듣고 깨달은 신천지인을, '저희'는 신천지식 비유풀이를 알지도 못하고 깨닫지도 못하는 기성교회 성도들이다. 결국 비유를 듣고 깨닫는다는 것은 신천지식 비유풀이가 가리키는 궁극적인 실상, 곧 천국이 이루어진 곳이 신천지라는 것을 깨닫고 아는 것이다.

그렇다면 성경에서 예수님이 말씀하는 '너희'와 '저희'는 누구일까?

첫째, '너희'는 예수님을 향하여 마음이 열려 있어 예수님을 믿고 따르는 자들이다. 예수님은 이런 이들을 자신에게로 초대하시고(마 11:28-30), 천국비유가 시작되기 바로 전에 자신의 형제, 자매로 부르신다(마 12:50). **반면, '저희'는 예수님을 거역하고(마 12:32), 배척하고 믿지 않는 사람들(마 13:57-58)**을 가리킨다.

둘째, 천국비밀을 '아는 것(헬. γνῶναι)'은 인지적인 깨달음뿐만 아니라 예수님을 따르는 것을 포함하는 전인적인 앎을 의미한다. 따라서 천국의 비밀을 아는 자가 된다는 것은 천국 비밀의 핵심이 **예수 그리스도이심을 깨닫고 예수를 따르는 제자**를 가리킨다. 다시 말해 **'저희'는 천국의 비밀을 소유하지 못하고 예수님을 따르지**

않는 불신자를, '너희'는 천국의 비밀을 소유하고 예수님을 따르는 제자를 가리킨다는 것이다.

셋째, 예수님은 때로 '너희'를 예수님의 음성을 듣지 않고 믿지 못하는 이들로, '저희'를 예수님을 따르는 이들로 말씀하신다.

> 너희가 내 양이 아니므로 믿지 아니하는도다 내 양은 내 음성을 들으며 나는 저희를 알며 저희는 나를 따르느니라(요 10:26-27)

왜 여기서 '너희'와 '저희'의 의미가 달라질까? 그것은 예수님이 직접 가까이 말하는 상대를 '너희'로, 떨어져 있는 이들을 '저희'로 지칭하시기 때문이다. **따라서 '너희'와 '저희'는 그 자체로는 큰 의미가 없다.**

넷째, 요한복음(10:26-27)에서 '너희'와 '저희'를 구분하는 핵심적인 기준은 천국비유를 깨달았는지 여부가 아니다. 이들 사이의 결정적인 차이는 **예수님의 음성을 듣고 따르는 자인지의 여부**다. '저희'는 예수님의 음성을 듣고 따르는 이들이고, '너희'는 그 음성을 듣지 않고 믿지 않는 이들이다. **이는 하나님 나라의 핵심이 예수님의 음성을 듣고 따르는 데 있음을 의미한다.**

다섯째, 천국의 비밀은 직역하면 **'하늘나라의 비밀들**(the secrets of the kingdom of heaven-NRSV)'이다. 그 **비밀의 핵심은 곧 하늘에 속한 나라가 예수 그리스도를 통해 이 땅에 도래했다는 것이다.** 이 비밀은 하늘나라는 예수 그리스도의 복음의 말씀을 받아들임으로써 시작되며, 이 나라가 이루어지는 과정에서 믿는 자에게 방해와 핍박이 있지만 결국 믿는 자들은 많은 결실과 생명을 얻을 것임을 알려준다. 이 비밀에서 한 가지 더 알 수 있는 것은, 하나님 나라의 시작은 미약해 보이지만 나중에는 그 나라가 온 세상과 열방을 뒤덮게 될 것이라는 점이다.

여섯째, 천국의 비밀은 예수 그리스도의 제자들만 접근할 수 있는 비밀이지만 동시에 다른 사람들에게도 열려 있는 비밀이다. 마가복음은 이를 잘 보여준다.

> 드러내려 하지 않고는 숨긴 것이 없고 나타내려 하지 않고는 감추인 것이 없느니라(막 4:22)

> 감추어 둔 것은 드러나게 마련이고 비밀은 알려지게 마련이다(막 4:22, 공동번역)

> 숨겨둔 것 치고 드러나지 않을 것이 없고, 감추어 둔 것치고 환히 드러나지 않을 것이 없습니다(막 4:22, 새한글성경)

천국의 비밀은 감춰져 있기 위해 존재하는 것이 아니라, 사람이 예수님의 제자가 될 때 그에게 드러나게 하기 위해 존재하는 것이다. 이것이 비밀인 것은 마음이 완악하여 예수를 거부하는 자들에게는 가려져 있기 때문이다. 마음을 열고 예수께 나아간다면 예수께서 가져오시는 하늘나라의 비밀을 알고, 하늘나라를 이 땅에서 살아낼 수 있게 된다(참조. 막 4:23). 그래서 예수께서는 가능한

'저희'가 알아들을 수 있도록 말씀을 가르치셨다.

> 예수께서 이러한 <u>많은 비유로</u> 저희가 <u>알아 들을 수 있는 대로</u> 말씀
> 을 가르치시되(막 13:33).

6. 예수님을 믿어도 비유를 모르면 죄 사함이 없다고 말씀하셨어!

신천지는 비유의 중요성을 강조하기 위해 비유를 모르면 죄 사함을 얻을 수 없다고 주장한다. 이들이 근거로 드는 성경구절은 마가복음 4장 12절이다.

> 이는 저희로 보기는 보아도 알지 못하며 듣기는 들어도 깨닫지 못
> 하게 하여 돌이켜 죄 사함을 얻지 못하게 하려 함이니라 하시고(막
> 4:12)

* 신천지의 주장:
비유를 깨달아야 천국의 실상을 알게 되고, 실상을 깨달아야 천국에 들어가 영생을 얻을 수 있으니, 비유를 모르면 천국에 가지 못한다. 즉 예수님을 믿는 것으로는 영생을 얻기에 충분하지 않다. **예수님을 믿는 것과 비유를 깨닫는 것은 별개의 것**이다.
비유는 초림 때 깨닫는 것이 아니라 종말에 주가 재림하며 비유의 실

상이 성취될 때, 곧 이만희 총회장을 통해 신천지가 세워질 때 온전히
깨달을 수 있다. 그래서 비유를 깨닫게 되면 이긴자가 누구인지를 알
게 되고, 그 이긴자를 통해 새 하늘 새 땅에 들어가 영생을 얻게 된다.

이러한 신천지의 주장에 대해 우리는 어떻게 대답할 수 있을까?
**첫째, 천국 비유의 핵심은 예수 그리스도를 통해 시작된 하나님
의 나라**에 있다. 따라서 **예수님을 믿는 것과 비유를 깨닫는 것은
별개의 것이 아니라 같은 것**이다. 비유의 핵심에는 예수 그리스
도가 있기 때문이다. 따라서 비유를 깨닫지 못하면 죄 사함을 얻
지 못한다고 한다면, 이는 **비유의 핵심인 예수그리스도를 알지 못
하면 죄 사함을 얻지 못한다는 뜻으로 받아들일 수 있을 것이다.**
둘째, 천국 비유는 당대에 이미 그 의미가 밝히 드러났다. 마태복
음에 예수님과 제자의 문답이 이 사실을 증명한다.

> 이 모든 것(비유들)을 깨달았느냐 하시니 대답하되 그러하오이다
> (마 13:51)

예수님은 제자들에게 그동안 가르쳐준 모든 비유들을 깨달았냐
고 물으셨고 제자들은 그렇다고 대답했다. 따라서 비유는 오늘날
에 와서야 그 의미가 풀리는 것이 아니라 2천 년 전 예수 그리스도
에 의해 이미 풀린 것이다. 제자들은 비유를 통해 예수 그리스도를
통해 시작된 하나님 나라에 대해 밝히 알 수 있었다.

7. 너 마태복음에 기록된 네 가지 밭의 의미를 아니?

* 신천지의 주장:

신천지는 천국비유 처음 부분에 나오는 씨 뿌리는 비유(13:1-9)를 언급하며 여기 나오는 길 가(4절), 돌밭(5절), 가시떨기(7절), 좋은 땅(8절)의 네 가지 밭의 의미를 아느냐고 묻는다. 이들이 이런 질문을 하는 이유는 몇 가지로 생각해 볼 수 있다.

첫째, 기성교회는 비유에 대해 모른다고 생각하기 때문이다. 신천지는 기성 교회는 비유를 모르고 가르치지도 않는다고 가르치기에, 신천지인들은 자신감 있게 이 비유에 나오는 네 가지 밭의 의미를 묻는다.

둘째, 신천지인들은 이 비유를 신천지인의 신앙을 나타내는 상징적인 비유로 여기기 때문이다. 이들은 '좋은 땅'을 신천지의 말씀을 깨닫고 온갖 유혹과 시련을 이겨내고 결실하는 사람으로 여긴다. 신천지는 천국으로 가는 길은 좁은 길이기 때문에 천국 백성이 되려면 이 유혹과 시련을 이겨내야 한다고 말한다. '주여, 주여'만 외치는 것이 아니라 끝까지 인내하며 결실해야만 천국에 들어간다는 것이다.

이 부분에 대해 우리는 다음과 같은 논리로 대응할 수 있다.

첫째, 우리는 네 가지 밭의 의미를 확실히 알고 있다. 네 가지 밭의 의미에 대해서는 예수님이 비유를 설명해 주신 본문(13:18-23)에 분명하게 나온다.

우선, 밭은 마음이다(19절). '길가에 뿌려진 것'은 말씀을 깨닫지 못하고 악한 자에게 마음에 뿌려진 것을 빼앗김을 의미한다. '돌

밭에 뿌려진 것'은 말씀을 기쁨으로 받지만 환난과 박해가 일어나면 넘어지는 일을 뜻한다.

'가시떨기에 뿌려진 것'은 말씀을 들으나 세상의 염려와 재물의 유혹에 말씀이 막혀 결실하지 못하는 것이다. '좋은 땅에 뿌려진 것'은 말씀을 듣고 깨닫고 결실함을 말한다.

이러한 비유는 **하나님의 나라가 선포될 때 나타나는 반응의 유형**을 설명하는 것이며, 하나님의 나라는 말씀을 듣고 깨달아 결실하는 자들에 의해 확장되어간다는 것을 나타내기 위한 것이다.

주의할 것은 '밭'은 사람의 마음을 비유한 것이지, 그 자체로 사람을 의미하는 것은 아니라는 사실이다. 예수님은 밭 자체를 사람으로 비유하지 않았다. 이런 저런 밭에 씨가 뿌려지는 상황을 통해 사람의 마음속에서 일어나는 현상을 설명하셨을 따름이다.

둘째, 신천지인은 100배, 60배, 30배의 결실을 전도의 열매로 해석한다. 그렇다면 좋은 땅에 뿌려진 신천지인이라면 전도의 열매가 100배, 60배, 30배는 되어야 한다. **이런 열매가 없으면 열매 맺는 신천지인이라 할 수 없다.** 과연 이러한 해석을 주장하는 신천지인은 전도의 열매를 충분히 맺었을까? 열매가 모자란다는 이유로 누가 제대로 열매를 맺지 못한 것인지를 놓고 서로 다투지는 않는가?

여기서 말씀하는 **결실**은 예수님을 믿고 산상수훈(5-7장)과 같은 **예수님의 가르침에 순종하며 충성하는 삶 가운데 임하는 하나님의 통치**다. 하나님의 통치는 하나님의 능력과 임재 가운데 거하는 제자들의 삶 가운데 이루어진다(참조. 마 28:18-20).

셋째, 네 가지 밭의 비유는 **예수님을 믿지 않고 거부하고 배척했던 유대인들에 대한 성경적 설명을 제공**한다. 마태복음 11-12장에서의 예수님에 대한 유대인들의 반응을 보라. 이들은 회개하지 않고(11:20-24), 예수님의 사역과 제자들에게 의문을 제기하며(12:1-8), 예수님의 이적을 보고도 예수님을 죽이려 하고(12:9-21), 심지어 예수님을 귀신의 왕 바알세불(12:24)이라 비난하며, 표적만을 구한다(12:38-45). 이들의 마음은 길가와 돌밭, 가시떨기와 같다. 즉, 이 비유는 좋은 결실을 맺는 사람에 대한 설명과 더불어 예수님의 선포를 듣고도 거부하는 여러 사람들의 다양한 반응을 함축적으로 나타낸 것이다. 이것은 메시아를 거부하는 사람들을 어떻게 이해할 것인가에 대해 좋은 설명을 제공한다(참조. 롬 9-11장).

8. 마지막 때 추수된 알곡과 가라지의 운명을 아니? 추수 때 알곡이 추수되어 가는 곳간은 어디일까?

신천지인에게 가라지 비유(마 13:24-30, 36-43)는 신앙인의 최종적인 운명을 보여주는 매우 중요한 비유다. 자신들은 주 재림의 때에 알곡이 되어 추수되어 곳간, 즉 신천지에 들어가는 존재인 반면, 기존 교회에 다니는 신앙인들은 가라지로 단에 묶여 풀무불에 던져져 불사름을 당하는 존재라는 것이다.

* 신천지의 주장:

본문에서의 '알곡'은 신천지 말씀공부를 통해 말씀을 깨달은 사람을 가리킨다. 이들은 천사와 같은 존재인 추수꾼을 만나 추수되어 알곡 곳간인 신천지로 들어간다. 신천지는 알곡들만 추수되어 있는 곳이다. 반면 추수되지 못하고 남아있는 가라지들, 곧 기성교회 교인들은 불사르게 단으로 묶여 불로 심판을 당한다.

추수하는 밭은 기성 교회, 즉 '예수교회'를 뜻한다. 예수교회는 예수님이 좋은 말씀으로 좋은 씨를 뿌려놓은 곳인데, 추수 때가 되면 추수꾼들이 교회로 들어가 알곡 교인들을 빼내어 이들을 알곡 곳간인 신천지로 옮겨가도록 추수해야 한다.

이러한 해석은 추수꾼들이 교회로 교묘하게 침투하여 온갖 비상식적인 거짓말과 모략으로 성도들을 미혹하여 신천지 성경공부를 통해 신천지로 빼내가게 하는 성경적 근거가 되었다. 하지만 이러한 해석은 바른 해석도 아니고, 건강한 해석도 아니다.

첫째, 밭은 예수교회가 아니라 '세상(world)'이다. 신천지는 이 밭이 마태복음 13장 24절에서 예수님이 밭을 '제 밭'이라고 한 것에 근거하여 이것이 예수님의 밭, 곧 예수교회를 가리킨다고 주장한다. 하지만 이것은 어디까지나 신천지식 해석이다. 비유 해석의 표준은 예수님이다. 예수님이 제시한 해석의 기준에서 벗어나면 안 된다. 예수님은 이 비유를 해석할 때 밭을 '세상'이라고 해석해 주셨다(마 13:38). 그리고 '제 밭'이라는 말에 대해서는 별도로 해석하지 않으셨다. 이는 비유를 자의적으로 해석해 성경이 엉뚱한 방향으로 해석되는 것을 방지하기 위함이다.

'제 밭'이 예수교회라는 신천지의 해석은 단순히 '제(그의)'라는 소유격에 대한 해석을 덧붙인 것에 불과하다. 그렇게 함으로써 원래의 의도를 교묘하게 비틀어 왜곡한 것이다. 예수님은 온 세상에 대해 이야기하셨지만, 신천지는 이를 '예수교회'로, '종교 세계'로 축소시켰다.

여기서의 '세상'은 헬라어 '코스모스(κόσμος)'다. 신약성경에 '코스모스'가 교회나 종교 세계를 지칭하는 표현으로 사용된 예는 단한 번도 없다. 신약성경에서 '코스모스'는 항상 온 세계와 열방을 뜻하는 단어로 사용된다. 다음의 사례를 보라.

사탄은 예수님을 광야에서 시험할 때 '천하(세상) 만국의 영광'을 보여주었다(마 4:8)
예수님은 제자들을 '세상의 빛'이라고 하셨다(마 5:14)
예수님은 '온 천하(세상)'에 복음이 전파되는 곳에 이 여자가 행한 일도 말하라고 하셨다(마 26:13)
예수님은 사람이 '온 천하(세상)'을 얻고도 자기 목숨을 잃으면 무엇이 유익하냐고 하셨다.
예수님은 '온 천하(세상)'에 다니며 만민에게 복음을 전파하라고 하셨다(막 16:15)
예수님은 부활, 승천하시며 제자들에게 예루살렘, 온 유대, 사마리아, 땅 끝까지 내 증인이 되라고 하셨다(행 1:8). 그리고 예수님의 제자들은 온 세상을 다니며 담대하게 복음을 전했다.

예수님은 '세상'에 와서 각 사람에게 비추는 참 빛이셨다(요 1:9)

예수님은 '세상'죄를 지고 가는 하나님의 어린양이다(요 1:29)

하나님이 '세상'을 너무나도 사랑하셔서 독생자를 주셨다(요 3:16)

하나님이 그 아들을 '세상'에 보내신 것은 '세상'을 심판하려 함이 아니라 '세상'이 구원을 받게 하기 위함이다(요 3:17)

예수님은 세상의 빛이시다(요 8:12)

사도바울은 로마교회의 성도들에게 그들의 믿음이 '온 세상'에 전파됨을 감사한다(롬 1:8)

죄는 율법이 있기 전에도 '세상'에 있었다(롬 5:13)

하나님은 십자가로 세상이 지혜를 미련하게 하셨다(롬 1:20)

이 세상이 자기 지혜로 하나님을 알지 못하기에 하나님은 전도의 미련한 것으로 믿는 자들을 구원하시기를 기뻐하셨다(고전 1:21)

예수님은 부활 승천하여 하늘, 땅, 땅 아래 모든 세상의 주가 되셨다(빌 2:10-11).

이렇게 볼 때 성경에서의 '세상'은 온 '세계(world)'를 뜻한다. 따라서 위 본문에서의 '세상'이 종교세상이라는 신천지의 억지 해석은 결코 들어설 여지가 없다.

둘째, '좋은 씨'는 신천지의 말씀이 아니다. 좋은 씨는 예수님이 선포하신 하나님 나라와 복음으로 하나님의 자녀가 된 '천국의 아

들들(13:38)', 곧 '천국에 속한 사람들'이다. 신천지가 '좋은 씨'는 곧 '천국의 아들들'이라는 예수님의 해석을 애써 부인하며, 이를 '말씀'이라고 주장하는 근거는 무엇인가? 그 근거는 바로 '씨는 하나님의 말씀'이라는 누가복음 8장 11절에 있다. 그러나 누가복음 8장 11절은 네 가지 땅에 떨어진 씨의 비유에 대한 예수님의 해석을 다루는 본문(8:9-15) 사이에 들어있다. 즉 씨가 말씀이란 해석은 가라지 비유에 해당하는 해석이 아니라, 네 가지 땅의 비유에 해당하는 해석인 것이다.

씨가 곧 말씀이라는 해석은 마태복음 13장 18-23절에도 소개된다. 단, 이 해석은 마태복음 13장에서 처음 소개하는 네 가지 땅에 떨어진 씨의 비유에 대한 해석이다. 여기서도 예수님은 씨가 천국 말씀을 의미하는 것임을 명시한다(13:18).

신천지가 굳이 신약에서 가장 처음 확인할 수 있는 마태복음의 해석을 제쳐두고 누가복음 8장 11절의 해석을 취한 이유는 무엇일까? 이는 '씨가 말씀'이란 구절을 마태복음에서 가져올 경우 전후 문맥을 조금만 살펴보아도 이것이 가라지 비유에 대한 해석이 아니라 네 가지 땅에 떨어진 씨앗 비유의 문맥에서 이루어진 것임을 곧바로 알아차릴 수 있기 때문이다. 예수님은 마태복음 13장에서 가라지 비유를 해석해 주시면서 씨는 천국의 아들들(38절), 곧 천국에 속한 사람들이라고 분명하게 말씀하셨다.

신천지가 애써 주장하려는 씨가 곧 말씀이라는 해석은 어떤 함의를 가지고 있을까? 그것은 예수님이 뿌리신 좋은 씨가 곧 신천지식 성경해석이 담긴 말씀이라는 것이다. 그리고 이 말씀은 종말에 성취될 것으로 요한계시록에 기록되었고, 이 말씀이 결실을 거두는 때는 요한계시록이 성취되는 때라는 억지 논리를 펴기 위함이다. 하지만 예수님은 마태복음 13장은 물론이거니와 복음서 전체에서 그 어느 곳에서도 자신이 선포한 복음이 요한계시록 예언이 실상으로 성취되는 말씀이라고 언급하지 않으셨다. 만약 이것이 정말 중요한 것이라면 반드시 명백하게 말씀하셨을 것이다.

그러나 예수님은 말씀을 통해 신천지식 해석과는 다른 해석을 제공하셨다. 신천지는 이를 애써 부정하며 자신들의 입맛에 맞는 성경구절만을 가지고 성경이 말하지 않는 것을 마치 성경에서 말씀한 분명한 것처럼 주장한다. 자의적으로 성경을 왜곡하는 것이다. 우리는 성경이 말씀한 것을 확고히 붙들어야 하지만, 성경이 말하지 않는 것에 대해서는 함부로 말하면 안 된다.

신약 성경은 예수 그리스도의 사역과 죽음과 부활, 그리고 예수 그리스도가 전한 복음에 관해서만 말씀할 뿐이다. 좋은 씨는 예수님께서 말씀하신 대로 온 천하에 다니며 전도한 제자들에 의해 복음을 받아들인 자녀들이다. 좋은 씨가 요한계시록 말씀이라는 언급은 성경에 단 한 줄도 없다. 이는 신천지에서만 들을 수 있는 왜곡된 주장이다.

셋째, 신천지가 주장하는 가라지 비유의 종말 심판은 성경이 말하는 바와 순서가 맞지 않는다. 신천지의 주장에 따르면 종말의 심판 때는 가라지를 먼저 거두어 묶고 불사르게 내어던지고, 그 다음에 알곡들을 천국으로 맞아들인다. 알곡과 가라지 비유의 실상이 신천지에게서 일어난다고 주장하기 위해 이들은 알곡을 추수하여 기성 교회에 있는 성도들을 신천지로 데리고 가면, 남아있는 이들은 결국 교회에 남아 단으로 묶여 지옥불에 던져진다고 주장한다. 그러나 가라지 비유 본문은 다음과 같이 말씀한다.

> … 가라지는 먼저 거두어 불사르게 단으로 묶고 곡식은 모아 내 곳간에 넣으라(13:30).

성경이 말씀하는 바에 따르면 종말에는 먼저 가라지를 불사르게 단으로 묶는다. 그리고 나서 곡식을 모아 곳간에 넣는다. 만약 신천지가 정말 말씀이 성취되는 곳이라면, 먼저 예수교회의 가라지를 묶어 풀무불에 던져 넣은 후 남은 알곡을 거두어 신천지로 데려가야 한다. 그러나 신천지는 이 순서와는 반대로 말하고 있다. 신천지인들은 자신들이 교회에서 알곡 성도들을 먼저 빼내가고 나면, 남은 교회가 장차 심판을 받는다고 주장한다. 그러나 이렇게 주장하는 것은 자신들은 성경을 대놓고 무시하고 따르지 않는 단체임을 드러낼 뿐이다.

9. 가라지를 단으로 묶는다는 것은 어떤 의미일까?(마 13:30)

신천지는 가라지를 단으로 묶는 행위를 기성 교회 성도들이 신천지 추수꾼의 말에 미혹되지 않도록 거짓 목자(기성교회 목사)들이 신천지 교리를 배우지 못하도록 경계하고 신천지에 가지 못하게 막는 것이라 해석한다. 이들이 주장하는 성경의 근거는 다음과 같다.

> 가라지는 먼저 거두어 불사르게 단으로 묶고 곡식은 모아 내 곳간에 넣으라(마 13:30)

이들의 주장에 대해 우리는 어떻게 답변할 수 있을까?

첫째, 가라지를 단으로 묶는다는 것이 무엇을 의미하는지에 대해서는 예수님이 비유를 해석할 때 해석해 주시지 않았던 부분이다. 비유를 해석할 때 우선적으로 고려해야 하는 것은 예수님이 비유 가운데 어떤 부분을 해석해 주어 우리로 알게 하셨는가 하는 것이다. 비유는 본래 말하고자 하는 것을 다른 대상에 빗대어 쉽게 설명하기 위한 문학적 방식이므로, 비유를 통해 본래 청중(독자)을 이해시키려는 핵심적인 내용이 무엇인지를 파악하는 것이 중요하다. 그렇지 않으면 비유는 자칫 모든 단어 하나하나를 알레고리적으로 해석할 수 있는 가능성으로 인해 엉뚱하게 해석되기가 쉽다. 비유를 바로 해석하려면 비유의 핵심 내용이 무엇인지를 중심으로 본문을 이해하면서, **해석되지 않은 부분을 자신의 고정관념을 바탕으로 억지로 해석하지 말아야 한다.**

예수님은 가라지 비유를 해석할 때의 핵심적인 방향을 13장 37-39절에 7가지로 제시하셨다.

① 좋은 씨를 뿌리는 이 = 인자

② 밭 = 세상

③ 좋은 씨 = 천국의 아들들

④ 가라지 = 악한자의 아들들

⑤ 가라지를 뿌린 원수 = 마귀

⑥ 추수 때 = 세상 끝

⑦ 추수꾼 = 천사들

가라지 비유 해석에서 별도로 해석되지 않은 부분들은 다음과
같다.

① 사람들

② 사람들이 잠자는 행위

③ 사람들이 잠자는 때

④ 곡식 가운데

⑤ 덧뿌리는 행위

⑥ 덧뿌리고 '가는' 행위

⑦ 싹이 남

⑧ 가만 두는 행위

⑨ 함께 자라는 것

⑩ 먼저 거두는 행위

⑪ 단으로 묶는 행위

가라지 비유에는 이처럼 별도로 해석되지 않은 부분들도 있다. 성경의 모든 비유를 알레고리적으로 해석할 경우 해석의 오류를 범하기 쉽다. 아무리 논리적으로 풀어낸다고 하더라도 결국은 본문이 의도하는 바와 상관없는 엉뚱한 결론에 다다를 수 있는 것이다. 예를 들어 누가복음에 나오는 과부와 재판장의 비유(눅 18:1-8)를 보라. 예수님은 과부와 재판장 비유와 그 이후에 서술되는 비유의 핵심 내용을 다음과 같이 요약하신다.

> 예수께서 그들에게 항상 기도하고 낙심하지 말아야 할 것을 비유로 말씀하여(눅 18:1)

따라서 과부와 재판장 비유 이후에 등장하는 비유들은 '항상 기도하고 낙심하지 말아야 한다'는 맥락에서 해석되어야 한다. 주목할 것은 본문에서는 비유의 모든 구체적인 인물과 요소들에 대해서는 별도로 해석을 덧붙이지 않는다는 점이다. 만약 신천지식 알레고리 해석을 시도한다면 도시, 재판장, 과부 등의 요소에 대해서도 해석을 해야 할 것이다.

그러나 예수님은 이러한 요소들에 대해 해석하시지 않는다. 어떤 상황에서도 낙심하지 말고 기도해야 한다는 메시지를 전달하는 것이 이 비유들의 핵심 목표이기 때문이다. 비유를 해석하는 데 있어 중요한 것은 비유의 부분적인 요소가 아니라 비유가 던지고자 하는 핵심적인 메시지가 무엇인지에 관한 것이다.

가라지 비유의 의미를 설명할 때, 예수님은 가라지를 묶는다는 것이 어떤 의미인지를 설명하지 않으신다. 이는 이 부분이 비유 전체의 핵심을 이해하는 데 반드시 필요한 내용이 아니기 때문이다. 하지만 본문이 말하지 않은 것에 대해 신천지가 자의적으로 다른 의미를 덧붙인다면 이는 말씀의 해석을 가감한 것이고, 결국 자신들이 의도하는 방향으로 본문을 왜곡하는 행위다.

둘째, 가라지를 단으로 묶는다는 것은 말로 묶는 것을 의미하지 않는다. 여기서 '단'으로 묶는다는 것은 가라지를 모아 **여러 다발로, 번들로(in bundles), 패키지(in packages)로 묶는 것**이다. 이는 운반을 쉽게 하도록 작물을 모으는 일반적인 농사 풍습을 반영한 표현이다. 이를 기성교회 목사들이 성도들로 하여금 신천지로 가지 못하도록 말로 경계시키는 것을 뜻한다고 해석할 근거는 어디에서도 찾아볼 수 없다.

셋째, 만약 이들의 말대로 가라지를 단으로 묶는 것이 기성교회 목사들이 교인들을 말로 신천지에 가지 못하도록 막는 것이라면 **신천지인들은 교회 안에 추수하러 들어오지 말아야** 한다. 왜냐하면 **단으로 묶은 다음에 불사르고, 슬피 울며 이를 가는 역사가 '먼저(30절)' 일어나야 하기 때문**이다. 남은 곡식을 모아 신천지에 들여보내는 일은 그 다음에 일어나는 일이어야 한다. 성경대로라면 가라지가 다 불살라질 때까지 신천지인은 가만히 있어야 한다.

넷째, 신천지는 가라지를 풀무불에 던지는 것이 무엇을 의미하는지를 설명하지 않는다. 신천지의 논리대로라면 기성교회 성도들은 이미 영이 죽은 자들, 즉 가라지들이다. 또한 신천지가 곳간이기 때문에 기성교회는 풀무불을 의미한다고 보아야 자연스럽다.

그렇다면 성도들은 이미 풀무불 속에 있는 셈이고, 그 속에서 슬피 울며 이를 갈고 있어야 한다. 그러나 교회의 성도들은 코로나로 어려운 상황에서도 꿋꿋하게 예수 그리스도의 복음을 전하고 있다. 따라서 가라지를 단으로 묶는다는 것이 성도들이 신천지로 가지 못하도록 기성교회 목사들이 말로 미혹하는 것을 의미한다는 신천지의 주장은 성립할 수 없다.

"

이 책은 신천지에 빠진 영혼을 참된 목자이신 예수 그리스도께로
인도하는 소중한 지침서가 될 것이다
(송민호 목사, 토론토영락교회)

성도들이 신천지 신도들과 맞닥뜨렸을 때 당황하지 않고
대응할 수 있는 매우 실제적인 내용이라는 점에서 의미 깊다
(신현욱 목사, 구리이단상담소)

목회자에게는 최신 정보를, 이단에 빠진 이들에게는 구원의 소망을,
이단을 헤쳐 나온 이들에게는 또 다른 영혼을 향한 간절함을
전달하는 은혜가 임하기를!
(오정호 목사, 새로남교회, 제자훈련목회자협의회(Cal-Net)이사장)

"

6장
주 재림의 징조
- 마태복음 24장

신천지는 마태복음 24장을 '주 재림과 말세의 징조'를 예
언한 소계시록으로 보고 매우 중요하게 다룬다. 이들은
마태복음 24장은 예수님께서 장차 이룰 것을 예언하신 말씀이
고, 이긴자는 계시록 전장을 통해 마태복음 24장이 이루어지는
것을 보고 증거했다고 주장한다. 따라서 신천지인들에게 **마태
복음 24장은 신천지식 계시록 해석의 성경적 토대를 제공하는
본문**이다. 마태복음 24장에 대한 왜곡된 해석은 신천지인들에
게 자신들의 계시록 해석이야말로 2천 년 전 예수님이 예언하
신 말씀을 성취한 실상의 증거라는 그릇된 정당화와 자긍심의
근거를 제공한다. 이들이 무엇을 왜곡하고 있는지 성경을 통해
제대로 살펴보고 답변해 보자.

1. 마태복음 24장은 주 재림의 때와 계시록 성취를 예언한 것일까?

신천지인들이 마태복음 24장을 들고 와서 질문을 던질 때 먼저 해야 할 일이 있다. 그것은 이 말씀이 무엇을 가리켜 한 말씀인가를 확인하는 것이다. 마태복음 24장이 무엇에 관한 말씀인지를 이해 해야만 나머지 질문들에 보다 적절하게 답변할 수 있기 때문이다.

첫째, 마태복음 24장은 예루살렘 성전의 운명에 관한 말씀이다. 이를 이해하려면 21장 23절부터 이어지는 이야기의 흐름을 파악 해야 한다. 24장은 예수께서 헤롯 대왕이 세운 예루살렘 성전에 '들 어가셨다가(마 21:23)', 말씀을 마치고 '나오며(24:1)' 하신 말씀 이다. 그렇다면 성전에 들어가셔서 무슨 말씀을 하셨기에 마태복 음 24장의 말씀이 이어지는지 그 문맥을 살펴볼 필요가 있다.

예수께서 성전에 들어가 가르치실새(마 21:23a)
　① 대제사장들과 장로들이 나아와 가로되 네가 무슨 권위로

이런 일을 하느냐(21:23b)

② 바리새인들이 가서 어떻게 하면 예수를 말의 올무에 걸리게 할까 상의하고(22:15)

③ 부활이 없다 하는 사두개인들이 그날 예수께 와서 물어 이르되(22:23)

④ 그(바리새인) 중의 한 율법사가 예수를 시험하여 묻되(22:35)

⑤ 무리와 제자들에게 말씀하여 이르시되(23:1) - 서기관과 바리새인들을 주의하라

⑥ 화 있을진저 외식하는 서기관들과 바리새인들이여(23:13, 15, 16, 23, 25, 27, 29)

결론 : 내가 진실로 너희에게 이르노니 이것이 다 이 세대에게 돌아가리라(23:36)

예루살렘아 예루살렘아 선지자들을 죽이고 네게 파송된 자들을 돌로 치는 자여… 내가 네 자녀를 모으려 한 일이 몇 번이냐 그러나 너희가 원치 아니 하였도다(23:37)

보라 너희 집이 황폐하여 버린 바 되리라(23:38)

예수께서 성전에서 나와서 가실 때에 …(24:1)

대답하여 이르시되 … 내가 진실로 너희에게 이르노니 돌 하나도 돌 위에 남지 않고 다 무너뜨려지리라(24:2)

예수님은 성전에 들어가셔서 유대 종교 지도자들과 대화하셨다. 이들은 예수님에게 의혹을 제기하고, 예수님을 믿지 않고 거부하며 배척하였다. 예수님은 이런 모습을 보시고 예루살렘 성전에 모인 종교지도자들의 불신앙을 책망하신다. 그러면서 하나님이 그동안 끊임없이 선지자를 보내 이들을 회개시켜 하나님께 돌이키려 했지만, 예루살렘이 이를 원하지 않고 거부한 것으로 인해 탄식하신다. 그리고 마침내 예루살렘 성전의 멸망을 선언하신다.

둘째, 예수께서 말씀하신 '이 세대(마 23:36)'는 예루살렘 성전을 중심으로 모인, 예수님을 배척한 유대 지도자들과 그들을 따르는 백성들을 가리킨다. 예수께서는 하나님이 보내신 선지자들과 메시아를 배척하고 죽인 데 대한 책임과 대가가 반드시 이들에게 돌아갈 것이라고 말씀하시고(23:36), 24장 34절에서는 그 일이 바로 '이 세대'가 지나가기 전에 다 이뤄질 것이라는 점을 한 번 더 강조하신다.

내가 진실로 너희에게 이르노니 이것이 다 이 세대에 돌아가리라 (마 23:36)

내가 진실로 너희에게 말하노니 이 세대가 지나가기 전에 이 일이 다 이루리라(마 24:34)

또한 예수께서는 '이 세대'가 모이는 성전을 '너희 집(23:38)'으로, 성전에 모인 이들을 '예루살렘(23:37)'으로 부르신다. 이는 모두 예수님을 배척했던 당대의 이스라엘 백성을 가리키는 말이다.

셋째, 예수께서는 자신을 배척한 이 세대와 이 세대의 예루살렘 성전을 향하여 성전의 모든 것이 돌 하나도 돌 위에 남지 않고 다 무너질 것이라 선언하신다. 이를 누가복음 본문과 함께 보면 그 의미가 더욱 선명하게 드러난다.

> … 너희가 이 모든 것을 보지 못하느냐 내가 진실로 너희에게 이르노니 돌 하나도 돌 위에 남지 않고 다 무너뜨리우리라(마 24:2)

> 어떤 사람들이 성전을 가리켜 그 미석과 헌물로 꾸민 것을 말하매 예수께서 가라사대 너희 보는 이것들이 날이 이르면 돌 하나도 돌 위에 남지 않고 다 무너뜨리우리라(눅 21:5-6)

넷째, 주의 임하심과 세상 끝은 성전 멸망과 깊은 관련이 있다. 예수께서 성전 멸망에 대한 충격적인 선언을 하시자 제자들은 예수께서 성전 맞은편에 있는 감람산에 가서 성전을 마주 대하여 앉으셨을 때 예수께 조용히 묻는다(막 13:3, 마 24:3). 그 이유는 성전이 멸망한다는 것은 유대 백성으로 감히 입에 담기 어려운 불경스럽고 충격적인 주제이기 때문이다. 제자들은 예수께 두 가지를 묻는다.

어느 때에 이런 일이 있겠사오며 '또 주의 임하심과 세상 끝에는 무슨 징조가 있사오리이까(마 24:3)'

이를 누가복음은 좀 더 단순하게 표현한다.

어느 때에 이런 일이 있겠사오며 '이런 일이 이루려 할 때 무슨 징조가 있사오리이까(눅 21:7)'

누가복음은 마태복음의 '주의 임하심과 세상 끝에 있는 징조'를 좀 더 단순하게 '이런 일'로 표현한다. 여기에서의 '징조'와 '이런 일'은 '예루살렘 성전이 돌 하나도 돌 위에 남지 않고 다 무너지는 일'을 가리킨다. 그렇다면 마태복음은 왜 성전의 무너짐을 주의 임하심과 종말의 징조로 진술했을까? 이를 이해하려면 '주의 임하심'과 '세상 끝(the end of age)'이 무엇인가를 알아야 한다.

먼저, '세상 끝'은 온 세계(world)의 최후가 아니라 한 '시대(age, 헬. αἰών)'의 끝, 곧 성전시대의 끝을 말한다. 성전시대의 끝이라는 것은 율법과 제사의 시대가 끝났음을 뜻하는 것이다. 성전이 멸망하면 더 이상 제사를 드릴 수 없게 되고 율법을 바탕으로 한 시스템은 그 기능을 멈추게 된다.

다음으로, '주의 임하심'의 의미다. 이를 헬라어로는 '파루시아(παρουσία)'라고 한다. 파루시아는 그리스도의 재림을 뜻할 수도 있겠으나, 당시 제자들의 상태를 볼 때 재림을 뜻하는 표현으로 사용된 것 같지는 않아 보인다. 당시 제자들은 예수님의 십자가는 물론이거니와 부활도 제대로 믿지 못하고 있었기 때문이다. 파루시아는 '아푸시아(ἀπουσία)', 즉 '부재(absence)'와 반대되는 '임재' 또는 '현존(presence)'을 뜻한다. 이 단어는 왕이나 고관이 다른 고관이나 지방을 방문하여 행차하는 것과 연관된다.[1]

즉 여기에서의 '파루시아'는 예수님께서 성전시대를 끝내고 새로운 왕으로 임하게 될 것을 말한다. 제자들이 기대한 것은 예수께서 무력으로 로마 제국을 무너뜨리고 새로운 이스라엘의 왕으로 등극하여 약속의 땅을 되찾는 것이었다. 제자들은 예수님께서 제2의 출애굽을 일으키시길 기대했다.

그러나 예수께서 일으키신 출애굽은 십자가의 죽음과 부활을 통해 새로운 영적 이스라엘 백성들을 죄와 사망의 권세에서 구원하는 역사였다. 이 영적 이스라엘은 유대인과 이방인 모두를 포함하는 새로운 이스라엘이다. 성전의 멸망은 예수께서 영적 출애굽, 곧 구원의 역사를 일으키고 죄와 사망의 권세를 이기고 온 세상의 왕으로 등극하셨음을 입증하는 사건이 되는 것이다. 따라서 마태복음 24장의 주의 임하심과 세상 끝은 성전시대의 종식과 예수 그리스도를 통한 새로운 영적 출애굽의 구원시대가 시작되는 것에 대한 말씀이다.

---

1 톰 라이트, 박문재 역, 『예수와 하나님의 승리』(고양: 크리스챤다이제스트, 2004), 527.

2. 나라와 나라, 민족과 민족 간에 일어나는 전쟁이 진짜 전쟁일까? (7-8절)

민족이 민족을, 나라가 나라를 대적하여 일어나겠고 처처에 기근과 지진이 있으리니 이 모든 것이 재난의 시작이니라(마 24:7-8)

신천지는 **예수님의 초림 이후 2천년 동안 지구촌은 수많은 전쟁의 연속이었는데, 그렇다면 왜 예수님은 아직까지 오지 않으셨느냐고 묻는다.**[2]

* 신천지의 주장:

에베소서 6장 12절을 보면, 마태복음 24장의 전쟁은 실제의 전쟁, 육적 전쟁이 아닌 '종교 전쟁', '교리 전쟁'임을 알 수 있다. 그럼에도 불구하고 기성교회 목자들은 이를 육적 전쟁이라고만 주장한다. 요한계시록 12장은 전쟁의 장소를 하늘 장막(계 13:6)이라고 했고, 이 전쟁에서 하나님의 군대와 사탄의 군대가 싸운 결과 용이 쫓겨나고 하나님의 군대가 승리하게 된다.[3] 이때 하나님의 군대가 사용한 무기가 어린 양의 피인 예수님의 말씀과 증거하는 말인 진리(계 12:11)라고 했으니 말세의 전쟁은 영적 교리 전쟁임이 분명하다.[4]

---

2 신천지총회교육부, 『신천지 정통 교리와 부패한 한기총 이단 교리 비교(2): 새 100항 상세반증』, 36.

3 신천지총회교육부, 『신천지 정통 교리와 부패한 한기총 이단 교리 비교: 100항 상세반증』, 21.

4 위의 책, 21.

마태복음 24장에 나오는 전쟁을 진짜 육적, 물리적 전쟁이 아닌 '교리 전쟁'으로 보는 신천지인의 이런 주장은 24장 전체를 해석하는 데 전쟁에 관한 용어를 사용하여 해당 본문을 구원자인 이만희와 멸망자인 청지기 교육원 간의 교리 충돌과 갈등을 묘사하는 알레고리적 설명으로 전환하기 위함이다. 하지만 신천지의 이런 주장은 다음과 같은 측면에서 문제가 있다.

첫째, 여기서 말씀하는 전쟁은 물리적인 전쟁이다. 전쟁의 현장이 성전이라고 해서 이것이 일종의 영적 전쟁, 곧 종교전쟁 또는 교리전쟁을 의미하는 것은 아니다. 이것은 실제로 군대가 성전을 침범하는 사건을 뜻한다. 이방 군대가 성전을 침탈한 일은 유대 역사에 이미 몇 번이고 일어난 바 있다.

(1) 주전 167년 시리아의 왕 안티오커스 에피파네스 4세는 군대를 대동하고 예루살렘 성전에 침입했고, 번제단 위에 제우스 우상의 신상을 세우고 돼지 피를 뿌려 제사를 지냈다.
(2) 주후 40년에 칼리굴라 황제는 예루살렘 성전에 자신의 동상을 세우도록 명령했다(유대고대사 18.8). 당시 시리아 총독 페트로니우스는 유대인들의 대규모 폭동과 반발을 우려하여 군대를 끌고 폭동을 진압하기 위해 팔레스타인으로 갔다.[5] 다행히 황제는 명령 시행일 하루 전날 암살당했고, 황제의 명령은 실행되지 않았다.

---

5 강대훈, 『마태복음(하)』(서울: 부흥과개혁사, 2019), 420.

(3) 주후 67-70년 유대의 열심당의 폭도들을 진압하기 위해 로마 군대는 예루살렘 성을 에워쌌고, 로마의 티투스 장군의 지휘 아래 예루살렘 성은 무너졌고, 유대 성전도 무너지고 말았다. 마태복음 24장의 예언을 기록하는 누가복음 21장은 이 사건을 두고 다음과 같이 말씀한다.

> 너희가 예루살렘이 군대들에게 에워싸이는 것을 보거든 그 멸망이 가까운 줄을 알라(눅 21:20).

이처럼 예수님은 분명히 예루살렘이 군대에 둘러싸이는 육적, 물리적 전쟁을 예고하셨다.

둘째, 역사상 수많은 전쟁이 있었지만 마태복음 24장의 전쟁은 성전 멸망과 관련된 특정한 전쟁을 가리킨다. 왜 성전 멸망과 관련한 전쟁을 말씀하셨을까? 그것은 예수님께서 본문의 바로 이전 부분인 23장 마지막 부분에 선지자와 메시아를 배척한 예루살렘 성의 멸망을 예고하셨기 때문이다.

> 예루살렘아 예루살렘아 선지자들을 죽이고 네게 파송된 자들을 돌로 치는 자여 암탉이 그 새끼를 날개 아래 모음 같이 내가 네 자녀를 모으려 한 일이 몇 번이냐 그러나 너희가 원치 아니 하였도다 보라 너희 집이 황폐하여 버린 바 되리라(마 23:37-38)

더 나아가 예수님은 성전 멸망 이후 자신의 몸으로 새로운 성전

을 세울 것을 예고하셨다.

> 예수께서 대답하여 가라사대 너희가 이 성전을 헐라 내가 사흘 동
> 안에 일으키리라 … 그러나 예수는 성전된 자기 육체를 가리켜 말
> 씀하신 것이라(요 2:19)

즉 예루살렘 성전의 물리적 함락은 구원사의 새로운 단계의 시
작을 위한 사건임을 예고하신 것이다.

**셋째, 마태복음 24장의 전쟁과 요한계시록 12장의 전쟁은 다른
전쟁이다.** 마태복음 24장의 전쟁은 로마 군대가 예루살렘을 무너
뜨리는 전쟁을 예고한 것이다. 예수께서 십자가를 지기 위해 예루
살렘에 들어오실 때 예수님은 예루살렘을 보고 우시며 다음과 같
이 예고하셨다.

> 날이 이를지라 네 원수들이 토둔을 쌓고 너를 둘러 사면으로 가두
> 고 또 너와 및 그 가운데 있는 네 자식들을 땅에 메어치며 돌 하나
> 도 돌 위에 남기지 아니하리니 이는 네가 보살핌 받는 날을 알지
> 못함을 인함이니라 하시니라(눅 19:43-44)

> 너희가 예루살렘이 군대들에게 에워싸이는 것을 보거든 그 멸망이
> 가까운 줄을 알라(눅 21:20)

> 저희가 칼날에 죽임을 당하며 모든 이방에 사로잡혀 가겠고 예루

살렘은 이방인의 때가 차기까지 이방인들에게 밟히리라(눅 21:24)

여기서 이방 군대는 로마 군대다. 여기에서 '군대들'이라고 말씀하신 이유는 예루살렘 함락을 위해 동원된 로마 군단이 5, 10, 12, 15군단의 연합군으로 구성되었기 때문이다. 예루살렘은 동쪽으로 기드론 골짜기가, 남쪽으로는 힌놈 골짜기가 깊이 형성되어 있는 천혜의 요새였다. 이런 예루살렘을 함락시키기 위해 로마 군대는 흙과 돌로 북서쪽 구석, 북쪽, 그리고 서쪽에 토성을 쌓아 올렸다.

토성을 쌓아 공격하는 전략은 유대인들이 예루살렘 함락 이후 피신하여 끝까지 항거했던 마사다 전투에서도 유효했다. 마사다는 유대 광야 동쪽에 해발 450m로 우뚝 솟은 천혜의 요새였다. 로마 군대는 마사다의 험난한 지형 때문에 3년 동안 고전한 끝에, 마사다를 공략하기 위한 거대한 토성을 산의 서쪽에 쌓아 올려 마침내 안식일에 마사다를 정복할 수 있었다.

이와는 달리 **요한계시록 12장은 악한 사탄의 세력이 교회와 성도들을 핍박하는 현장**을 보여준다. 하지만 '하늘'이란 표현이 무조건 하늘의 영적 전쟁을 뜻하지는 않는다.

12장의 무대가 1절에 '하늘'로 소개되지만, 여기서 하늘은 하나님의 보좌가 있는 하늘(Heaven)이 아니다. 그렇다고 태양이 떠오르는 하늘(sky)도 아니다. 이 하늘은 지상의 교회를 상징하는 여인이 있는 무대이자 묵시문학에서 흔히 사용되는, 계시가 펼쳐지는 세계를 지칭하는 용어다.[6] 새로운 계시의 내용이 펼쳐질 때 '하늘에 ~이 보인다'와 같은 방식으로 사용되는 표현인 것이다. 반면 12장 7절에 일어난 전쟁은 하나님이 계신 천상에서 일어난 사탄과 미가엘과의 영적 전쟁이다. 이 전쟁에서 사탄은 패배하여 이 땅에 내쫓긴다(12:9).

13장 6절의 '그의 장막, 곧 하늘에 사는 자들'은 지상의 교회를 뜻한다. 그 이유는 교회가 말씀이 육신이 되어 우리 가운데 장막을 치고 거하는 곳이기 때문이다(요 1:14). 하늘 장막은 하늘에 속한 자가 거하는 장막인 그리스도의 몸 된 교회다. 요한계시록에 나오는 '하늘'은 이처럼 문맥의 흐름에 따라 그 의미가 다름을 기억해야 한다.

3. 마지막 때 기근은 진짜 기근일까? 처처에 기근과 지진이 있으리라는 말씀의 뜻은?(7b절)

마태복음 24장의 전쟁을 영적 전쟁으로 해석하는 신천지는 **전쟁과 함께 찾아오는 기근 역시 육적 기근이 아닌 영적 기근이라 주장**한다.

---

6 양형주, 『평신도를 위한 쉬운 요한계시록 2』(서울: 브니엘, 2019), 27.

* 신천지의 주장:

육적 기근은 인류역사에 늘 있어 온 것인데, 육적 기근이 주 재림의 징 조라면 기근이 있을 때마다 주님이 오신다는 의미일까?[7] 성경은 하나 님의 말씀을 양식이라 했고(요 6장), 하나님의 말씀이 없는 상태를 기 근이라 했다(암 8:11). 그러므로 예수님께서는 마태복음 24장 45-47 절에서 때를 따라 양식을 나눠 주는 충성되고 지혜 있는 종을 보내실 것이라고 약속하셨다. 재림 때는 마태복음 24장에 예언된 것처럼 마 지막 때 먹어야 할 영적 양식, 곧 때를 따라 주시는 양식을 먹고, 이 양식을 나눠줄 지혜 있는 종, 곧 목자를 만나야 한다. 따라서 마24장 의 기근은 지구촌 전반의 육적 기근이 아니라 종교 세계의 영적 기근 을 의미한다.

마찬가지로 마태복음 24장의 지진 역시 실제로 땅이 갈라지는 지진 이 아니다. 지진은 예로부터 지금까지 있어왔는데, 그렇다면 마태복음 24장에 언급된 주 재림의 때를 알리는 징조인 지진과 지금까지 일어 났던 지진은 아무런 차이가 없게 된다. 그렇다면 여기에서의 지진은 육 적 지진이 아니라 영적 지진을 뜻하는 것으로 보아야 하고, 이는 흙으 로 비유된 사람의 마음이 흔들리는 것을 뜻한다(눅 8:15, 고전 3:9).[8]

이들의 이런 주장에 어떻게 대답할 수 있을까?
첫째, 성경은 하나님의 구원 경륜 가운데 육적 기근과 지진을 종

---

7 신천지총회교육부, 『신천지 정통 교리와 부패한 한기총 이단 교리 비교(2): 새 100항 상세반 증』, 38.

8 위의 책, 37.

종 보내신다. 하나님께서는 당신의 말씀에 순종하지 않는 이스라엘에게 기근을 통해 자신들의 죄를 깨닫게 하시곤 했다(신 28:38-42, 삼하 21:1, 겔 14:21). 지진 또한 마찬가지다. 하나님은 지진으로 백성들을 심판하곤 하신다(사 29:6). 또한 지진은 하나님이 이스라엘 가운데 임재하실 때 그의 임재를 가시적으로 보여주는 징표 중 하나다(출 19:18, 왕상 19:11-12).

둘째, 아모스에서는 '여호와의 말씀을 듣지 못한 기갈'이라는 표현이 등장한다. 만약 마태복음 24장의 기근이 육적 기근이 아니라 영적 기근이라면 아모스 8장 11절의 말씀과 같이 분명히 영적 기근임이 명시되어야 한다. 마찬가지로 **지진이 '여호와의 말씀을 듣지 못한 마음의 흔들림'이라면, 마태복음 24장의 본문은 이 지진이 '영적 지진', 또는 '여호와의 말씀을 듣지 못한 지진'이라고 분명하게 말씀했어야 한다.**

셋째, 영적 기근과 영적 지진 역시도 이스라엘 역사 속에 지속적으로 존재했다. 여호와의 말씀을 떠났던 이스라엘 백성들에게는 끊임없이 영적 기근이 있었고 영적인 흔들림과 방황이 있어왔다. 따라서 육적 기근과 지진이 역사 이래 계속 있어왔기 때문에 마24장의 기근과 지진이 육적 기근이 아니라는 논리는 신천지식 주석에 불과하다. 육적 기근과 육적 지진 만큼이나 영적 기근과 영적 지진도 계속해서 존재했었기 때문이다.

넷째, 마태복음 24장의 기근과 지진은 역사 이래 있어왔던 여러 기근과 지진 중 하나를 말하는 것이 아니다. 이는 예루살렘 성전에서 **특정한 시기에 일어날 징조로서의 기근과 지진**을 말씀하는 것이다. 이때의 기근을 유대 역사가 요세푸스는 다음과 같이 기록한다.

한편 예루살렘 성 안에서 기근으로 죽어간 인명의 수는 헤아릴
수 없이 많았으며 그 참상은 형언하기 어려울 정도의 목불인견
이었다. 먹을 양식이 있다는 기미만 보이면 어디서든지 즉각 싸
움이 벌어졌다. 둘도 없는 친구 사이도 예외는 아니었다. 친구
의 먹을 것을 빼앗기 위해 치열한 투쟁도 불사하였다. 먹지 못
해 다 죽어가는 자가 식량이 없다고 말해도 믿는 자들이 없었
다. …그들은 허기진 배를 채우기 위해 무엇이든지 먹었다. 심
지어 만지기조차 역겨운 더러운 짐승들도 잡아먹었다. 그들은
마침내 허리띠나 신발은 물론 방패에 달린 가죽띠까지도 잘라
내 입으로 씹기까지 하였다(유대전쟁사 6.3.3).

**다섯째, 마태복음 24장 7절의 전쟁이 교리 전쟁이 아닌 예루살
렘 성전을 함락시키는 실제적인 육적 전쟁이라면, 이에 따른 기근
과 지진 또한 육적 기근과 지진**이다.

여섯째, 예수님은 재림 때의 징조로서 전쟁, 기근, 지진보다 가
장 우선적으로 거짓 그리스도의 미혹을 말씀하셨다. 재림의 때에
는 '내게 예수의 영이 임해 있다', '내가 마지막 때의 그리스도 곧
메시아다', '내가 이긴자다'라고 스스로 주장하는 이들이 나타날
것이다. 그리고 수만, 수십만의 사람들이 그에게 미혹되어 그가 마
지막 시대의 구원자인 것인 마냥 그를 따라다닐 때, 그때 우리는
비로소 종말이 가까운 것을 알게 된다.

일곱째, 재림의 가장 중요한 징조는 천국 복음이 모든 민족, 온 세상에 전파되는 것이다. 여기서 주목할 것은 '이 천국 복음'이다. 이는 예수께서 가르치셨던 천국 복음, 길이요, 진리요, 생명이신 예수님만을 통해 구원 얻는 복음을 말한다.

4. 멸망의 가증한 것이 무엇인지 아니?(15절)

그러므로 너희가 선지자 다니엘의 말한 바 멸망의 가증한 것이 거룩한 곳에 선 것을 보거든 (읽는 자는 깨달을찐저)(마 24:15)

신천지는 마태복음 24장의 예언이 이루어지는 때가 언제인지도, 사건이 성취되는 현장이 어디인지도 모르기 때문에 기성교회가 위 본문을 자의적으로 해석한다고 비판한다. **마태복음 24장은 세상 끝인 주 재림 때에 관한 예언의 말씀이고, 무너지는 예루살렘 성전(거룩한 곳)은 영적인 것으로서 하나님의 장막이 무너지는 것을 뜻한다**는 것이다. 이들은 갑자기 요한계시록 13장을 가지고 와서 배도한 첫 장막은 일곱 머리 열 뿔을 가진 짐승, 곧 멸망자들의 조직체인 청지기 교육원이며, 장막성전을 멸망시킨 사탄의 거짓 목자, 곧 청지기 교육원을 섬겼던 탁*환, 원*호, 김*두, 한*택, 김*관, 백*섭, 탁*환 등이 바로 그 실체라 주장한다.

이 질문에 대한 성경적 답변은 무엇일까?

첫째, 마태복음 24장의 '멸망의 가증한 것이 거룩한 곳에 선 것

성전 건물들

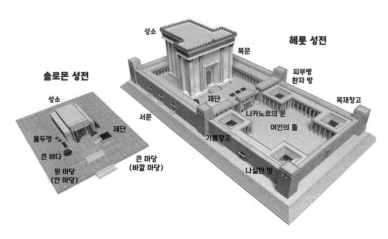

성전 건물들: 여인들의 뜰 전후 좌우로 기름창고, 피부병환자의 방, 나실인의 방, 목재 창고 등이 있다.

을 보는 때'는 예수님과 제자들이 '성전 건물들'이 돌 하나도 돌 위에 남지 않고 다 무너뜨릴 때를 가리킨다(마 24:1-2). 만약 신천지의 주장대로 이것이 첫 장막이라면, **장막은 하나여서는 안 되고 여러 개여야 한다.** 왜냐하면 1절에 분명 '성전 건물들'이라는 복수형을 사용하기 때문이다. 그렇다면 이 '첫 장막'에는 유재열의 첫 장막이 등장한 시기에 박태선에게서 나온 여러 다른 장막들까지 포함되어야 한다.

여기에서의 '성전 건물들'이란 1세기 헤롯이 거대하게 증축한 성전 건물 단지(complex)를 가리키는 표현이다. 이는 성전뿐만 아니라, 성전 주랑, 성전 마당, 그리고 여러 부속건물들을 모두 통칭해서 일컫는 말이다. 따라서 여기서 '멸망의 가증한 것이 설 때'는, 1세기 헤롯 시대의 성전 건물들이 모두 돌 하나도 돌 위에 남지 않고 다 무너질 때를 가리킨다.

둘째, 이 예언을 정확하게 이해하려면 **'선지자 다니엘의 말한 바 멸망의 가증한 것'이 무엇인지 그 원래 의미를 알아야** 한다. 다니엘서에서 '멸망의 가증한 것'이라는 표현은 세 번(9:27, 11:31, 12:11) 등장한다. 각 내용을 살펴보면 다음과 같다.

육십이 이레 후에 기름부음을 받은 자가 끊어져 없어질 것이며 장차 한 왕의 백성이 와서 그 성읍과 성소를 훼파하려니와 그의 종말은 홍수에 엄몰됨 같을 것이며 또 끝까지 전쟁이 있으리니 황폐할 것이 작정되었느니라 그가 장차 많은 사람으로 더불어 한 이레 동안의 언약을 굳게 정하겠고 그가 그 이레의 절반에 제사와 예물을 금지할 것이며 또 잔포하여 미운 물건이 날개를 의지하여 설 것이며 또 이미 정한 종말까지 진노가 황폐케 하는 자에게 쏟아지리라 하였느니라(단 9:26-27)

예순 두 이레 후는, 그 이전의 일곱 이레가 지난 후의 예순두 이레다. 예루살렘 멸망과 바벨론 포로(주전 587년) 후 일곱 이레가 지나서 고레스의 포로 귀환령(주전 538년, 스 1:1-4 참조)이 있었고, 이는 상징적인 예순두 이레가 지난 후다(참조. 단 9:25). 이때 기름부음 받은 자가 끊어진다는 것은 기름부음 받은 유대 제사장 오니야스의 죽음을 뜻한다. 이후 나타나는 한 왕은 헬라제국의 후예인 시리아의 안티오커스 에피파네스 4세다. 그는 3년 반 동안 성전 제사를 폐하고 그곳에 포악하고 가증한 것, 곧 헬라에서 추앙하는 이방 신 제우스의 신상을 성전 제단의 뿔(날개)에 기대어 세우고 가증한 돼지 피로 제사를 지냈다.

군대는 그의 편에 서서 성소 곧 견고한 곳을 더럽히며 매일 드리는 제사를 폐하며 멸망케 하는 미운 물건을 세울 것이며(단 11:31)

여기서 멸망케 하는 미운 물건을 세우는 이는 북방 왕(11:28) 곧 시리아의 안티오커스 에피파네스 4세와 그가 이끄는 이방(헬라) 군대이다. 이들은 성소에 침입하여 매일 드리는 성전 제사를 폐하고, 멸망케 하는 미운 물건을 세우게 될 것이다. 따라서 위 본문은 앞서 9장 26-27절에서 예언한 내용을 또 다시 반복하는 것으로서, 위 내용이 반복된다는 것은 그만큼 이 사건이 유대인들에게 충격적인 사건이었음을 방증한다. 심지어 이 내용은 12장 11절에 한 번 더 등장한다.

> 매일 드리는 제사를 폐하며 멸망케 할 미운 물건을 세울 때부터 일천이백구십 일을 지낼 것이요(단 12:11)

이처럼 다니엘서에서는 '잔포하여 미운 물건', '멸망케 하는 미운 물건', 그리고 '멸망케 하는 미운 물건'등 '미운 물건'이라는 표현이 반복적으로 등장한다. 우리말 표현은 조금씩 다르지만 이는 마태복음 24장 15절이 말한 바, '멸망의 가증한 것'을 가리킨다. 멸망케 할 가증한 것에 관한 사건은 신구약 중간기에 있어 가장 충격적인 사건이자 상징적인 사건이었으며, 이 사건에 대한 서술은 외경인 마케베오상에도 등장한다.

> 백사십오년 기슬레우월 십오일에 안티오쿠스 왕은 번제 제단 위에 가증스러운 파멸의 우상을 세웠다. 그러자 사람들은 유다의 근방 여러 도시에 이교 제단을 세우고(마카베오상 1:54a)

따라서 '멸망의 가증한 것'은 역사적으로 안티오커스 에피파네스 왕이 번제 제단 위에 세운 가증스러운 파멸의 우상, 곧 제우스(주피터) 신상을 가리킨다. 이 사건은 예수님 시대에 모든 백성들이 알고 있는 충격적이고 치욕적인 역사적 사건이었다. 그렇다면

로마 군단기의 상징, 독수리 (구글 이미지 참고)

마태복음에서 말하는 '멸망의 가증한 것'은 이와 유사한 사건을 예고하는 것으로 보아야 한다. 즉 이방의 지도자(왕, 장군)가 군대를 끌고 성전을 침입하여 그곳에 우상의 상징을 세우고 제사를 금지하는 것이다.

이런 일은 언제 또 일어났는가? 바로 주후 70년에 일어났다. 로마 군대는 예루살렘 성에 토성을 쌓고 성벽을 뚫었으며, 예루살렘 성전까지 침입했다. 로마 군대는 로마를 상징하는 독수리 깃발을 동쪽 문 맞은편에 있는 성전 뜰로 가지고 들어왔다. 유대 역사가 요세푸스는 이를 다음과 같이 기록한다.

로마군은 강도들이 예루살렘 시내로 도주하자 성전 본당은 물론 인근 모든 건물들을 불사른 후 군기들을 앞세우고 성전으로 들어와 그것들을 성전 동쪽 문 맞은편에 세워 놓았다. 로마 병사들은 그곳에서 군기들에 제물을 바친 후에 기쁨의 큰 환호성을 지르며 티투스를 황제로 선포하였다(유대전쟁사. 6.6.1)

예수님이 다니엘서의 예언을 인용하여 이 사건을 예언하신 것은 사건이 다니엘서에서 예언했던 일과 비슷한 패턴으로 이루어질 것이기 때문이었다. 이것이 바로 멸망의 가증한 것이 말하는 참실상이다. 이는 일반 유대 역사가 요세푸스의 기록을 보면 객관적 사실로 확인된다.

5. 유대에 있는 자들은 산으로 도망하라 하셨는데, 그 산이 어떤 산인지 아니?(16절)

신천지는 이 산은 구원의 산인데, 만일 이 산이 실제로 존재하는 산이라면 지구촌 한가운데 요한계시록 7장의 묘사대로 **셀 수 없는 큰 무리의 구원받을 성도들을 수용할 수 있는 거대한 산이어야 한다고 주장한다. 그러나 그런 산은 존재하지 않기 때문에 이 산은 실제로 존재하는 산이 아닌 어떤 곳을 비유한 것으로 보아야 한다**고 신천지는 주장한다.

이에 따라 예언서의 산은 흙으로 창조된 사람이 많이 모인 조직체, 곧 교회를 말한다는 것이 신천지의 견해이다. 신천지는 영적인 산을 세 가지로 분류한다. 배도의 산, 멸망의 산, 구원의 산이다. 이

중 본문의 산은 구원의 산, 구원의 처소인 영적 시온산, 곧 신천지다. 이런 주장에 대한 바른 답변은 무엇일까?

첫째, 성경에서 하나님의 재앙이 쏟아질 때 사람들이 육적 산으로 피한 예를 종종 찾아볼 수 있다.

* 소돔과 고모라가 멸망당할 때 하나님은 롯에게 "산으로 도망하여 멸망함을 면하라(창 19:17)"라고 하신다.

* 기생 라합은 가나안 정탐꾼들에게 산으로 가서 사흘을 숨었다가 도망가라고 한다(수 2:16).

* 이스라엘은 미디안의 침공으로 산으로 도망가 산에서 웅덩이와 굴과 산성을 만들었다(삿 6:2).

둘째, 역사적으로 시리아의 안티오커스 에피파네스 4세가 유대인들에게 배교를 강요하고 우상숭배를 강제할 때, **경건한 유대인들은 산으로 도망갔다.**

그리고 마따디아는 거리에 나서서, "율법에 대한 열성이 있고 우리 조상들이 맺은 계약을 지키려고 하는 사람은 나를 따라 나서시오." 하고 큰소리로 외쳤다. 그리고 나서 그는 모든 재산을 그 도시에 버려둔 채 자기 아들들을 데리고 산으로 피해 갔다(마카베오상 2:27-28).

그 때에 유다 마카베오는 동지들과 함께 광야로 물러가서 들짐승처럼 산에서 살았다. 그들은 거기에서 자기 몸을 더럽히지 않기 위해 오직 풀을 음식삼아 먹고 살았다(마카베오하 5:27).

셋째, 이 말씀은 일차적으로 성전이 돌 하나도 돌 위에 남지 않고 무너지는 때에 **'유대에 있는 자들', 즉 그리스도를 믿는 제자들을 향해 주신 말씀**이다.

넷째, 유대에 있는 자들에게 **산으로 도망하라고 하신 이유는 로마 군대의 침공으로 예루살렘에 있다가는 자칫 떼죽음을 당할 수 있기 때문**이었다. 유대 역사가 요세푸스는 이 기간에 포로로 잡힌 유대인의 수가 9만 7천명, 사망자는 110만 명에 달했다고 보고한다(유대전쟁사 6.9.3.). 포로로 잡힌 이들 중 많은 이들이 전염병으로 인해 죽었고, 나중에는 기근으로 떼죽음을 당했다. 예루살렘 지하 동굴로 피신했던 유대인들 중 2천 명 이상이 그곳에서 기근과 염병, 살인으로 이미 죽어 있었다. 로마군은 유대인들이 보이는 대로 무차별적인 학살을 저질렀다(유대전쟁사 6.9.4.). 이러한 이유로 당시 예루살렘과 그 인근에 남아있다는 것은 곧 죽음을 의미했다.

다섯째, 따라서 이 말씀에서 도피처로 언급된 산은 절대 시온산(계 14:1)일 수 없다. **시온산은 예루살렘 성전이 있는 산이기에 시온산에 있다가는 로마 군대에 죽임을 당할 뿐 아니라, 성전이 불탈 때 함께 불에 타 죽게 된다(참조. 단 9:16). 결국 이 말씀은 오히려 시온산에 있는 성전이 무너질 때 다른 안전한 산으로 도망하라는 말씀이다.** 만약 도망가려면 로마 군대의 영향이 없고, 조용하고, 신

앙의 자유가 보장되고 핍박
이 없는 요단 동편의 산으
로 가야 한다.

여섯째, 교회사가 유세비
우스는 **이때 유대의 그리스
도인들이 실제로 요단강 동
편의 산으로 도망하였음을
기록한다.**

펠라와 헬라화된 10개 도시 데카 폴리스(원표시)

그리고 예루살렘 교회
는 전쟁이 벌어지기 전
에 신앙이 인정된 사람
들에게 주어진 신적 계
시에 따라 예루살렘을 떠나 <u>요단 강 건너 펠라(Pella)라는 마
을로 옮겨갔다.</u> 그리하여 그리스도를 믿는 사람들이 모두 예루
살렘에서 떠나 거룩한 사람들이 예루살렘과 온 유대 땅을 버
렸을 때에, 그리스도와 그의 사도들에게 가한 유대인들의 죄악
으로 인한 하나님의 공의가 유대인들에게 임하여 그 악인들의
세대를 땅에서 완전히 멸망시켰다(유세비우스의 교회사 3.5).

펠라(상단 그림 참고)는 예루살렘에서 떨어져 있고, 요단 동편에
있기에 로마 군단의 위협으로부터 많이 벗어나 있는 도시다. 게다
가 펠라는 로마가 세운 자유로운 10개의 헬라화 도시인 데카 폴

리스(데가볼리)였기에 신앙의 자유가 상당히 보장된 곳이었다. 비잔틴 시대에는 이 펠라가 데가볼리 중 가장 번성한 곳이기도 했다. 펠라는 요단강에서 동쪽으로 5km정도 떨어진 곳에 위치한 산 위에 우뚝 솟은 도시다. 참고로 요단 동편은 산지 지형으로 이곳의 도시는 대부분 산 위에 우뚝 솟아 있었다. 예수님은 제국 군대의 위협을 피해

산위의 도시 펠라 전경

가능한 안전한 산으로 도피하라고 말씀하신 것이다.

일곱째, 성경은 그 어느 곳에서도 '영적 산'이란 표현을 사용하지 않는다. 신천지는 예언서의 '산'을 흙으로 창조된 사람이 많이 모인 조직체인 교회라고 해석한다. 하지만 이는 신천지식 비유풀이 공식에 따른 주석에 불과하다. 게다가 '배도의 산', '멸망의 산', '구원의 산'은 성경 그 어느 곳에서도 나와 있지 않은 내용이다.

6. '아이 밴 자'와 '젖 먹이는 자'에게 화가 있으리라는 것은 무슨 뜻일까?(19절)

신천지는 만약 이 말씀을 문자 그대로 해석한다면 마지막 때는 결혼해서도, 임신해서도 안 된다는 말인데, 기성 교회 목사들은 왜 결혼도 하고, 아이도 낳고, 자녀들까지 다 결혼을 시키고, 젊은 커플들의 주례를 숱하게 담당하기까지 하느냐고 비판한다. 이러한 비판을 전제로 신천지는 본문을 비유로 풀어 설명한다. 즉 **아이 밴 자는 말씀의 씨로 성도를 잉태한 목자를, 젖 먹이는 자는 영적인 씨(말씀)로 난 성도들에게 젖과 같은 말씀을 먹이는 기성교회의 목사와 전도자를 뜻한다는 것이다.**[9]

그러나 이 본문은 역사적으로 일어날 사실을 예언한 것이다. 예루살렘이 멸망당할 때 로마 군대는 예루살렘을 포위했고, 이스라엘 사람들은 예루살렘 성문을 봉쇄했다. 그렇게 성문을 걸어 잠그고 로마에 저항하며 버텼으나 결국 식량이 떨어진데다가 기근까지 겹쳐 예루살렘의 주민들은 큰 어려움을 겪었다. **굶주림의 가장 큰 피해자는 힘없는 임산부와 어린 아이를 젖먹이는 여인들**이었다. 유대 역사가 요세푸스는 이러한 상황을 다음과 같이 기록한다.

> 유대인들이 예루살렘을 빠져 도망쳐 나갈 수 있는 가능성은 완전히 사라졌다. 게다가 갈수록 기근이 심해져 굶주림으로 죽어

---

9 신천지총회교육부, 『신천지 정통 교리와 부패한 한기총 이단 교리 비교: 100항 상세반증』, 22.

가는 자들이 없는 가정이 없게 되었다. 그리하여 다락방은 굶
주려 죽은 부녀자들과 아이들의 시체가 가득하였으며 … (유
대전쟁사 5. 12. 3.)

요세푸스는 당시 예루살렘 성 안에 거주하던 엘르아잘의 딸 마
리아의 비극적인 이야기를 다음과 같이 전한다.

이 여인은 부유했으며 명문 출신의 유력 인사로서 다른 백성들
과 함께 예루살렘으로 피신해 왔다가 이 당시 예루살렘에 포위
되어 있었다. 마리아가 베뢰아에서 가져온 모든 재산은 이미 모
두 빼앗기고 남은 것이 없었다. … 굶주림의 고통이 창자와 뼈
속까지 미치게 되자 이제는 더 이상 음식을 찾아 나설 힘조차
없게 되었다. 그녀는 너무나 허기진 나머지 배를 채우고 싶은
욕망으로만 가득 차게 되었다. … 그녀는 아들을 죽였다. 그녀
는 죽은 아들을 구운 후에 반은 먹고 나머지 반은 몰래 감추어
놓았다(유대전쟁사 6. 3. 4).

**아이 밴 자와 젖먹이는 자들에게 임했던 화는 역사적 사실이고,
이미 성취된 실상**이다. 이 일이 일어나는 마지막 때, 곧 '세상 끝'
은 서두에 언급했던 것처럼 성전시대의 종말을 말한다.

7. 육체의 구원을 위해 감한 환난 날이 얼마인지 아니? (21, 22절)

＊ 신천지의 주장:

신천지는 예레미야 25장 11절의 "이 나라들은 칠십 년 동안 바벨론 왕을 섬기리라"라는 구절을 인용하여 원래 하나님이 작정하신 포로기간은 70년 동안인데, 70년은 너무 긴 시간이어서 그 기간을 감하지 아니하면 모든 육체가 고통을 견딜 수 없기에, 택하신 자들을 위하여 그날들을 감하셨다고 주장한다(마 24:22). 그렇다면 그 감한 환난 날은 얼마나 될까? 신천지는 요한계시록 13장 5-6절의 큰 짐승이 하나님의 장막에 거하는 이들을 42개월 동안 훼방할 권세를 받았는데, 이 3년 6개월이 70년에서 감해진 환난 날이라고 주장한다.

그렇다면 육체의 구원을 위해 감한 환난 날은 무엇이며, 그 기간은 언제일까?

첫째, 이는 로마 군대가 유대와 전쟁을 시작해서 마침내 예루살렘 성전이 무너지기까지의 대략 3년 반 정도의 기간이다. 특히 주후 70년, 전쟁의 막바지에는 로마 군대가 다섯 달 동안(70년 4월 14일-9월 8일) 예루살렘을 포위하고 토성을 쌓았다. 이 마지막 다섯 달 동안에는 식량이 떨어져 극심한 기근과 전쟁으로 많은 이들이 죽어나갔다. 유대 역사상 이보다 더한 환난은 이전에도 없었고 또 다시 볼 수도 없을 정도로 참혹했다.

예루살렘 함락 전쟁은 좀 더 정확하게 말하면 3년 3개월(주후

66년 6월 6일-70년 9월 8일) 동안 계속되었는데, 특히 마지막 한 달여의 기간은 그 고난이 극심했다. 만약 이것이 2-3개월 정도 더 길어졌다면 그 피해는 훨씬 더 극심했을 것이다. 로마 군대는 예루살렘 공격을 위한 토성을 쌓기 위해 주변의 나무와 기타 토성에 필요한 재료들을 긁어모으다시피 했기에 예루살렘이 세워진 시온산 주변의 산들은 벌거숭이산으로 황폐하게 되었을 정도였다(유대전쟁사 5.12.4). 로마 군대는 재료가 확보되지 않으면 토성 쌓기를 멈추기도 했지만, 할 수 있는 한 서둘러 토성을 쌓았고 그 기간을 단축하여 마침내 예루살렘 성전을 무너뜨렸다.

둘째, 예레미야 25장 11절의 말씀은 이스라엘 백성이 포로로 끌려가 있다가 나올 때까지의 기간이 70년일 것임을 예언하는 말씀이다. 역사적으로 이스라엘은 바벨론에서의 70년간의 포로생활을 견뎌내고, 페르시아의 왕 고레스의 조서에 의해 본국으로 귀환한다. 이스라엘 백성들은 고레스로부터 성전건축에 필요한 많은 물품들을 후원받아 이스라엘 땅으로 돌아오게 되는데(스 1:6-11), 이때 약속의 땅으로 귀환하는 이들의 명단은 에스라 2장에 자세히 등장한다.

셋째, 멸망의 가증한 것이 선 이후 이스라엘에게 임할 환난을 예고한 다니엘서 9장 27절의 말씀은 70년이 아니라 한 이레(7일)의 절반, 즉 3일 반의 기간을 이야기한다. 이것을 상징적인 연일계산법으로 바꾸면 3년 반이다. 즉 다니엘서가 예고한 환난의 기간은 70년이 아닌 3년 반인 것이다.

넷째, 다니엘서의 멸망의 가증한 것이 선 이후의 3년 반의 예언

은 **이미 성취된 실상**이다. 성전을 점령한 지 3년 반이 지난 후 시리아의 안티오커스 에피파네스 4세는 죽음을 맞이하고, 이스라엘에 대한 핍박은 멈추게 된다. 이를 외경 마카베오상은 다음과 같이 증언한다.

> 백사십오년 기슬레우월 십오일에 안티오쿠스 왕은 번제 제단 위에 <u>가증스러운 파멸의 우상</u>을 세웠다. 그러자 사람들은 유다의 근방 여러 도시에 이교 제단을 세우고(마카베오상 1:54a)

다섯째, 요한계시록의 3년 6개월은 다니엘서의 한 이레의 절반과는 다른 기간이다. 이 기간은 예수 그리스도(아이)가 부활, 승천하고 용이 하늘보좌에서 쫓겨나 **이 땅의 교회를 핍박하는 일이 시작된 이후 그리스도의 재림 때까지의 제한된 핍박을 상징하는 기간**인 것이다. 이것이 3년 6개월, 1260일(계 12:6, 11:3), 마흔두 달(계 11:2, 13:5), 한 때와 두 때와 반 때(계 12:14)로 표현되는 이유는, 이 기간이 다니엘서에서 가지는 상징적인 의미 때문이다. 다니엘서에서의 3년 6개월은 우상숭배의 핍박이 시작된 이후 제국이 멸망할 때까지의 기간을 상징적으로 나타낸 것이다. 요한계시록에서는 이를 교회가 그리스도의 재림 때까지 복음이 증거 되는 기간으로 진술한다.[10] 결국 **신천지의 주장은 서로 다른 말씀을 하는 성경구절들을 자의적으로 조합한 주장일 뿐, 성경의 본래 의**

---

10 양형주, 『스토리 요한계시록』(서울: 브니엘, 2021), 160.

미와 관계가 없다.

8. 해, 달, 별이 떨어진다는 것이 무슨 뜻일까? (29절)

그 날 환난 후에 즉시 해가 어두워지며 달이 빛을 내지 아니하며
별들이 하늘에서 떨어지며 하늘의 권능들이 흔들리리라(마 24:29)

신천지는 종말에 하늘에서 해, 달, 별이 떨어지는 것이 과연 실
제로 일어날 일인가에 대해 문제를 제기한다.

만약 **해만 어두워져도 지구상의 모든 생명체들은 다 죽고 사람
은 살 수 없게 될 텐데, 그렇다면 그 후에 예수님이 그의 택하신 자
들을 모으려 다시 오시더라도 모을 사람이 아무도 없을 것**이라고
한다. 게다가 구약 예언의 말씀에도 하늘의 해와 달이 어두워지고
별이 떨어진다는 말씀이 있다(사 34:4, 욜 2:31). 그럼에도 구약
이 이루어진 초림 때나 지금이나 해, 달, 별은 그대로 떠 있다. 이
러한 논리를 바탕으로 신천지인들은 다음과 같은 질문을 던진다.
"그렇다면 과연 해, 달, 별이 떨어진다는 것은 무엇을 의미할까?"

이러한 질문은 신천지식 비유풀이의 우월함을 제시하기 위한 것
이다. 만약 이 질문을 듣는 사람이 해, 달, 별이 떨어진다는 것의
의미를 모른다고 할 경우 신천지인들은 성경공부를 통해 이들이
해석하는 비유풀이를 배우자고 제안한다. 그렇다면 신천지는 해,
달, 별이 떨어진다는 것을 어떻게 풀이할까?

* 신천지의 주장:

해, 달, 별이 떨어진다는 것은 **육적인 천재지변이 아니라 영적 천재지변**이다. 요셉의 꿈(창 37:9-11)을 보면 **구약시대에 해, 달, 별은 하나님의 선민을 상징하고, 해, 달, 별이 있는 곳은 하늘이니 이는 하나님의 선민이 있는 장막(교회)을 뜻한다.** 따라서 **해, 달, 별이 떨어진다는 것은 선민 장막이 무너지는 사건**이다. 이는 구약시대에는 이스라엘이 무너진 사건으로, 예수님의 초림 때는 세례요한의 장막이 무너진 사건으로 나타났으며, **재림 때에는 (유재열의) 첫 장막 곧 장막성전이 무너진 사건으로 나타났다.** 여기에서 해는 빛의 근원으로서 빛을 발하는 목자를 뜻하고, 해의 빛을 반사하여 빛을 발하는 달은 목자에게 말씀을 받아 전하는 전도자를, 별들은 성도를 비유한 것이다.

그렇다면 과연 성경이 말하는 해, 달, 별이 떨어진다는 것은 무엇을 의미하는 것일까?

첫째, 구약에서 해, 달, 별이 떨어지는 사건은 선민의 장막이 무너지는 것이 아니라 이방 성읍과 나라들이 무너지는 사건이다. 마태복음 24장 29절은 일월성신의 추락에 관한 구약의 두 본문에서 온 것이다. 하나는 이사야 13장 10절이고, 다른 하나는 34장 4절이다. 이를 하나하나 검토해 보자.

먼저, 이사야 13장 10절이다. 여기서 하늘의 해, 달, 별이 떨어지는 것은 선민 이스라엘의 장막이 아니라 바벨론의 멸망을 상징하는 이미지다. 전후의 문맥을 살펴보면 다음과 같다.

아모스의 아들 이사야가 바벨론에 대하여 받은 경고라(사 13:1)

… 여호와의 날 곧 잔혹히 분냄과 맹렬히 노하는 날이 임하여 땅을
황무케 하며 그 중에서 죄인을 멸하리니 하늘의 별들과 별 떨기가
그 빛을 내지 아니하며 해가 돋아도 어두우며 달이 그 빛을 비취지
아니할 것이로다 내가 세상의 악과 악인의 죄를 벌하며 교만한 자
의 오만을 끊으며 강포한 자의 거만을 낮출 것이며… 보라 은을 돌
아보지 아니하며 금을 기뻐하지 아니하는 메대 사람을 내가 격동
시켜 그들을 치게 하리니 … 오직 들짐승들이 거기 엎드리고 부르
짖는 짐승이 그 가옥에 충만하며 타조가 거기 깃들이며 들 양이 거
기서 뛸 것이요 그 궁성에는 시랑이 부르짖을 것이요 화려한 전에
는 들개가 울 것이라 그의 때가 가까우며 그의 날이 오래지 아니하
리라(사 13:9-11, 21-22)

이사야 34장 4절에도 이와 유사한 해, 달, 별에 대한 말씀이 나
온다.

대저 여호와께서 만국을 향하여 진노하시며 그들의 만군을 향하
여 분내사 그들을 진멸하시며 살륙케 하셨은즉 그 살륙 당한 자는
내어던진바 되며 그 사체의 악취가 솟아오르고 그 피에 산들이 녹
을 것이며 하늘의 만상이 사라지고 하늘들이 두루마리 같이 말리
되 그 만상의 쇠잔함이 포도나무 잎이 마름 같고 무화과나무 잎이
마름 같으리라(사 34:4)

본문은 만국을 향한 하나님의 진노의 경고의 말씀이다. 하나님의 심판이 이 나라들에게 임할 때 산들은 녹고 하늘의 만상은 사라지게 된다. 여기서 '하늘의 만상(4절)'이란 난하주 1번에 따르면 하늘의 일월성신을 가리킨다.

에스겔 32장에도 하나님이 에스겔에게 애굽 왕에 대한 심판을 선포할 것을 명령하시며 애굽의 해, 달, 별의 빛을 어둡게 할 것이라 말씀한다.

> 인자야 너는 애굽왕 바로에 대하여 애가를 불러 그에게 이르라 …
> 내가 너를 불 끄듯 할 때에 하늘을 가리워 별로 어둡게 하며 해를
> 구름으로 가리우며 달로 빛을 발하지 못하게 할 것임이여 하늘의
> 모든 밝은 빛을 내가 네 위에서 어둡게 하여 어두움을 네 땅에 베
> 풀리로다 나 주 여호와의 말이로다(겔 32:2, 7-8)

이처럼 하늘의 해, 달, 별이 떨어지고 빛을 잃는다는 것은 하나님이 열방을 심판하시며 열방의 왕권이 흔들리고 무너질 것을 묘사하는 묵시문학적 표현 방식이다. 이는 선민의 장막이 무너질 때가 아니라, 주로 이방 여러 나라와 제국들이 국권을 잃고 무너질 때를 의미하는 표현이다.

둘째, 해, 달, 별은 고대인들에게 그 나라를 떠받치는 우주적 질서의 근간이자, 더 나아가 그 배후의 보이지 않는 권세와 통치를 상징한다. 골로새서는 이를 "하늘과 땅에서 보이는 것들과 보이지 않는 것들과 왕권들이나 주권들이나 통치자들이나 권세들(골

1:16)"이라고 표현한다.

셋째, 마태복음 24장 29절에서 해, 달, 별이 떨어진다는 것은 선민장막이 무너진다는 것이 아니다. 본문을 꼼꼼히 살펴보자.

> 그 날 환난 후에 즉시 해가 어두워지며 달이 빛을 내지 아니하며 별들이 하늘에서 떨어지며 하늘의 권능들이 흔들리리라

이 사건이 일어날 때는 **'그날 환난 후'**로, **예루살렘 성전 멸망 직후**를 말한다. 이는 예루살렘을 떠받치는 보이는 권세와 보이지 않는 모든 권세가 총체적으로 무너져 내릴 것을 의미하는 묵시적, 상징적 언어다. 즉 여기에서 해, 달, 별이 떨어진다는 것은 **이스라엘을 떠받치던 모든 자연적, 영적, 우주적 질서가 무너져 내려 이스라엘이 국권을 잃고 멸망하게 되는 것**을 뜻한다.

9. 예수님이 정말 구름 타고 오실까? 그가 타고 오시는 구름은 어떤 구름일까?(30절)

신천지는 예수님이 육신으로 구름을 타는 것이 가능하냐고 묻는다. 비행기도 구름을 뚫고 지나가는데 손으로 잡히지도 않는 구름을 어떻게 타시겠느냐는 것이다. **구름은 작은 물방울이 모인 것으로서 사람이 탈 수 없는 물체다. 혹여나 예수님이 구름을 타신다면 어떤 구름을 타실까? 뭉게구름? 나비구름? 실구름?** 대답을 머

뭇거리는 기성교회 성도들을 향하여 신천지인들은 "너희가 성경도 하나님의 능력도 알지 못하는 고로 오해하였도다(마 22:29)"라는 마태복음의 말씀을 인용하며 이것은 육적인 의미가 아니라 영적인 의미가 있다고 주장한다.

> *** 신천지의 주장:**
> 여기서 '구름'은 영을 뜻하며(참조. 신 32:1-2), 구름을 타고 오신다는 것은 영으로 강림하신다는 것이다. 영으로 한 육체에 임하여 오시기 때문에 육안으로 볼 수 없다는 뜻이다(참조. 행 1:9, 마 17:4-5, 눅 17:22-25).

이러한 해석에 깔린 의도는 오늘날 예수님께서 영으로 임한 자가 바로 이만희 총회장임을 주장하려는 것이다. 왜 이만희 총회장이 또 다른 보혜사이고 특별한 약속의 목자인가? 그것은 예수님의 영이 임하여 함께하는 자이기 때문이라고 한다. 신천지는 예수님이 오늘날 이만희 총회장의 육체에 구름을 타고, 즉 영으로 오셨다고 주장한다.

이에 대해 우리는 어떤 성경적 답변을 할 수 있을까?

첫째, 예수님은 파도를 잠잠케 하고(마 8:26) 물 위를 걸으신 분이다(마 14:25). 예수님은 바다와 물을 다스리는 하나님이다. 물위를 걸으신 분이 구름을 타지 못할 이유가 없다. 신천지야말로 성경도, 하나님의 능력도 제대로 알지 못하고 오해한 것이다. 위와 같은 해석은 오직 과학적인 이치에 맞지 않는다는 이유로 하나님의 능력과 기적을 부인하는 것이다. 이것은 바른 신앙적 태도가 아니다.

둘째, 성경에서 구름은 하나님의 거룩한 임재를 나타내는 신적 운반체다. 하나님께서 시내산에 강림하실 때 빽빽한 구름이 주변을 덮었다(출 19:16). 또한 예수께서 변화산에 오르셨을 때도 구름이 와서 주변을 덮었고 그곳에서 하나님의 거룩한 음성이 들렸다(마 17:5). 뿐만 아니다. **여호와 하나님도 빠른 구름을 타고 임하시는 분이다(사 19:1).**

셋째, 예수님이 구름을 타신다는 것은 다니엘서에 이미 예언된 것이다. 다니엘서는 인자, 곧 예수님께서 하늘 구름을 타고 옛적부터 항상 계신 이, 곧 하나님께 나아갈 것을 예언했다(단 7:13).

넷째, 예수의 영은 예수를 주로 고백하는 모든 이들에게 임하는 영이다. 특정인에게만 임하는 것이 아니다. 성경은 예수의 영을 '그리스도의 영', 또는 고유 명사 단수형인 '성령(the Holy Spirit)'으로 서술하고 있으며, 이는 한 분 성령을 가리킨다. 그리고 예수의 영은 예수를 주라 고백하는 모든 이들에게 함께 하신다(요일 4:15).

한 분 성령은 오순절 성령과 진리의 성령으로 구분될 수 없다. 오순절에 임하신 성령님이 곧 진리의 성령이다. 오순절에 임하신 성령은 깨닫지 못했던 제자들의 마음을 변화시켰다. 성령으로 충만한 제자들은 예수 그리스도가 우리 죄를 사하고 생명을 주시는 하나님임을 선포했으며, 땅끝까지 이르러 예수님의 말씀과 복음을 전하기 위해 나섰다(2장 5), 6) 참조).

10. 예수님이 천사장의 호령과 나팔소리로 온다고 하는데, 그 나팔은 몇 개나 될까?(31절, 살전 4:16)

저가 큰 나팔 소리와 함께 천사들을 보내리니 저희가 그 택하신 자들을 하늘 이 끝에서 저 끝까지 사방에서 모으리라(마 24:31)

주께서 호령과 천사장의 소리와 하나님의 나팔로 친히 하늘로 좇아 강림하시리니 …(살전 4:16)

신천지는 이 구절에 대해 상식적 수준에서의 의문을 제기한다. 천사가 나팔을 부는데 어떻게 나팔소리가 전 지구에 다 들릴 수 있겠냐는 것이다. 또한 이들은 온 세계에 들릴 만큼 많은 나팔이 어떻게 존재할 수 있는지에 대해 의문을 제기한다. 게다가 지구상에는 시차가 존재하는데, 이런 시차에도 불구하고 주님의 강림을 전 세계가 동시에 볼 방법이 있느냐고 묻는다. 이러한 질문들 역시 이 말씀이 비유의 말씀이며, 이만희 총회장을 예언한 말씀임을 주장하기 위한 밑 작업이다.

＊ 신천지의 주장:

마태복음 24장 31절과 데살로니가 4장 16절의 나팔은 육적 나팔이 아닌 영적 나팔이며, 나팔은 하나님의 말씀을 대언하는 육체를, 나팔 부는 자는 영(천사)을 가리킨다. 나팔이 육체인 이유는 이사야서가 "네 목소리를 나팔같이 날려 내 백성에게 그 허물을, 야곱 집에 죄를 고하라(사 58:1)"라고 말씀하기 때문이다. 나팔소리는 신약 계시록의 성취를 알리는 증거의 말씀이고, 택하신 자들은 하나님의 씨로 난 자들 곧 신천지 신도들을 가리킨다.

이에 대해 우리는 어떻게 대답해야 할까?

첫째, 상식적으로 이해가 되지 않는다고 해서 이를 모두 비유로 취급하는 것은 하나님의 능력을 제한하는 일이다. 본문의 **나팔**은 **'하나님의 나팔(살전 4:16)'이다. 하나님의 나팔은 온 세상에 모든 이들에게 충분히 들릴 수 있는 능력의 나팔**이다. 온 세상을 지으신 하나님의 능력의 나팔 소리를 어떻게 온 세상이 듣지 못할 수 있겠는가?

출애굽기 19장은 하나님께서 시내산에 임재하실 때 우레와 번개와 **빽빽한** 구름과 함께 매우 큰 나팔 소리가 들리는 장면을 생생하게 보여준다. 나팔 소리가 얼마나 컸던지 진중에 있는 모든 백성들이 다 벌벌 떨 정도였다(출 19:16). 사람을 떨게 할 정도의 장엄한 나팔 소리라면 얼마나 큰 소리일까? 기억하라. 하나님의 능력은 우리 이성의 한계를 뛰어넘는다. 이성으로 이해되지 않는다고 해서 말씀이 논리적으로 옳지 않다고 주장하는 것은 하나님의 말씀을 아멘으로 받아들이지 못하고 자의적으로 왜곡할 가능성을 크게 만든다.

둘째, 데살로니가전서 4장 16절에 따르면 **하나님의 나팔이 불릴 때 예수님(주님)은 '친히' 강림하신다.** '친히'라는 말은 육체를 빌어 신접해 온다는 것이 아니라, 부활하셔서 하늘에 계신 예수님이 이 땅에 직접 나타나신다는 뜻이다.

셋째, 마태복음 24장 31절에서 '천사들'은 영적 존재만을 가리키는 것이 아니라, 대사(an envoy), 메신저(messenger), 심부름 받은 사람(one who is sent), 사자(使者) 등도 의미한다(바우어 헬라어 사전 참조). 여기서 **천사들은 예수님의 복음을 증거하는 메신저, 곧 보냄 받은 사도들과 제자들**을 가리킨다. 따라서 31절의 본문은 예수님께서 하늘 구름을 타고 부활 승천하여 하나님께 나아가고 이 땅에 성령이 오시면 제자들이 힘 있게 나아가 복음을 증거하게 됨을 뜻한다.

넷째, 마태복음 24장의 말씀은 사도들의 복음 증거를 뜻하는 반면, 데살로니가전서 4장 16절은 세상의 마지막 종말에 예수님께서 친히 이 땅에 재림하시고 무덤에 잠자던 성도들의 육체적 부활이 일어날 것을 말씀한다. 마태복음 24장 31절에는 신자에 대한 최후 심판과 운명에 대한 말씀이 없는 반면, 데살로니가전서에는 이러한 내용이 실려 있다(살전 4:16-17). 이 두 본문이 전달하는 내용에는 분명 차이가 있다.

11. 육체의 구원과 영혼의 구원 중 마지막 때의 구원은 어떤 구원일까?(계 20:4)

갑작스럽게 이런 질문을 받는다면 평소 구원관에 대해 명확히 정리가 되어 있지 않은 성도들은 당황한다. 예수를 믿음으로써 내 영혼이 이미 구원받았다고 생각하기 때문이다. 성도들에게는 은 연중에 '믿음의 결국은 곧 영혼의 구원을 받는 것(벧전 1:9)'이라 는 생각이 있고, 나중에 있을 육체의 구원에 대해서는 생각해본 적 이 없기 때문에 성도들은 신천지의 이런 질문에 당황하기 쉽다.

신천지인이 기성교회 성도들에게 이런 질문을 하는 것은 기성교 회에는 육체가 죽지 않는 영생불사의 소망이 없다고 생각하기 때 문이다. 이와는 다르게 신천지인들이 꿈꾸는 구원은 영생불사하 는 육체의 구원이다.

* 신천지의 주장:

육체가 영생불사하는 구원의 성경적 근거는 다음과 같다. 예수님은 "진실로 진실로 너희에게 이르노니 사람이 내 말을 지키면 영원히 죽 음을 보지 아니하리라(요 8:51)"라고 하셨고, 또한 예수님이 부활이 고 생명이기에 살아서 예수님을 믿으면 영원히 죽지 아니한다고 하셨 다(요 11:25-26). 또 고린도전서는 "우리가 마지막 나팔에 순식간에 홀연히 다 변화될 텐데, 죽은 자들이 썩지 아니할 것으로 살아나고 죽 을 것이 죽지 아니함을 입게 된다"라고 말씀했다(고전 15:51-54). 종말에 일어날 육체의 영에 대해서는 요한계시록 20장 4절에 나타나 있다. 여기에 나타난 영생은 순교자의 영이 믿는 자의 육체에 부어져 순교자의 영과 하나 되어 영생불사하는 이른바 '신인합일(神人合一)' 에 의한 영생이다.

또 내가 보좌들을 보니 거기 앉은 자들이 있어 심판하는 권세를 받았

더라 또 내가 보니 예수의 증거와 하나님의 말씀을 인하여 목 베임을
받은 자의 영혼들과 또 짐승과 그의 우상에게 경배하지도 아니하고 이
마와 손에 그의 표를 받지도 아니한 자들이 살아서 그리스도로 더불어
천 년 동안 왕 노릇 하니(계 20:4)

여기서 목 베임을 받은 자들의 영혼들(A)은 순교자의 영혼이고, 우상
에게 경배하지 않고(B), 이마와 손에 표받지 않은 자들(C)은 신천지인
이다. 그래서 종말에는 하늘의 순교자 14만 4천의 영혼이 지상의 신
천지인 14만 4천의 육체에 와서 결합하는(A+(B, C)), 신인합일이라
는 것이 이루어진다.

   그렇다면 신천지의 이런 구원론과는 다른 바른 구원론은 어떤
것일까?
   **첫째, 마지막 날에는 몸의 부활을 포함한 전인적 구원이 이루어
진다.** 성도들은 사도신경을 통해서 이러한 내용을 늘 고백한다.
"… 몸의 부활과 영생을 믿습니다."
   둘째, 베드로전서 1장 9절의 '영혼의 구원'은 영적 구원이 아
닌 육체를 포함한 **전인적 구원을 뜻하는 말**이다. 여기서 '영혼(헬.
ψυχή)'은 사람 내면에 있는 불가시적인 영을 말하는 것이 아니라,
그 사람의 실존적인 자기 정체성, 더 나아가 그 사람의 전인적인
생명 전체를 말한다.[11] 성경은 '영혼'에 해당하는 헬라어 프쉬케

---

11 양형주, 『정말 구원받았습니까』, 81.

(ψυχή)를 생명 또는 목숨이라는 의미로도 사용한다. "사람이 만일 온 천하를 얻고도 제 목숨을 잃으면 무엇이 유익하리요(막 8:36)"라는 말씀에서도 '프쉬케'가 사용된다.

셋째, 예수께서 자신을 믿는 자는 영원히 죽지 아니할 것이라고 말씀하신 것은 자신의 육체와 영혼이 함께 전인적으로 구원 얻는다는 뜻이다(요 11:25-27). 이 말씀에는 신인합일의 개념이 들어갈 여지가 없다.

넷째, 고린도전서 15장은 전인적인 부활을 말한다. 주님이 재림할 때 '우리(성도)'는 죽지 않고 모두 부활의 몸으로 순식간에 변화될 것이다(고전 15:51). 이때 이미 죽은 자들, 곧 순교자와 믿음을 지켰던 신앙의 선조들은 예수께서 재림하실 때 모두 무덤에서 일어나 자기 육체의 부활을 경험하고, 이 육체와 함께 영혼이 전인적으로 구원받는다(15:52). 하나님은 죄와 사망의 권세로 분리된 우리의 영혼과 육체가 다시 결합해 온전한 모습으로 회복되기를 원하신다.

다섯째, 마지막 심판 때는 사망과 음부도 불못에 던져져 심판받는다(계 20:14). 그렇게 되면 우리 몸을 주관하던 사망의 권세는 사라지고, 결국 우리 몸은 모두 다 살아나 우리의 영혼과 결합하게 된다.

따라서 신천지인이 꿈꾸는 영생불사는 올바른 구원관과는 거리가 멀다. 신천지가 말하는 구원은 내 영이 아닌 순교자의 영혼이 자기 몸에 들어오는 접신구원이다. 성경은 자신의 영과 자신의 육체가 하나 되는 전인구원을 말하지 결코 다른 영이 내게 들어오는 접신 구원을 말하지 않는다. 무덤에 잠자던 자들 역시 자기 육과 영으로 구원받는다. 이는 순교자의 경우에도 마찬가지다. 재림 때는 순교자의 육체도 부활하여 자신의 영혼과 하나 되어 영생을 얻는다.

이러한 의미에서 신천지인은 요한계시록 20장 4절을 곡해하고 있다. 계시록 20장 4절에서 '목 베임을 당한 자들의 영혼들'과 '짐승과 우상에게 경배하지 않은 자', 그리고 '이마와 손에 표 받지 않은 자들'은 모두 같은 자들을 가리킨다. 이를 다른 한글 번역 성경들은 다음과 같이 말씀한다.

… 또 나는, 예수의 증언과 하나님의 말씀 때문에 목이 베인 사람들의 영혼(A)을 보았습니다. 그들은, 그 짐승이나 그 짐승 우상에게 절하지 않고(B), 그들의 이마와 손에 그 짐승의 표를 받지 않은 사람들(C)입니다(새번역).

… 또 예수께서 계시하신 진리와 하느님의 말씀을 전파했다고 해서 목을 잘린 사람들의 영혼(A)을 보았습니다. 그들은 그 짐승이나 그의 우상에게 절을 하지 않고(B) 이마와 손에 낙인을 받지 않은 사람들(C)입니다(공동번역).

… 또 도끼로 목 베인 사람들의 영혼(A)을 보았습니다. 그들이 목 베인 것은 하나님을 증언한 일과 또 하나님의 말씀 때문이었습니다. 그들은 그 짐승에게도 그 형상에도 엎드려 절하지 않고(B), 이마

와 손에 그 표를 새겨 넣지도 않은 사람들(C)입니다(새한글 성경).

위의 역본들은 하나같이 **순교자의 영혼(A) = 절하지 않은 이들 (B) = 표 받지 않은 이들(C)**로 서술한다. 신천지의 주장처럼 순교자의 영혼이 절하지 않고 표 받지 않은 이들의 영혼과 결합하는 것, 즉 **A+(B,C)가 아니다.** 개역한글의 '목 베임을 당한 자들의 영혼들과'에서의 '과'는 헬라어 '카이(καί)'에 해당하는 단어로 이는 앞에 있는 단어를 보충 설명하기 위해서 사용되는 접속사에 불과하다. 요한복음 3장 5절의 '물과 성령으로 난다'고 할 때의 '과'가 위와 동일한 용도로 쓰인 경우다. 따라서 요한계시록 20장 4절은 '목 베임을 당한 자들의 영혼들 곧 우상에게 절하지 않고 이마와 손에 짐승의 표 받지 않은 사람들'에 관한 본문으로 해석되어야 한다.

7장
재림을 맞이하는 준비
- 마태복음 25장

신천지인은 마태복음 25장에 나오는 열 처녀에 비유(마 25:1-13)에 관해 슬기로운 처녀가 신랑을 맞으러 나간 장소가 어디인지를 묻곤 한다. 하지만 본문은 그저 처녀들이 '신랑을 맞으러 나갔다'고만 진술한다. 신천지인들은 성경이 말하지 않는 그 부분에 대해 안다고 자부하며 의기양양하게 위와 같이 질문한다. 이러한 질문에는 크게 두 가지 의도가 있다. **첫째는 기성교회는 모르는 그 장소가 바로 '시온산', 신천지라는 것을 신천지인만이 안다는 우월함을 과시하기 위한 것**이고, 둘째는 이러한 내용을 알고 싶다면 성경공부모임에 오라고 **말하기 위해서**다.

1. 슬기로운 처녀가 신랑을 맞으러 나간 곳은 어디일까?

그 때에 천국은 마치 등을 들고 신랑을 맞으러 나간 열 처녀와 같다 하리니(마 25:1)

* 신천지의 주장:

신랑을 맞이하려면 신랑이 오기로 약속한 장소에 신부가 나가야 한다. 이 장소는 바로 요한계시록 14장 1절에 약속한 시온산이다. 시온산에서 열리는 어린 양의 혼인잔치는 마태복음 22장 4절에 따르면 '소와 살진 짐승'을 잡는 곳이다. 소는 배도자를, 살진 짐승은 소를 삼킨 멸망자, 곧 일곱 머리 열 뿔 짐승을 상징한다. 이들을 잡고 이긴자를 맞이하는 곳이 바로 시온산, 곧 신천지 증거장막성전인 것이다.

이들의 주장에 대해서는 다음과 같이 반박할 수 있다.

첫째, 예수님은 신랑을 맞으러 나간 곳에 대해 말씀하지 않았다.

성경이 말씀하지 않은 것에 대해 다른 본문을 가져다 붙여 해석하는 것은 신천지식 성경풀이에 불과하다.

둘째, 성경에 장소에 대해 기록되지 않은 이유는 예수님이 말씀하시려는 의도의 핵심이 장소에 있지 않기 때문이다. 그 핵심은 열 처녀 비유의 결론인 13절에 있다. 예수님은 비유의 핵심에 대해 이렇게 말씀하신다. "그런즉 깨어 있으라 너희는 그날과 그때를 알지 못하느니라." 이 비유의 핵심 메시지는 주님이 오시는 날이 언제일지를 알지 못하기에 성도들은 늘 깨어 있어야 한다는 것이다. 따라서 이야기의 세부적인 요소는 깨어있으라는 메시지를 전달하기 위한 장치들에 불과하다. 세세한 것들을 하나하나 알레고리로 풀어가다 보면 해석상 모순이 생길 뿐 아니라 해석이 엉뚱한 결론으로 이어질 수 있다.

셋째, 신랑을 맞으러 간 장소는 시온산이 아니다. 만약 이 장소가 신천지의 주장처럼 신천지의 시온산이라면 그곳에는 신랑과 함께 십사만 사천의 신부가 있어야 하지만, 본문에서 신랑을 기다리는 처녀들은 열 명 뿐이기 때문이다. 뿐만 아니라 이곳에서 다섯 처녀는 기름이 떨어지는 일을 겪는다. 즉 시온산에서도 기름이 떨어질 수 있다는 말이다. 결국 이 말씀을 신천지의 방식대로 풀이한다면 시온산에 들어가더라도 모두가 구원을 받는 것은 아니게 된다.

게다가 본문에서의 처녀들은 신부가 아니라 들러리에 불과하다. 신천지의 주장에 따르면 시온산에 나간 여자들은 모두 신부여야 한다는 점에서, 이 말씀은 오히려 신천지의 주장이 잘못된 주장임을 밝혀주는 본문이 되는 셈이다. 이외에도 열 처녀 비유에 대한 신천지식 알레고리 풀이를 따라가다 보면 마주치게 되는 당혹스런 난점들에 대해서는 다음 장에서 분석하도록 한다.

2. 슬기로운 처녀가 그릇에 담아간 기름은 무엇일까?

미련한 자들이 슬기 있는 자들에게 이르되 우리 등불이 꺼져가니 너희 기름을 좀 나눠달라 하거늘(마 25:8)

신천지식 해석에 따르면 **기름은 실상의 말씀**이다. 열 처녀 비유에 따르면 기름이 떨어지면 기름 파는 자들에게 가서 기름을 사와야 하는데, **기름 파는 자는 감람나무 증인**(계 11:3-4)으로서, 그가 바로 **이만희 총회장**이다. 미련한 처녀들은 그에게 가서 실상의 말씀을 사와야 한다. 하지만 이런 식의 알레고리적 해석은 성경 본문의 의도(마 25:13)와 맞지 않는 자의적인 해석이기에 필연적으로 다음과 같은 어려움을 초래한다.

첫째, 기름 파는 자가 이만희 총회장이라면 그는 혼인잔치에 참여하지 못한다. 미련한 다섯 처녀에게 기름을 팔고 있었기 때문이다. 그리고 그 사이에 천국 문은 닫힌다. 만약 신천지인이 억지 주장을 하려면 다음과 같은 시나리오를 생각할 수 있다. 기름 파는 자가 달리기를 잘해서 다섯 처녀에게 기름을 팔자마자 혼인잔치로 내달려 들어간 것이다.

둘째, 본문에서 기름은 돈 주고 사는 것이다. 그렇다면 **이만희에**

게 실상의 말씀은 돈을 주고 사야 하는 것인가? 신천지인이 입교하고 이만희가 쓴 『요한계시록의 실상』, 『천지창조』, 『예수그리스도의 행전』 같은 저서를 사는 것이 기름을 사는 행위인가?

셋째, 미련한 다섯 처녀에게는 기름이 없었던 것이 아니다. 이들은 처음부터 기름을 가지고 있었다. 다만 준비한 기름이 부족했을 뿐이다. 그렇다면 미련한 다섯 처녀는 이미 신천지의 실상의 말씀을 배운 사람이다. 센터를 수료하고 입교해도 말씀을 충분히 기억하지 못하고 잊어버리면 결국 혼인잔치에 들어갈 수 없는 것인가?

넷째, 신천지식 해석에 따르면 기름이 부족한 것은 실상의 말씀이 부족한 것이다. 그렇다면 **신천지는 실상의 말씀을 더 깨닫도록 하는가, 아니면 갈수록 실상의 말씀을 감추고 가리는가?** 신천지는 어째서 자신들이 실상이라 자부하는 『신천지 발전사』와 『종교 세계의 관심사』와 같은 책을 일반 신천지 신도들에게 판매하지 않고 이 책들을 숨기기에 급급한가?

다섯째, 기름은 쓰고 나면 찌꺼기만 남는다. 기름을 다 쓴 사람에게는 새로운 기름이 필요하다. 그렇다면 **신천지에는 갈수록 새로운 실상의 말씀이 쏟아지고 있는가?**

여섯째, 슬기로운 다섯 처녀는 미련한 다섯 처녀에게 기름 나누어주기를 거부한다. 기름을 나누면 다 쓰기에 모자라기 때문이다. 신천지의 해석대로 기름이 실상의 말씀이라면 **실상의 증거는 절대 나누면 안 된다. 나누는 순간 내 것이 사라지기 때문이다.** 그렇다면 신천지 실상 증거의 말씀을 나누는 지파장, 센터 강사, 전도사, 구역장, 복음방 교사들은 주의해야 한다. 이들은 기름을 함부로 나누어주는 자들이기 때문이다. 그렇게 하다가는 기름이 모자라 신랑이 올 때 맞이하지 못하는 지경에 이를 수 있다.

일곱째, 기름 파는 자와 그에게서 기름 사는 사람들은 모두 다 천국 문에 이르지 못한다. 기름을 사가지고 왔을 때 천국 문은 이미 닫혔기 때문이다. 그러니 **기름 파는 자는 신랑과 전혀 관계없는 사람**이 되고, 예수님의 영은 기름 파는 자와 하나가 될 수 없다. 또한 기름 파는 자는 복수형이다. 즉 '기름 파는 자들'이다. **그동안 자신을 감람나무 증인이라 주장한 사람은 여러 명이다.** 이만희가 젊을 때 몸담았던 전도관의 박태선도, 통일교의 문선명도, 영생교의 조희성도 자신을 감람나무 증인이라 주장한 바 있다. **그렇다면 감람나무 기름은 꼭 신천지만이 아니라 여러 곳에서 살 수 있는 것일까?**

"

진리는 언제나 승리한다. 이 책이 바로 그 사실을 보여준다
(이규호 목사, 큰은혜교회)

이 책은 성경과 교회를 의심하게 하는 신천지의 간교한 질문들을
정확하게 분석하고 그 오류를 지적하고 있다
(조운 목사, 울산대영교회)

양형주 목사는 이 매뉴얼을 통해 신천지가 성도들을 전염시키는
통로를 정확하게 파악하여 그것을 차단하도록 처방했다
(주승중 목사, 주안장로교회)

신천지는 우리가 피할수록 더 대담해진다. 이제 한국교회는 신천지를
무작정 피할 것이 아니라 바르게 분별하여 대응해야 한다
(최영태 목사, 대구충성교회)

"

8장
요한계시록*

신천지는 요한계시록은 장래사를 기록한 예언서이며 서신
서가 아니라고 주장한다. 이들은 요한이 밧모섬에서 요
한계시록을 기록한 것까지는 인정하지만, 그가 환상을 보고 요
한계시록을 기록했기 때문에 교회들에게 편지를 보낸 일 역시
환상 속에서 전개된 일이라 주장한다.** 이들은 만약 요한계시
록이 편지라면 당시 일곱 교회의 사자에게 편지를 보낼 때 모
두에게 알려진 일곱 교회 사자를 왜 '비밀(계 1:20)'이라고 했
는지, 예수님이 이긴자(이만희 총회장)에게 임한다는 약속(계
3:12)이 어떻게 이루어질 수 있었는지에 대해 묻는다. 이에 대
해 어떻게 대답하는 것이 좋을까?

* 신천지식 요한계시록 해석과 실상에 대해서는 필자의 책, 『신천지 백신
1, 2』(두란노)를, 요한계시록의 바른 해석과 신학에 대해서는 필자의 책, 『평
신도를 위한 쉬운 요한계시록 1, 2』(브니엘)을 참조하라.

** 신천지총회교육부, 『신천지 정통 교리와 부패한 한기총 이단 교리 비교:
100항 상세반증』, 32.

1. 요한계시록은 밧모섬에서 쓴 예언서지, 서신서가 아니야.

첫째, 요한계시록은 사도 요한이 밧모에 유배되었을 때 기록한 편지이고, **이 편지가 실제로 일곱 교회에 전달되었다는 역사적 기록이 남아 있다.** 교회사가 유세비우스의 책[1]은 다음과 같이 진술한다.

이 무렵 예수님의 사랑 받는 제자였던 사도이며 복음서 기자인 요한이 아직 살아 있었다. 그는 도미티안의 사망을 계기로 유배지(밧모)에서 귀환한 뒤 아시아의 교회들을 다스렸다. 그가 이 무렵까지 살아 있었다는 사실은 두 증인의 증언에 의해 증명된다. 그들은 교회 안에서 건전한 교리를 주장한 신뢰할 수 있는 인물들로서 이레니우스(Irenaeus)와 알렉산드리아의 클레

---

1 유세비우스 팜필루스, 엄성옥 역, 『유세비우스의 교회사』(서울: 은성, 1990).

멘트(Clement of Alexadria)이다. 그들 중 이레니우스는 『이단을 반박함』 제2권에 다음과 같이 기록했다. "주님의 제자 요한과 함께 협의하였던 아시아의 모든 장로들은 요한이 그것(요한계시록)을 자신들에게 전해 주었다고 증언한다." (유세비우스 교회사. 3. 23.)

이 사실을 증언한 이레니우스는 사도 요한의 제자였던 폴리갑의 제자로 알려져 있다. 유세비우스는 이레니우스의 증언을 토대로 사도 요한이 요한계시록을 기록하여 교회들에게 실제로 보냈음을 증언한다.

둘째, 요한계시록은 사도요한이 본 환상을 기록하여 실제로 교회들에게 보낸 것이지 환상 속에서 이를 보낸 것이 아니다. 예수님은 요한에게 요한이 보는 환상을 책에 기록하여 써서 일곱 교회에 보내라고 말씀하셨다(11절). 만약 요한이 이 책을 일곱 교회에 보낸 것이 환상 중에 일어난 일이라면 이 책 역시 환상 중에 본 환상의 책일 수밖에 없다. 그렇다면 요한계시록도 실체가 없는 환상의 책이어야 한다. 요한계시록이 오늘날 우리에게 남아있다는 사실 자체가 사도 요한이 자신이 본 환상을 물리적인 형태의 책으로 기록했고, 이를 실제로 일곱 교회에 보냈음을 입증한다.

셋째, 요한계시록의 기록 형식은 전형적인 서신서의 형식을 따른다. 편지에는 첫인사와 끝인사가 항상 포함된다. 신약성경에 나오는 전형적인 **인사말은 "은혜와 평강이 너희에게 있기를 원하노라"라는 표현**이다(롬 1:7, 고전 1:3, 고후 1:2, 갈 1:3, 엡 1:2, 빌

1:2, 골 1:2, 살전 1:1, 살후 1:2, 딤전 1:2, 딤후 1:2, 딛 1:4, 몬 1:3, 벧전 1:2, 벧후 1:2).[2] 이 인사말은 요한계시록 1장 5절에도 동일하게 등장한다. 또한 서신서의 **끝인사는 '예수 그리스도의 은 혜가 함께하길 기원'**한다는 인사말이다(고전 16:23, 고후 13:13, 갈 6:18, 엡 6:24, 빌 4:23, 골 4:18, 살전 5:28, 살후 3:18, 딤전 6:21, 딤후 4:22, 딛 3:15, 몬 1:25, 히 13:25, 벧후 3:18).[3] 그리고 요한계시록은 다음과 같이 마무리된다. "주 예수의 은혜가 모든 자 들에게 있을찌어다(계 22:21)"

넷째, 아시아 일곱 교회의 지명 순서는 편지가 전달되는 순서와 일치한다. 에베소, 서머나, 버가모, 두아디라, 사데, 빌라델비아, 라 오디게아는 에베소를 시작점으로 시계방향으로 도는 순환 코스다. 이는 서신서가 전달되는 역사적 정황을 반영한다.

다섯째, '비밀'은 하나님의 구원의 경륜이 작동하는 방식을 가리 키는 말이다. 일곱 별의 비밀이란, 핍박 가운데 있는 일곱 교회가 겉으로 볼 때는 연약하여 무너질 것 같지만, 그리스도께서 능력으 로 교회들을 붙들고 지키신다는 영적인 비밀을 가리킨다. 자세한 것은 다음 2)항을 참조하라.

여섯째, 예수님과 천국이 이기는 자에게 임해 온다는 것은 이만 희 총회장에게 임한다는 뜻이 아니다. 빌라델비아 교회의 성도들 중 끝까지 믿음의 분투를 싸워내는 성도에게 임한다는 뜻이다(참

---

2 양형주, 『신천지 백신 1』(서울: 두란노, 2020), 42.

3 위의 책, 43.

에베소교회를 시작점으로 라오디게아교회까지 편지가 전달되는 순서(구글 이미지 참고)

조. 계 3:12).

2. 요한계시록에 나오는 세 가지 비밀을 아니?

신천지는 요한계시록에 나오는 세 가지 비밀을 자신들만 알고 있는 특별한 지식으로 여긴다. 그것은 배도의 비밀(1:20), 멸망의 비밀(17:7), 구원의 비밀(10:7)이다.

배도의 비밀은 일곱 별의 비밀(1:20), 곧 유재열의 첫 장막을 지키던 일곱 사자들이 배도한 사실을 일컫는다. **멸망의 비밀은 '일곱 머리 열 뿔 가진 짐승의 비밀(17:7)'**로, 이는 유재열의 장막성전에 들어와 이들을 무너뜨린 멸망자, 곧 청지기 교육원의 일곱 목사와 열 장로를 말한다.[4] **구원의 비밀은 '일곱째 나팔의 비밀(10:7)'**로 이는 구원의 소식을 전하는 구원의 나팔, 이만희 총회장이다.

이런 신천지식 비밀론에 대해서 우리는 어떻게 대답할 수 있을까?

첫째, 요한계시록에 등장하는 세 가지 비밀은 배도, 멸망, 구원의 비밀이 아니다. 오히려 이를 차례대로 하면 배도, 구원, 멸망의 비밀에 해당하게 된다. 신천지는 요한계시록이 12, 13장의 순서가 바뀌는 것을 제외하고는 시간 순으로 성취되었다고 주장한다. 그런데 요한계시록의 세 가지 비밀을 요한계시록에 서술된 순서대로 배치하면 신천지가 주장하는 언약 노정(배도, 멸망, 구원)의 순리에는 들어맞지 않는다. 만약 노정 순리가 배도, 구원, 멸망의 순서로 진행된다고 하면 무척이나 당황스럽다. 배도의 현장에 있던 사람들을 구원했는데, 이들이 또 다시 멸망당하면 얼마나 충격이겠는가?

둘째, 만약 세 가지 비밀이 언약 노정과 정확하게 맞지 않는다면 그 이유는 여기에서의 '비밀'이 신천지가 말하는 것과는 다른 의미

---

4 보다 구체적인 실상과 모순에 대해서는 양형주, 『신천지 백신 2』, 55-71을 참조하라.

의 '비밀'이기 때문이다. **성경에서 말하는 '비밀'은 하나님의 구원의 경륜에 관한 비밀**이다. 하나님의 구원 경륜은 너무나도 신비하여 우리의 생각과 기대, 그리고 가치관을 전복시킨다. 이를 잘 보여주는 것이 십자가다.

> 십자가의 도가 멸망하는 자들에게는 미련한 것이요 구원을 얻는 우리에게는 하나님의 능력이라(고전 1:18).

십자가는 세상적인 관점에서 볼 때 미련하고 무력하고 비참한 것이지만, 믿는 자들에게는 구원을 주시는 하나님의 능력이다. 그래서 십자가는 하나님의 비밀이다.

> 유대인은 표적을 구하고 헬라인은 지혜를 찾으나 우리는 십자가에 못 박힌 그리스도를 전하니 유대인에게는 거리끼는 것이요 이방인에게는 미련한 것이로되 오직 부르심을 입은 자들에게는 유대인이나 헬라인이나 그리스도는 하나님의 능력이요 하나님의 지혜니라(고전 1:22-24)

성경이 말씀하는 비밀의 핵심에는 십자가에 못 박히신 예수 그리스도가 있다. 성경은 이 비밀을 다음과 같이 말씀한다.

> 이 비밀은 만세와 만대로부터 옴으로 감취었던 것인데 이제는 그의 성도들에게 나타났고 이 비밀은 너희 안에 계신 그리스도니 곧

영광의 소망이니라(골 1:26-27)

이는 저희로 마음에 위안을 받고 사랑 안에서 연합하여 원만한 이
해의 모든 부요에 이르러 하나님의 비밀인 그리스도를 깨닫게 하
려 함이라(골 2:2)

또한 우리를 위하여 기도하되 하나님이 전도할 문을 우리에게 열
어주사 그리스도의 비밀을 말하게 하시기를 구하라 내가 이것을
인하여 매임을 당하였노라(골 4:3)

또한 사도바울은 자신이 전한 복음, 곧 예수 그리스도를 전파한
것이 '비밀의 계시'를 좇아 된 것임을 밝힌다.

나의 복음과 예수 그리스도를 전파함은 영세 전부터 감취었다가
이제는 나타내신 바 되었으며 영원하신 하나님의 명을 좇아 선지
자들의 글로 말미암아 모든 민족으로 믿어 순종케 하시려고 알게
하신 바 그 비밀의 계시를 좇아 된 것이니(롬 16:25-27)

셋째, 이렇게 볼 때 일곱 별의 비밀(1:20)은 일곱 교회에 관한 비
밀을 말한다. 당시 일곱 교회는 세상의 시선에서 볼 때는 도미티아
누스 황제에게 핍박당하던 연약해 보이는 존재였지만, 믿음의 눈
으로 보면 그리스도께서 이들을 능력의 오른손으로 붙들고 계심을
볼 수 있었다. 이것이 일곱 별의 비밀이다.

반면, 일곱 머리 열 뿔 짐승의 비밀(17:7)은 세상에서는 제국의 권력을 획득한 강력하고 무시무시한 존재가, 결국 어린양에 의해 철저히 멸망당할 한없이 연약한 존재임을 나타내는 것이다(참조. 17:14, 16). 하나님의 **구원 경륜 안에서는 약한 자와 강한 자가 서로 역전되는 것**이다.

넷째, 본문을 엄밀하게 보면 일곱 나팔의 비밀은 계시록 10장 7절에 나오지 않는다.

> 일곱째 천사가 소리 내는 날 그 나팔을 불게 될 때에 하나님의 비밀이 그 종 선지자들에게 전하신 복음과 같이 이루리라(계 10:7)

본문을 조금만 살펴보면, 본문이 언급하고 있는 비밀은 **일곱째 나팔의 비밀이 아닌 '하나님의 비밀'**임을 알 수 있다. 여기서 '비밀(헬. μυστήριον)'은 하나님의 신비로운 구원 경륜으로서 창세전에 시작되어 그의 종들을 통해 알려졌고(엡 1:4, 9, 3:3-6), 예수 그리스도 안에서 초림 때 선포된 하나님의 나라가 성취되기 시작하여 재림 때 완성되는 것이다(고전 2:6-16, 계 1:9, 11:15, 12:10).

다섯째, 신천지가 자신들만 알고 있다고 주장하는 계시록의 세 가지 비밀은 더 이상 비밀이 아니다. 인터넷을 조금만 검색해 보면 그 비밀의 허구성과 실상의 허구성이 곳곳에 폭로되어 있다.

3. 666의 성경적인 의미는 무엇이니?(계 13:16-18)

신천지인이 이 질문을 하는 이유는 많은 교인들이 666에 대하여 명확한 성경적 개념을 정립하지 못했기 때문이다. 음모론과 세대주의 종말론에 경도된 영상들에서는 이것을 생체칩(베리칩)이라고도 하고, 코로나 백신이라고도 하며, 심지어는 양자문신이라고까지 한다. 이런 영상들을 접했거나 이에 심취했던 이들은 신천지인의 이러한 질문에 넘어가기 쉽다. 위 질문에 대해 만약 엉뚱한 대답을 하거나 이에 대해 제대로 모른다고 하면, 신천지인들은 이를 성경적으로 알기 위해 함께 성경공부를 하자고 제안한다.

666에 대해 신천지의 구체적인 주장들을 진술하려면 분량이 너무 많아지기에 여기서는 이들 주장의 핵심과 성경이 이야기하는 666의 바른 의미를 간단히 검토하도록 한다(보다 상세한 신천지의 주장과 실상에 대한 반증들, 그리고 바른 성경적 관점에 대해서는 필자의 책 『신천지 백신 2』(두란노), 76-83쪽, 『평신도를 위한 쉬운 요한계시록 2』(브니엘), 77-84쪽을 참조하도록 하라).

신천지는 666이 다니엘서에서 느부갓네살이 세운 신상의 높이 60규빗, 너비 6규빗에 솔로몬이 만든 금 방패 하나에 들어간 금 600세겔이 합쳐진 수라고 한다. 1규빗을 45cm로 환산하면 이는 높이 27m, 너비 3m에 이르는 거대한 금신상이다. 그런데 이런 거대한 금 신상을 제작하는데 들어가는 금이 600세겔이면 겨우 7.2kg밖에 되지 않는다.

이처럼 이 해석이 억지주장임을 아는 것인지, 최근 들어 신천지는 666이 솔로몬이 이방에게 거둬들인 666금 달란트를 의미한다고 주장한다. 이것이 짐승의 수 666과 무슨 상관이 있는가? 게다가 666달란트는 자국 내에서 거둬들인 세금이지 이방에서 거둬들인 금이 아니다. 이들이 근거 구절로 삼고 있는 열왕기상 10장 14-15절을 보라.

> 솔로몬의 세입금의 중수가 육백륙십륙 금 달란트요 <u>그 외</u>에 또 상고와 무역하는 객상과 아라비아 왕들과 나라의 <u>방백들에게서도</u> 가져온지라(왕상 10:14-15).

이 말씀은 솔로몬이 자국 내에서 거두어들인 세금 666달란트 외에 이방에서도 금을 가져왔다는 것이다. 어떻게 이해하려고 해도 666에 대한 신천지의 해설은 설득력이 없다.

그렇다면 666은 성경적으로 정확하게 무엇을 의미하는가?

666은 짐승의 이름이나 '그 이름의 수(계 13:17)' 혹은 '사람의 수'를 의미한다. 여기서 짐승은 계시록 13장에 나오는 짐승, 즉 붉은 용의 권세를 받아 제국을 호령하는 제국의 특정 통치자를 가리킨다. 따라서 666이라는 숫자 역시 특정한 통치자의 이름을 가리키는 숫자다. 또한 **666이 '사람의 수'라는 것은 이것이** 특정한 사건이나 현장, 일반적인 대상이나 목자를 가리키는 것이 아니라 어떤 사람을 구체적으로 지칭한다는 뜻이다.

아라비아 숫자가 도입되기 이전 헬라어나 히브리어에는 공통적으로 **알파벳을 숫자로 표기하는 방법**이 있었다. 이를 **게마트리아**

라고 한다.[5] 화산재로 멸망한 폼페이의 한 벽에서는 "나는 이름의 수가 545인 그녀를 사랑한다"라는 글씨가 발굴된 적이 있다.[6] 이는 당시에 게마트리아 표기법이 널리 보편화되었음을 보여준다. 제국 통치자들의 이름을 게마트리아 표기로 바꿨을 때 666으로 표현되는 이는 바로 **네로 카이사르 황제**다.

하지만 요한계시록이 기록되었을 때(주후 95년)는 도미티아누스 황제의 핍박이 절정에 이르렀을 때다. 네로 황제는 68년에 사망했다. 그렇다면 요한계시록은 왜 이미 죽은 네로를 권세를 가진 짐승으로 표현했을까? 이는 당시 기독교를 박해했던 도미티아누스가 제2의 네로라는 별명을 얻고 있었고, 또 당시 네로가 환생해서 다시 유브라데 강을 건너온 것이라는 소문이 파다했기 때문이다. 따라서 요한계시록이 **네로를 짐승으로 표현한 것은 제2의 네로라 불리던 도미티아누스를 표현하기 위한 비밀스런 방식**이었다. 이는 **핍박 가운데 요한의 편지를 검열하던 로마 당국에게 혹여나 게마트리아가 발각되지 않게 하려는 일종의 보호 장치**였다.

---

5 양형주, 『평신도를 위한 쉬운 요한계시록 2』, 81.

6 R. H. Mounce, *The Book of Revelation, Revised*, NICNT, Grand Rapids: Eerdmas, 1977, p. 260.

4. 요한계시록 12장의 해를 입은 여자가 누구인지 아니?

요한계시록에 대해 생소한 성도들이 이 질문을 받으면 당황한다. 많은 경우 성도들은 정통 교회에서 이를 어떻게 해석하는지조차 제대로 모르기 때문이다. 정통 교회의 해석에 따르면 계시록 12장에 나오는 **해를 입은 여자는 하나님의 백성인 교회**다. 그러나 신천지는 **예수를 낳은 것은 동정녀 마리아기 때문에, 교회가 예수님을 낳는다는 것은 말이 되지 않는다며 문제를 제기**한다.[7] 게다가 본문의 여자는 광야로 도망가는데(계 12:6), 교회에는 다리가 달리지 않았으므로 광야로 도망갈 수도 없다고 주장한다.[8] 요한계시록 12장을 문자적으로 읽고 이 말씀이 이치에 맞지 않다고 하는 것이다.

신천지는 '**해를 입은 여자**'를 영적 자녀를 해산하는 여자로서, **유재열을 비유한 존재**로 본다. 또한 **아이는 이만희 총회장**이라고 주장한다. 그리고 여자가 **광야로 도망간 것은 물(말씀, 진리)이 없는 곳으로 갔다는 뜻**이라고 말한다. 이에 더해 『신천지 발전사』는 광야가 바로 **미국 웨스트민스터 신학교**라 기록한다.[9] 이 책에는 유재열씨가 웨스트민스터 신학교에서 찍었다고 주장하는 사진이 버젓이 게재되어 있다.

---

7 신천지총회교육부, 『신천지 정통 교리와 부패한 한기총 이단 교리 비교: 100항 상세반증』, 79.

8 위의 책, 79.

9 신천지 문화부, 『신천지 발전사』(안양: 도서출판 신천지, 1997), 44.

그렇다면 이들의 억지 주장을 어떻게 반박할 수 있을까?

첫째, 구약에서 이스라엘은 여호와 하나님의 아내로, 그러나 잉태치 못하는 여인으로 비유된다(사 54:1, 5).

둘째, 하나님은 구약 예언서에서 잉태하지 못하는 이스라엘의 상태를 지적하신 후 **장차 회복의 때에 임신과 출산의 복이 임할 것을 예고**하셨다(사 54:1-5).[10] 이런 가운데 아이를 잉태하여 **해산하는 것은 하나님이 구원을 베푸실 것**을 뜻한다(사 26:18). 더 나아가 하나님은 이스라엘이 장차 아들을 출산할 것이라 예고하셨다(사 66:7-10). 이는 하나님의 구속사의 경륜 가운데 나타날 **메시아의 출생을 예고**한 것이다.

셋째, 정통 교리에 따르면 교회는 시대에 따라 **크게 세 종류로** 구분된다. **구약교회, 신약교회, 그리고 종말의 교회**다. 신약의 교회는 구약의 12지파를 계승한 참 이스라엘의 영적 12지파이다(약 1:1). 요한계시록 12장의 해, 달, 별을 입은 여인은 해, 달, 별로 상징(창 37:9, 아 6:10, 사 61:10, 62:1-5)되는 이스라엘 12지파, 곧 구약의 선민을 품은 교회다. 구약의 교회는 다윗의 씨로부터 메시아를 낳게 된다.

넷째, 메시아가 오셔서 구원의 역사를 이룬 교회는 신약의 교회이며, 이 교회는 메시아가 하나님의 보좌 앞으로 부활 승천하신 이후(5절), 그분의 재림 때까지 예수님을 믿는 성도들로서 핍박과 환

---

10 양형주, 『신천지 백신 2』, 26.

난의 시기를 지낸다.[11]

다섯째, 아이를 낳은 여자가 **광야로 도망하는 것은 핍박과 환난을 받는 교회가 이를 피하기 위하여 흩어지는 것**을 뜻한다. 신약성경은 교회가 핍박을 피하여 흩어지는 상황을 종종 묘사한다.

> 그 날에 예루살렘에 있는 교회에 큰 핍박이 나서 사도 외에는 다 유대와 사마리아 모든 땅으로 흩어지니라 경건한 사람들이 스데반을 장사하고 위하여 크게 울더라(행 8:2)

> 하나님과 주 예수 그리스도의 종 야고보는 흩어져 있는 열두 지파에게 문안하노라(약 1:1)

> 예수 그리스도의 사도 베드로는 본도, 갈라디아, 갑바도기아, 아시아와 비두니아에 흩어진 나그네(벧전 1:1)

신약에서 교회는 건물이 아니라 그리스도를 주로 고백하는 성도들의 모임이다. 교회의 머리는 그리스도이고, 교회는 그리스도의 몸 된 지체들로 이루어져 있다(엡 1:22, 4:15, 골 1:18, 24, 2:19, 고전 6:15, 12:12, 14). 교회를 이루는 성도들은 모두 발이 있어 어디로든 이동할 수 있다. 그래서 교회는 함께 모이는 교회와 세상으로 흩어지는 교회의 역할을 모두 감당할 수 있다.

---

11 위의 책, 26.

여섯째, 여자가 광야로 도망간 것은 진리가 없는 곳으로 도망한 것이 아니다. 이런 식의 해석대로라면 하나님이 **이스라엘을 출애굽시켜 광야로 인도하신 것은 이들을 비진리의 세상으로 인도한 것이 된다.** 하나님이 어떻게 그의 백성을 비진리의 세상으로 인도하실 수 있는가? 예수께서 광야에서 40일간 금식하신 것도 비진리의 세상에서 시험받으신 것인가? 게다가 **비진리 속에서 3년 반을 양육 받으면 영이 죽어야 하지만**(계 12:14). **여자는 죽지 않고 도리어 보호를 받는다**(계 12:15-17).

일곱째, 신천지 발전사에 게재된 유재열씨의 사진의 배경은 웨스트민스터 신학교가 아니라 뉴욕의 세인트 존 성당이다. 이곳은 관광객이 많이 방문하는 관광지이기도 하다. 지금 인터넷에서 당장 '세인트 존 (더 디바인) 성당'을 검색해 보라.

5. 일곱 머리 열 뿔 짐승의 정체가 뭔지 아니? (계 13:1)

신천지는 일곱 머리 열 뿔 짐승을 소위 멸망자의 실상이라고 주장하는 **청지기 교육원**의 일곱 교단을 다스리는 **일곱 목사**와 그들에게 소속된 **열 명의 장로들**을 가리킨다고 주장한다.[12] 일곱 머리 열 뿔은 유재열의 장막성전을 무너뜨리는 과정에서 이미 성취된 실상이라는 것이다. 하지만 이런 주장은 신천지 외에는 그 누구도

---

12 신천지총회교육부, 『신천지 정통 교리와 부패한 한기총 이단 교리 비교: 100항 상세반증』, 80.

받아들이지 않는 비진리다.

첫째, 신천지가 주장하는 일곱 머리의 목자들은 일곱 교단을 대표하는 이들이 아니다. 이들이 속한 교단도 각각 다른 일곱 교단이 아니다. 일곱 목자 중 원*호만 침례교 목사이고, 나머지 탁*환, 오*호, 김*두, 백*섭, 김*관, 한*택은 모두 같은 장로교 소속 목사였다. 그러니 이들은 일곱 개의 다른 교단을 대표한다고 할 수 없다. 게다가 『신천지 발전사』에 따르면, 청지기 교육원에서 활동한 목사는 탁*환(원장), 김*두(부원장), 원*호(전임강사), 오*호(총무국장), 탁*환(국제종교문제연구소 소장) 등 5명에 불과하다.[13] 일곱 명이 아닌 것이다.

둘째, 신천지가 주장하는 열 뿔의 실상 중 둘은 신천지로 흘러 들어갔다. 신천지 발기인으로 알려진 라** 장로의 경우 첫 장막의 12장로였다가 오평호가 세운 이삭교회의 10장로로 옮겨갔으며, 후에 신천지를 시작할 때 두 장로 중 하나가 되었다. 이렇게 첫 장막에서 이삭교회로, 다시 신천지로 옮겨간 또 다른 사람으로 김**장로가 있다. 열 뿔 중 둘이나 되는 사람이 신천지로 들어간 것이다.

그렇다면 요한계시록에서 말씀하는 일곱 머리 열 뿔 짐승에 대한 바른 이해는 무엇인가?

첫째, 이 짐승은 천상에서 이 땅으로 쫓겨난 일곱 머리 열 뿔난 붉은 용을 닮았다(12:3, 9).

둘째, 이 짐승은 용에게 능력과 보좌와 권세를 받아, 세상 왕좌

---

13 양형주, 『신천지 백신 2』, 58.

에 앉아 통치한다(13:2)

셋째, 짐승은 과장되고 신성모독을 말하며, 자신을 하나님 또는 신의 아들로 자처한다(13:5).

넷째, 짐승은 용에게 받은 권세로 성도들을 핍박하여 사로잡고 칼로 생명을 앗아간다(13:7, 10). 칼로 생명을 앗아가는 것은 칼을 무기로 삼던 로마 제국시대의 처형방법이다.

다섯째, 짐승은 자신에게 경배하도록 강요한다(13:8).

여섯째, 짐승에게는 사람의 이름이 있다(13:17). 즉 짐승은 용에게 권세를 받은 사람이다.

일곱째, 짐승의 이름을 게마트리아식으로 바꾸면 666이다 (13:18).

이런 서술을 종합하면, **짐승은 로마 제국 시대에 용으로부터 권세를 받아 자신을 신의 아들로 높여 신상을 만들고 경배하게 하며, 성도들을 핍박하고 칼로 죽이는 제국의 통치자를 가리킨다. 제국 통치자의 이름은 반드시 게마트리아식의 수로 환산되는 헬라어 또는 히브리어로 되어야** 하며, 그 **이름을 수로 바꾸면 666이 되어야** 한다. 따라서 이 짐승의 정체는 제2의 네로라 불리는 도미티아누스 황제다. 도미티아누스 황제는 그리스도를 대적하는 적그리스도의 역할을 했다.

교회사가 유세비우스는 그의 교회사 책에서 이레니우스의 글을 인용하며 적그리스도가 도미티아누스 황제임을 다음과 같이 밝힌다.

만일 그 당시에 그(적그리스도)의 이름을 밝혀야 할 필요가 있었다면 계시를 받은 사람이 그것을 선포했을 것이다. 왜냐하면 그 계시는 우리의 시대, 즉 도미티안의 통치 말기에 받은 것이기 때문이다(유세비우스 교회사. 3. 18.)

6. 요한계시록 14장의 시온산이 어딘지 아니?

신천지는 정통교회가 시온산을 육적인 산이라고 주장한다고 하며, 수많은 사람들이 모두 시온산에서 함께 산다는 것이 불가능하다는 이유로 이러한 주장을 배척한다.[14] 이들이 이렇게 주장하는 것은 하나님께서 함께하시는 진리의 성읍, 곧 신천지가 시온산이라는 주장을 하고 싶어서다.

그렇다면 요한계시록 14장의 시온산은 어떤 산인가? 시온산을 소개하는 1절은 **'또 내가 보니'라는 표현**으로 시작된다. 요한계시록에는 하늘과 땅이 상호 교차하며 환상의 장면이 바뀌는 서술상의 특징이 있다. 이때 장면이 전환됨을 나타내는 도입 어구가 '내가 보니(5:1, 6:1, 8:2, 13:1, 14:1, 14, 15:2, 17:3, 6, 19:17, 19, 20:1, 4, 12, 21:2)', 또는 '이 일 후에(4:1, 7:1, 18:1, 19:1)', 그리고 이 둘이 결합한 '이 일 후에 내가 보니(4:1, 7:9, 15:5)'와 같은 표현들이다. 이는 현실의 장소가 바뀌는 것이 아니라 요한이 보

---

14 신천지총회교육부, 『신천지 정통 교리와 부패한 한기총 이단 교리 비교: 100항 상세반증』, 87.

고 있는 묵시적 환상의 전환을 나타내는 것이다. 하늘과 땅이 교차
되는 양상은 아래와 같다.

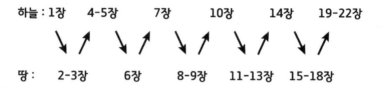

이런 흐름에서 보면 14장의 시온산은 이 땅의 바다짐승과 땅짐
승이 성도들을 핍박하고 미혹하는 현실(13장) 가운데, 성도들에
게 최후 승리를 확신시켜 주기 위해 보여주는 **천상의 시온산**이다
(14:2). 이 땅의 분투하는 교회(Church Militant)는 결국 제국의
핍박 가운데서도 믿음의 인내로 승리하여 하늘에서 어린양과 함께
예배를 드리게 될 것이다.

7. 너, 요한계시록 20장의 생명책이 무엇인지 아니?

신천지는 요한계시록이 성취될 때, 곧 신천지가 이루어질 때 이
긴자가 인도하는 신천지 12지파의 교적부가 생명책이라고 주장
한다. 땅에서 신천지 교적부에 기록되면 하늘 생명책에 기록되고,
교적부에서 삭제되면 하늘에서도 삭제된다. 따라서 신천지인들은
생명책에 자신의 이름이 기록되는 것에 큰 의미를 부여하고, 탈퇴
하려 할 때 그 이름을 생명책에서 지워버린다고 하면 매우 두려워

한다. 한 번 지워지면 다시는 기록될 수 없다고 믿기에, 신천지 탈퇴는 곧 구원의 상실이자 지옥행을 의미하는 것으로 여겨진다.[15]

그러나 생명책은 첫 장막이 있기 전부터 존재했다. 만약 신천지의 교적부가 생명책이라면 다윗 시대(시 69:28), 바울 시대(빌 4:3)에 생명책에 기록된 이들은 누구인가?[16] 또한 **생명책의 또 다른 이름은 '어린 양의 생명책(13:5, 21:27)'**이다. 이는 하나님의 어린양 예수 그리스도가 생명의 구주이심을 믿고, 그분이 흘리신 보혈의 공로를 의지하여 죄 사함 받고 구원받은 자의 이름이 기록된 책이다. 따라서 어린 양의 생명책은 신천지 교적부와 아무 상관이 없다.

코로나 사태가 터졌을 때 신천지는 생명책을 통째로 정부에 넘긴 적이 있었다. **세상 나라에 빼앗길 생명책이라면 그것은 더 이상 생명책이 아니다.** 이는 단순히 신천지 신도의 명단에 불과할 뿐이다.

8. 혹시 하늘나라에 장로님이 몇 분 있는지 아니? 천국이 어떻게 생겼는지 알아?

신천지는 **하늘나라를 그대로 이 땅에 이루어 신천지에 천국 보좌를 구성했다고 주장한다. 천국이 어떻게 생겼는지 알고 싶으면 신천지에 와 보면 된다**는 것이다. 그러면서 하늘나라에 장로님이

---

15 양형주, 『신천지 백신 1』, 108.

16 양형주, 『신천지 백신 2』, 68.

몇 분 있는지 아느냐고 묻는다. 요한계시록의 24장로는 구약(12지파)과 신약(12제자)을 대표하는 신구약 백성 전체를 대표하는 천사들로, 천상의 예배를 인도하고 성도들의 기도를 하나님께 봉헌하며 하늘의 환상을 해석하는 등 우리를 위한 활동을 수행하는 직분이다.[17]

신천지는 요한계시록에서 진술하는 천상의 모습을 자신들이 그대로 구현했다고 주장한다. 그래서 신천지의 조직은 계시록 4장을 흉내 내어 7교육장, 12지파, 24장로, 4그룹 등으로 구성되어 있다고 한다.[18] 그러나 이러한 주장은 몇 가지 문제점을 가진다.

첫째, 만약 천국을 그대로 신천지에 옮겨왔다면, 신천지에서는 제사장 14만 4천과 수많은 흰옷 입은 무리들이 한 장소에 들어갈 수 있어야 한다. 그러나 신천지는 과천에 본부가 있고 나머지는 전국 각지에 지파가 흩어져 있는 형태로 이루어져 있다. 이것은 성경적인 구성이 아니다. 만약에 신천지가 하늘 보좌를 그대로 구성했다면 신천지인들 모두가 한 장소에 모여야 한다.

둘째, 만약에 신천지가 영적 천국을 육계에 그대로 이루었다면, 천국에도 감사부, 체육부, 정부통신부, 건설부, 법무부, 후생복지부, 재정부, 신문고 등등의 조직이 있어야 한다. 천국을 그대로 가져온 것인데 갑자기 국제부는 왜 생겨난 것인가? 이것은 신천지 조직이 계시록을 어설프게 흉내 냈을지는 모르나, 천국의 조직 그대

---

17 양형주, 『신천지 백신 1』, 152.

18 이에 대한 자세한 설명과 반증은 양형주, 위의 책, 157-166을 보라.

로를 육계에 이룬 것이 아님을 보여준다.

셋째, 신천지에서는 하늘 보좌를 구성해야 할 교육장, 지파장, 장로 등이 수시로 바뀌거나 죽는다. 하늘나라의 장로들만 해도 그렇다. 신천지 24장로는 1997년 구성되었는데, 2년 후인 1999년에는 19장로로 줄어들었고, 남은 19명 중에서도 무려 5명이 바뀌었다. 2000년에는 24장로 중 휴무자가 10명으로 늘어났고, 2009년에는 거의 상당수가 교체되었다. 심지어 24장로 중 하나는 적그리스도가 되어 신천지 생명록에서 지워져 사망록에 오르기까지 했다. 이런데도 과연 신천지가 천국이 이루어진 조직이 맞는가?

넷째, 신천지 내부를 들여다보면 끊임없는 전도 열매 경쟁, 가족과의 불화, 건강악화와 신경쇠약 등으로 고통 받는 이들이 많다. 이곳이 과연 천국일까? 어떤 이는 센터교육을 마치고 부푼 기대를 갖고 신천지에 입성하고는 크게 실망했다고 한다. 그는 어떻게 이런 곳이 천국이냐고 항의하고 그곳을 뛰쳐나와 건강한 교회에서 바른 신앙생활을 잘 하고 있다.

다섯째, 종말에 하늘에서 내려오는 거룩한 성 새 예루살렘에는 성전이 없다(21:22). 하나님과 어린 양이 친히 성전이 되시기 때문이다.

9. 왜 칼뱅이 계시록 주석을 못 남겼는지 아니?

신천지가 이런 질문을 하는 것은 계시록은 봉해진 책이기에 칼뱅도 제대로 주석하지 못했고, 이를 이만희 총회장이 2천 년 만에 풀어서 가르친다고 주장하고 싶어서다. 이만희가 계시록에 봉함된 인을 떼고 감추어진 계시록의 해석을 풀어주었기에, 그는 예수님이 함께 하는 참 목자라는 것이다. 이는 결국 신천지식의 계시록 해석의 우월함을 자랑하기 위한 것이다.

그렇다면 칼뱅이 계시록 주석을 남기지 못한 진짜 이유는 무엇일까?

첫째, 계시록에 대한 주석을 쓸 만큼 충분히 긴 시간을 살지 못했기 때문이다. 칼뱅(1509-1564)은 55세로 생을 마치기 전까지 거의 모든 성경을 주석했다. 구약의 묵시서인 다니엘서도 주석했고, 그의 생애 말엽에는 에스겔서도 주석했다. 다만 에스겔서 주석을 다 마치지는 못하고, 20장까지만 주석했다. 에스겔서가 그의 마지막 주석이었던 것이다. 에스겔서는 칼뱅의 사후인 1956년에 출간되었다. 아마 칼뱅이 좀 더 충분히 오래 살았다면 에스겔서 주석을 완성하고, 신약의 에스겔서라 일컫는 요한계시록에 대한 주석을 써내려갔을 것이다.[19]

이만희 총회장은 그의 첫 책인 『요한계시록의 진상』을 1985년 11월에 출간했다. 그의 나이 65세에 첫 출간을 한 것이다. 만약 칼뱅이 65세까지 살아있었더라면 요한계시록 주석을 충분히 출간했을 것이다.

둘째, 겸손했기 때문이다. 칼뱅의 기독교 강요를 보면 칼뱅이 종

---

19 이성호, "칼빈의 생애(4) 칼빈의 저술", 고신뉴스 KNC, 2014. 5. 28.

말에 대한 분명한 견해를 갖고 있음이 드러난다. 칼뱅은 사후에 있을 중간상태, 즉 우리의 영혼이 하늘로 올리워 하나님과 교제하는 상태를 뚜렷하게 인지했으며, 영원한 안식과 복락, 그리고 몸의 부활과 영혼불멸에 대한 분명한 확신을 갖고 있었다. 이는 칼뱅이 요한계시록에 대한 주석을 쓰지 않은 것이 능력이 없어서가 아님을 보여준다.

칼뱅은 신구약에 대한 견해를 충분히 숙성시켜 균형 잡힌 관점으로 주석을 쓰기 위해 시간을 들였다. 그는 당대의 탁월했던 성경학자였지만, 하나님의 말씀 앞에서는 한없이 겸손했던 것이다. 반면 이만희 총회장은 성급하게 요한계시록에 대한 책을 내고 그 이후로도 이를 계속해서 수정하고 변개하여 왔다. 그동안 그가 쓴 수많은 요한계시록 책이 더 이상 시중에 나와 있지 않은 이유가 무엇인가? 치명적인 오류들이 발견되기 때문에 이를 감추고 수정하기 위해서다.

10. '용용 죽겠지'라는 말은 무슨 의미일까?

신천지는 우리가 우스갯소리로 하는 '용용 죽겠지'가 어떤 뜻인지 아냐고 질문한다. 한 번도 들어보지 못한 질문에 당황하는 성도들에게 신천지는 이 말이 요한계시록 20장 1-2절의 사건을 가리키는 것이라고 말한다. 이 사건은 '옛뱀이요 마귀요 **사탄이 잡혀 천년 동안 결박당하여 무저갱에 던져지는**' 사건이다.

사실 이런 해석을 전혀 들어본 적 없는 사람들은 이것이 무슨 의미인지 모르는 것이 당연하다. 그러나 이제는 알게 되었으니 이 질문에 대해 대답할 수 있다. 종말에 이 땅에 날뛰던 용, 곧 사탄의 세력은 결박당하여 꼼짝 못한 채 무저갱에 던져질 것이다. 말 그대로 '용용 죽겠지'가 실현되는 것이다.

"

신천지의 오픈전도를 통한 비성경적 접근에 대해,
양형주 목사는 조목조목 실제적이고 복음적이며
개혁주의적인 답변을 이 책에서 시도하고 있다
(탁지일 교수, 부산장신대학교 교회사, 월간 현대종교 이사장 겸 편집장)

신천지의 까다로운 질문으로 인해 신앙이 흔들렸던 분들은 물론
성경 속 난제들에 대한 명쾌한 답변을 해
일반 독자들에게도 큰 도움이 될 책
(허요환 목사, 안산제일교회)

이 책은 페니실린처럼 신천지의 공격에 감염되어 죽어가는
많은 초신자들과 상처 입은 영혼들을 살리는 강력한 바이블 백신이다
(홍인종 교수 , 장신대 목회상담학)

"

9장
약속대로 이룬 신천지?

신천지는 자신들이야말로 성경대로 이루어진 천년성, 곧 천년왕국의 도성이라 자부한다. 이들은 신천지야말로 이 땅에 이루어진 천국이며 조만간 성경대로 땅의 신천지에 하늘의 거룩한 새 예루살렘이 그대로 임하여 하나 될 것이라고 주장한다. 이처럼 이들은 신천지가 특별하고 유일한 구원의 장소라고 생각하기 때문에, 자신들이야 말로 성경대로 이뤄진 곳이라는 주장을 은연중 드러내기 위해 다양한 질문을 던진다.

1. 너 주기도문의 참 뜻을 아니?

1) 주기도는 예언의 말씀이야

신천지는 주기도를 단순한 기도문으로 보지 않는다. **신천지는 주기도가 장차 이루어질 예언의 말씀이며, 이 말씀은 주 재림의 때에 성취된다고 주장**한다. 이러한 주장은 신천지가 주기도의 의미를 신천지의 배도, 멸망, 구원의 틀에서 해석할 것임을 의미한다.

그렇다면 **예수님은 어떤 의도로 주기도를 가르쳐 주셨을까? 예수님은 기도하는 방법을 가르쳐달라는 제자들의 요청에 대한 응답**으로 주기도를 가르치셨다.

예수께서 한 곳에서 기도하시고 마치시매 제자 중 하나가 여짜오되 주여 요한이 자기 제자들에게 기도를 가르친 것과 같이 우리에게도 가르쳐 주옵소서(눅 11:1)

제자들은 세례요한의 제자들이 요한으로부터 기도문을 배워 그것으로 기도했던 것을 보았다. 이러한 기도운동은 메시아를 대망했던 경건한 바리새인이나 에세네파 사람들에게서 종종 일어났던 움직임이었다. 당시 각 종파는 고유의 신학과 종말적 소망을 담은 기도문을 작성하여 이를 반복적으로 암송하며 기도했다. 때문에 유대인들은 이런 기도문에 꽤 친숙했다. 대표적인 기도문으로 '**카디쉬**', '**18번의 축복기도문(쉐모네 에스레)**' 등이 있다. 유대인들은 이런 형태의 기도문들을 매일 두세 번씩 낭송하며 기도하곤 하였다. 유대인들이 회당에 모일 때마다 암송하는 비교적 내용이 짧은 '카디쉬' 기도문의 내용은 아래와 같다. 참고로 '카디쉬'는 아람어로 '거룩하다'는 뜻이다.

카디쉬(Kaddish) 기도문[1]

그의 위대한 이름이 높여지고 거룩히 여김을 받으시옵소서
그의 뜻에 따라 지으신 세상 안에서!
그의 나라가 서게 하시고
그의 구원이 이르러 그의 기름부음 받은 자가 가까이 임하게
하소서

너의 평생, 곧 네가 사는 날 동안

---

1 "Kaddish", wikipedia. en.wikipedia.org/wiki/ Kaddish

그리고 모든 이스라엘 집이 사는 날 동안
속히 곧 오시옵소서 하라, 그리고 아멘 할지어다.

카디쉬 기도문을 보면 주기도와 유사한 표현이 있음을 알 수 있다. 하나님의 이름이 거룩히 여김을 받는 것과 그의 나라가 세워지고 임하는 것, 즉 그의 뜻이 이 땅에 이루어지는 것에 대한 서술이 그것이다. 이러한 기대와 열망은 특별히 1세기 당시 로마제국의 압제 가운데 있던 이스라엘 백성들에게는 정치적, 현실적 열망이기도 했다.

이러한 때에 예수님이 주기도를 가르친 것은 예언을 선포하기 위해서가 아니다. 예수님의 가르침과 하나님 나라의 정수, 그리고 하나님 나라에 대한 소망을 담은 기도를 가르치기 위해서다. 이 기도가 염원하는 나라는 제국을 대체하는 정치적인 나라가 아니라, 구원의 역사가 이루어지는 영적인 하나님의 나라다.

마태복음은 예수께서 주기도를 가르치신 이유가 중언부언하고 외식하는 방향성 없는 기도를 경계하고, 제자들에게 기도의 바른 방향을 제시하기 위함임을 밝힌다. 그래서 앞의 문맥을 보면 예수님께서는 기도할 때 주의할 것, 하지 말아야 할 것을 말씀하신 후 이에 대한 대안으로서 주기도를 제시하신다.

또 너희가 <u>기도할 때에</u> 외식하는 자와 같이 <u>되지 말라</u>….(마 6:5)

또 <u>기도할 때에</u> 이방인과 같이 중언부언하지 말라…(마 6:7)

<u>그러므로 너희는 이렇게 기도하라</u> 하늘에 계신 우리 아버지여
…(마 6:9)

따라서 주기도는 예언이 아니다. 이는 자기 욕심을 담아 중언부
언하는 허공을 치는 기도가 만연한 당시, 하나님의 통치가 이 땅
가운데 충만하게 임하기를 바라는 간절한 마음을 담아 기도할 수
있도록 예수님이 제시해주신 기도의 모범이자 표준이다.

2) 하늘에 계신 우리 아버지

**신천지는 하나님의 말씀의 씨로 난 자만이 주기도문의 첫 구절
처럼 '하늘에 계신 우리 아버지'를 부를 수 있다고 해석**한다.

* 신천지의 주장:
예수님은 하나님을 아버지로 부르던 서기관, 바리새인들에게 "너희
안에 진리가 없으므로 너희 아비는 마귀"라고 하셨고(요 8:44), '주
여, 주여' 부르기만 하고 하나님의 뜻대로 행하지 않는 자들에게 '나
는 너희를 도무지 알지 못한다'고 하셨다(마 7:21-23). **하나님을 아
버지라 부른다고 다 하나님의 자녀가 되는 것이 아니요, 오직 말씀의
씨로 거듭난 자가 되어야 한다.**[2] 씨는 신천지 말씀을 가리킨다. 즉 신

---

2 신천지총회교육부, 『신천지 정통 교리와 부패한 한기총 이단 교리 비교: 100항 상세반증』(과천:
도서출판 신천지, 2016), 25.

천지 말씀을 깨달은 자만이 진정한 하나님의 자녀이고 하나님을 아버지라 부를 수 있다.

하나님은 장차 두 가지 씨, 즉 사람의 씨와 짐승의 씨를 뿌릴 것을 약속하셨고(렘 31:27), 예수님이 2천 년 전 초림 때 오셔서 이 약속대로 씨를 뿌리셨으니(마 13:24), 좋은 씨는 곧 말씀이다(눅 8:11). 씨가 뿌려진 밭은 예수님의 교회. 이곳에 마귀가 가라지, 곧 마귀의 씨를 덧뿌렸으니(마 13:25), 예수님의 교회(기독교 세상)에는 하나님의 씨와 마귀의 씨가 함께 자라왔다. 주 재림의 추수 때 하나님의 씨로 난 알곡 성도가 추수되어 곳간인 시온산, 곧 신천지 12지파로 추수되어 오게 되었으니, 신천지로 들어온 신천지인만이 하늘 곧 영계에 계신 하나님을 아버지라 부를 수 있는 자격을 가진 자들이다.[3]

이들의 주장은 다음과 같이 반증할 수 있다.

첫째, 주기도는 바르게 기도하기 원하는 제자들에게 가르치신 기도다. 예수님은 자신을 믿고 따르는 제자들에게 하나님을 '하늘에 계신 우리 아버지'라고 부르도록 가르치셨다.

둘째, 초대교회 성도들도 하늘에 계신 하나님을 '아버지'로 불렀다. 사도 바울은 **로마교회**를 향하여 "너희는 다시 무서워하는 종의 영을 받지 아니하였고 양자의 영을 받았으므로 아바 아버지라 부르짖느니라(롬 8:15)"라고 말한다. 여기서 '너희'는 누구인가? 이들은 그리스도 예수 안에 있는 자, 곧 죄 사함을 받고 정죄함이 없

---

3 위의 책, 25.

는 자다(롬 8:1).

이들에게는 하나님의 영, 곧 그리스도의 영이 거한다. 하나님의
영은 이들을 하나님께로 인도하고, 이들은 예수 그리스도를 믿는
믿음으로 하나님의 자녀로 입양된다. 따라서 이들은 하늘에 계신
하나님을 아바 아버지라 부르짖을 수 있게 된다. 여기에서의 **'아
바'는 아버지를 향한 친밀한 표현으로 우리말로는 '아빠'에 해당**
한다. 때문에 **개역개정은 이 단어를 '아빠 아버지'**로 번역한다. **갈
라디아교회 성도 역시 하나님을 친밀하게 아빠 아버지로 불렀다.**

> 너희가 아들인 고로 하나님이 그 아들의 영을 우리 마음 가운데 보
> 내사 아바 아버지라 부르게 하셨느니라(갈 4:6).

셋째, 성도라면 하나님을 단순히 아버지로 부르는 것을 넘어 **'아
빠' 하나님으로 부르는 용기 있는** 고백이 필요하다. 예수님이 가르
치신 기도에서의 '아버지(헬. πατήρ)'는 아람어로 '아바'에 해당한
다. 이는 어린아이가 아버지를 친밀하게 부르는 호칭이다. 겟세마
네에서 기도하실 때 예수님이 하나님을 "이르시되 아빠 아버지여
…(막 14:36)"라는 말로 부르셨던 데서 알 수 있듯이, 예수님 역
시도 하나님을 친밀하게 '아빠'라고 부르셨다. 그리고 예수님은 성
령을 그의 제자들에게 보내어 하나님을 '아빠'로 부르도록 하신다.

넷째, 하늘에 계신 하나님을 '아빠'로 부르는 것은 성도들이 하
나님의 **친밀한 언약 백성**임을 드러낸다. 하나님은 먼저 이스라엘
을 자기 백성으로 삼으시고 그들의 아버지가 되어 주셨다.

… 여호와의 말씀에 이스라엘은 내 아들 내 장자라 내가 네게 이르기를 내 아들을 놓아서 나를 섬기게 하라 하여도 네가 놓기를 거절하니 내가 네 아들 네 장자를 죽이리라 하셨다 하라 하시니라 (출 4:22-23)

하지만 구약의 백성들은 하나님을 감히 '아바' 즉 '아빠'라 부르지 못했다. 왜냐하면 하나님은 온 세상을 만드신 전지전능하시고 엄위하신 하나님이기 때문이다. 때문에 구약의 이스라엘 백성들은 하나님의 이름을 입에 올리는 것조차 조심스러워했다. '하나님의 나라' 대신 하나님이 계신 '하늘'만을 사용하여 '하늘나라'라는 말을 사용했을 정도였다. 이들에게 하나님은 먼 하늘에 계시는 두려운 분이었고, 때문에 예수님 당시의 유대인들 중에서는 하나님을 감히 '아빠'라 부르는 자가 없었다. 그런데 예수님은 이런 하나님을 '아빠'라고 부르시고, 그의 제자들에게도 '아빠'로 부르도록 가르치셨다.

다섯째, 하늘에 계신 하나님을 아빠로 고백하는 것은 하늘에 계신 초월적인 하나님이 이 땅에 사는 우리에게 오셔서 아빠 노릇을 해 주시는 친밀하신 하나님임을 나타낸다. 이는 동시에 하나님이 우리의 아빠가 되시기 때문에, 우리가 **그분의 모든 부요함, 즉 하나님 나라의 유업을 상속받을 수 있음을 의미하는 것**이기도 하다.[4] 성도는 하나님 나라의 **상속자**다.

여섯째, 예레미야 선지자의 예언(렘 31:27)이 성취된 결과로 추

---

4 김세윤, 『주기도문 강해』(서울: 두란노, 2000), 72.

수된 자가 신천지라는 주장은 성경을 자의적으로 해석한 것에 불과하다. 예레미야 31장 27절에서 **'사람의 씨'와 '짐승의 씨'를 모두 뿌리는 분은 하나님**이다. 반면 **마태복음에서 좋은 씨는 예수님이 뿌리고, 가라지는 원수가 뿌린다**(마 13:37-38). 따라서 이 두 본문을 예언과 예언 성취의 관계로 연결 짓는 것은 단순히 비슷해 보이는 구절을 자의적으로 끼워 맞춘 해석에 불과하다.

예레미야 31장 27절은 하나님이 '사로잡힌 자를 돌아오게 할 때(렘 31:23)', 즉 이스라엘 백성들을 바벨론에서 귀환하게 할 때, 황폐하게 된 유다와 모든 성읍에 **'사람의 자손(the seed of humans-NRSV)'과 동물의 새끼**(the seed of animals-NRSV)**를 모두 번성하게 하겠다**는 뜻이다. NIV 성경은 **'씨'를 후손(offspring)으로 번역**했다. 예레미야 31장 27절과 마태복음 13장 24절 이하의 해석에 관해서는 다음 2.의 논의를 참조하라.

3) 나라이 임하시오며 뜻이 하늘에서 이룬 것처럼 땅에서도

신천지는 이 대목을 해석할 때 **이 땅에 임하는 '나라'가 바로 새하늘 새 땅이라 불리는 신천지라 주장한다**(계 21:1-3). **구약에서 영계의 하나님 나라가 모세의 장막에 임했듯 초림 때는 그 천국이 예수님에게 임했고, 재림 때인 오늘날에는 이긴자라 부르는 이**

만희 총회장에게 임했다는 것이다.[5] 이러한 신천지의 논리에 따르면 **천국을 소망하는 자들은 이 땅에 임한 천국이 신천지임을 깨닫고 그곳을 찾아가야 천국에 들어가 하나님을 만날 수 있게 된다.**[6]

그렇다면 우리는 이들의 주장을 어떻게 반증할 수 있을까?

첫째, 하나님의 나라는 볼 수 있게 임하는 것이 아니다.

> 바리새인들이 하나님의 나라가 어느 때에 임하나이까 묻거늘 예수께서 대답하여 가라사대 하나님의 나라는 볼 수 있게 임하는 것이 아니요 또 여기 있다 저기 있다고도 못하리니 하나님의 나라는 너희 안에 있느니라(눅 17:20-21)

예수님 당시의 바리새인들은 하나님의 나라가 가시적으로 임할 것을 기대하였다. 메시아가 로마 제국을 무너뜨리고 눈에 보이는 현실적이고 정치적인 공동체로서의 나라를 세울 것을 기대한 것이다. 그러나 예수님은 이러한 기대를 거부하시고 하나님의 나라는 볼 수 있게 임하는 것이 아니라고 말씀하셨다. 만약 오늘날도 하나님의 나라가 눈에 보이게 그대로 임했다고 주장하고, 이것이 여기 있다, 저기 있다, 한국에 있다, 과천에 있다 하는 이들이 있다면 그들은 바리새인과 같은 무리들이다.

둘째, 하나님의 나라는 하나님을 믿는 사람들의 공동체와 그 구

---

5 신천지총회교육부, 『신천지 정통 교리와 부패한 한기총 이단 교리 비교: 100항 상세반증』, 26.

6 위의 책, 26.

성원들의 마음 가운데 임한다. 예수님은 하나님의 나라가 '너희 안에' 있다고 하셨다. 이것은 두 가지 의미다. 먼저, 하나님 나라가 성도들 각자의 심령 가운데 임한다는 것이다. 사람이 죄와 정욕의 노예로 있다가 예수 그리스도를 믿으면 그는 죄 사함을 받고, 성령이 그의 안에 임하시면 그의 안에서는 하나님의 다스림이 시작된다.

하나님의 나라가 '너희 안에' 있다는 말씀의 두 번째 의미는, 하나님의 나라가 예수를 주로 고백하고 그의 다스리심을 받는 무리들 가운데 시작된다는 것이다.

> 두세 사람이 내 이름으로 모인 곳에는 나도 그들 중에 있느니라(마 18:20)

두세 사람이 예수님의 이름으로 함께 모이면 그곳이 어디인지에 상관없이 예수님이 함께 하며 그들을 인도하시고 다스리신다. 두세 사람은 공동체의 최소단위로, 예수님께서는 그를 믿는 공동체들과 성령으로 함께 하신다. 두세 사람이 예수님의 이름으로 모인 곳이 바로 교회다.

셋째, 하나님 나라의 핵심에는 하나님의 다스리심이 있다. '하나님의 나라'를 영어로 'the Kingdom of God'이라고 한다. '나라'는 다른 말로 하면 '왕국(kingdom)'이라 할 수 있다. 이는 '왕(king)'이 '다스리는(dominion)' 모든 영역을 포함한다. 따라서 하나님의 나라는 여기 있다, 저기 있다는 지리적 개념을 초월하여 하나님의 말씀과 통치에 순종하고 다스림을 받는 이들 가운데 임한다.

넷째, 하나님의 나라는 성령 안에서 경험하는 의와 평강과 희락이다.

> 하나님의 나라는 먹는 것과 마시는 것이 아니요 오직 성령 안에서 의와 평강과 희락이라(롬 14:17)

하나님의 통치는 성령의 임재 안에서 이루어진다. 성령은 신자가 예수를 주로 고백하고 영접할 때 신자에게 내주한다. 성령이 아니고는 예수를 주시라 할 수 없다(고전 12:3). 성령은 신자의 마음에 내주하여 신자의 삶을 인도하고 강건하게 하시고 통치하신다(고전 3:16, 고후 1:22, 갈 5:18, 엡 3:16). 이런 성령의 통치 안에서 신자는 의, 곧 하나님과의 올바른 관계와 평화와 기쁨을 경험한다.[7]

신천지인은 하나님의 나라라 자처하는 신천지 안에서 이런 의와 평강과 희락을 경험하는가? 도리어 이들은 신천지에 들어감으로써 가족을 원수처럼 여기고 가족과 불화하고 싸우고 갈라진다. 가출하고 이혼을 불사한다. 또한 신천지인들은 신천지 안에서도 전도열매에 대한 압박으로 끊임없이 불안감에 시달린다. 피드백을 준다는 명목으로 끊임없이 비난과 책망이 난무하고, 단체 대화방에 대답을 하지 않으면 대답을 종용하고 상황을 끊임없이 보고하도록 노예처럼 가스라이팅을 한다. 과연 그곳이 하나님의 나라가

---

7 양형주, 『평신도를 위한 쉬운 로마서』(서울: 브니엘, 2019), 391.

맞는가? 아니면 지상낙원이라 자처하며 끊임없이 5호감시제로 각 가정을 감시하고 보고하는 북한사회와 같은가?

다섯째, 하나님의 나라는 말에 있지 않고 오직 능력에 있다. 하나님의 나라는 하나님의 능력을 경험하는 곳이다. 하나님의 나라는 단순히 말뿐만 아니라 삶에서도 나타난다. 하나님 나라의 백성은 세상의 소금으로서 짠 맛을 내고, 세상의 어둠 가운데 환하게 빛을 비춤으로써 하나님의 능력을 드러내야 한다. 그러나 신천지인은 끊임없이 주변 사람들을 속이고 세상으로부터 자신을 격리시키며 숨어 산다. 세상의 빛과 소금의 역할을 감당해야 할 자신의 삶과 미래를 포기하고, 신천지 안에 숨어들어가 신천지가 천국이라 믿고 하루하루를 근근이 버틴다. 노예처럼 정신없이 살아가며 그곳에서 끊임없이 전도열매를 강요받고 매주 신천지로 데려갈 사람들을 찾아서 보고해야 한다는 스트레스를 안고 산다. 몸도 병들고, 마음도 병든다. 이런 삶은 하나님의 능력이 전혀 나타나지 않는 삶이다. 기억하라. 하나님의 나라는 말에 있지 않고 오직 능력에 있다.

4) 오늘 우리에게 일용할 양식을 주시옵고

신천지는 주기도에서 말하는 양식이 영적 양식이라 주장한다. 이들은 **예수님이 주시는 양식은 '썩지 않는 양식'으로서 사람이 먹으면 그 사람을 영원히 살게 하는 양식이며, 이 양식은 곧 말씀이기에**

우리가 먹어야 할 양식은 육적 양식이 아니라 영적 양식이라 주장한다.[8] 그리고 이 양식은 마태복음 24장에 나오는 '충성되고 지혜있는 종, 곧 이만희 총회장이 주인집 사람들을 맡아 때를 따라 나눠주는 양식'으로, 이것이 곧 일용할 양식의 참된 의미라는 것이다.

쉽게 말하면 이만희 총회장의 가르침이 이 시대의 영적 양식이며 예수님은 이 양식을 구하라고 예언하셨다는 것이다. 신천지인은 이 해석을 바탕으로 육적 양식을 구하는 것을 죄악시하며, 영적 양식을 구하는 것을 목표로 한다. 때문에 신천지는 신도들이 일을 하거나 아르바이트를 하는 것을 죄악시하면서도 헌금은 온갖 명목으로 거두어들인다.[9]

그렇다면 예수님께서는 정말 2천 년 전 예언의 말씀으로 신천지 이만희 총회장의 가르침을 구하라고 가르치신 것일까? 이러한 주장에 대해 우리는 어떻게 대답해야 할까?

첫째, 예수님이 구하라고 하신 것은 '일용할 양식'이다. 이 '일용할 양식'의 기원은 출애굽 때의 육적 양식인 만나다. 만나가 **일용할 양식인 이유는 하루가 지나면 벌레가 생기고 상한 냄새가 나서 먹을 수 없었기 때문이다**(출 16:20). 그래서 **하나님은 이스라엘 백성에게 매일 광야로 나와 만나를 거두라고 하셨다**(출 16:21). 예수님이 구하라고 하신 양식은 '일용할' 양식이다. **영적 양식이라면 굳이 일용할 양식이란 말을 할 필요가 없다. 영적 양식은 영원히 썩**

---

8 신천지총회교육부, 『신천지 정통 교리와 부패한 한기총 이단 교리 비교: 100항 상세반증』, 27.

9 구단비, "신천지, 전도 못하면 110만원씩 벌금 냈다", 「머니투데이」, 2020. 3. 14.

지 않기에 한 번 받아두면 두고두고 먹을 수 있고, 오랫동안 저장해 두어도 된다. 따라서 이 '일용한 양식'은 영적 양식일 수가 없다.

둘째, 주기도 전체(마 6:9-13)의 구조와 흐름으로 보면 '일용할 양식'이 육적 양식을 뜻한다는 사실은 더욱 분명해진다. 주기도는 크게 '당신' 청원으로 구성된 전반부와 '우리' 청원으로 구성된 후반부의 두 부분으로 나뉜다. 우선 전반부는 세 개의 '당신' 청원으로 구성되어 있다. 우리 성경에는 '당신'이란 말이 나오지 않지만 원문과 영어 성경에는 이것이 분명하게 나와 있다.

(당신의) 이름이 거룩히 여김을 받으시오며(hollowed be your name)
(당신의) 나라이 임하옵시며(Your kingdom come)
(당신의) 뜻이 하늘에서 이룬 것 같이 땅에서도 이루어지이다 (Your will be done…)

'당신'은 하나님을 높이는 2인칭 극존칭이며, 이는 모두 하나님의 나라에 대한 청원이다.

후반부에는 '우리' 청원이 등장한다. 이는 신자들의 삶에 대한 청원이다.

우리에게 일용할 양식을 주옵시고
우리가 우리에게 죄지은 자를 사하여 준 것같이 우리 죄를 사하여 주옵시고

우리를 시험에 들게 하지 마옵시고 다만 악에서 구하옵소서

이처럼 주기도에는 하나님을 향한 '당신' 청원과, 신자들의 현실적 삶에 대한 '우리' 청원이 함께 들어있다. 주기도 서문(마 6:7-8)에는 이 두 가지가 모두 성도들의 현실과 깊이 관련되어 있음을 다음과 같이 진술한다.

> 또 기도할 때에 이방인과 같이 중언부언하지 말라 저희는 말을 많이 하여야 들으실 줄 생각하느니라 그러므로 저희를 본받지 말라 구하기 전에 너희에게 있어야 할 것을 하나님 너희 아버지께서 아시느니라(마 6:7-8)

여기서 예수님은 이방인과 같이 자기 필요만을 주저리주저리 요청하지 말라고 하시면서, 하나님께서 우리의 필요를 모두 아신다는 사실을 힘주어 말씀하신다. 그렇기에 예수님은 먼저 '당신의 나라'를 위해 기도하고(9-10절), 그 다음으로 '우리'를 위해 기도하라고 가르치신다(11-13절). 또한 주기도에 대한 가르침을 마무리하신 후에 예수님은 이러한 주기도의 내용을 다음과 같이 요약하신다.

> 그러므로 염려하여 이르기를 무엇을 먹을까 무엇을 마실까 무엇을 입을까 하지 말라 이는 다 이방인들이 구하는 것이라 너희 천부께서 이 모든 것이 너희에게 있어야 할 줄을 아시느니라 너희는 먼저 그의 나라와 그의 의를 구하라 그리하면 이 모든 것을 너희에게 더

하시리라(요 6:31-33).

먼저 그의 나라와 의를 구하라는 것은 **육적 양식을 구하지 말라는 말이 아니다. 이는 우선순위의 문제다. 먼저 하나님 나라를 구하고, 그 다음 우리의 필요와 양식을 구하라는 것이다. 그리고 이러한 기도의 모범이 되는 것이 바로 주기도다.** 따라서 주기도는 초월적인 하나님 나라만을 구하는 것이 아니라, 우리의 현실적인 필요 또한 구하는 기도다.

'일용할 양식'을 구하라는 것은 영의 양식을 구하라는 것이 아니라 우리 삶에 필요한 양식을 구하라는 뜻이다. 신천지인은 일용할 양식을 육적 양식으로 이야기 하면 큰일 날 것처럼 호들갑을 떤다. 그러나 주기도가 말하는 '일용한 양식'은 육적 양식임이 틀림없다.

성경은 일용할 양식에 대한 적극적인 대응을 종종 주문하기도 했다. 초대교회 때도 과부들을 양식으로 구제하는 문제로 인해 갈등이 일어나기도 했다(행 6:1-3). 야고보서는 양식이 없어 고생하는 지체들에 대해 다음과 같이 말씀한다.

> 내 형제들아 만일 사람이 믿음이 있노라 하고 행함이 없으면 무슨 이익이 있으리요 그 믿음이 능히 자기를 구원하겠느냐 만일 형제나 자매가 헐벗고 일용할 양식이 없는데 너희 중에 누구든지 그에게 이르되 평안히 가라, 더웁게 하라, 배 부르게 하라 하며 그 몸에 쓸 것을 주지 아니하면 무슨 이익이 있으리요 이와 같이 행함이 없는 믿음은 그 자체가 죽은 것이라(약 2:14-17).

야고보 사도는 교회 내에 헐벗고 일용할 양식이 없는데 알아서 먹으라고 하고 책임져주지 않는 것은 행함이 없는 죽은 믿음이라고 규정하며, 이러한 믿음은 아무런 유익이 없다고 말씀한다. 따라서 진짜 믿음은 일용할 양식이 없어 고생하는 지체에게 일용할 양식을 공급하는 믿음이다.

이와는 달리 신천지는 일용할 양식의 문제를 무시하고 하나님 나라를 위해서만 달려가라고 한다. 직장을 그만두게 하고, 학업을 포기하게 하고, 오직 영적 양식을 위해서만 살 것을 종용한다. 생계가 어려워 어쩔 수 없이 아르바이트를 하는 신도들에게 눈치를 주며 지금이 육적 양식을 위해 일할 때냐고 다그친다. 이런 믿음은 행함이 없는 죽은 믿음이다. 진정한 믿음은 지체들의 일용할 양식의 문제를 해결하기 위해 도움을 주는 것이다.

2. 예수님 초림 때 뿌려진 사람의 씨와 짐승의 씨가 어떻게 추수되는지 알아?(렘 31:27)

신천지인은 성경의 예언이 이루어진 곳이 신천지라 확신하며 이것이 어떻게 이루어졌는가에 대해 다음과 같은 논리를 바탕으로 이야기 한다.[10]

---

10 신천지총회교육부, 『신천지 정통 교리와 부패한 한기총 이단 교리 비교(2): 새 100항 상세반증』, 19.

* 신천지의 주장:

하나님께서는 약 2,600년 전 예레미야 선지자를 통해 이스라엘과 유대 집에 사람의 씨와 짐승의 씨를 뿌릴 것을 예언하셨다(렘 31:27). 그리고 이 예언은 초림 때 이루어졌다. **사람의 씨는 인자(人子), 곧 예수님이 뿌리신 좋은 씨로서 하나님의 씨며, 이 씨는 곧 말씀**이다(눅 8:11), **짐승의 씨는 가라지 곧 마귀의 씨다**(마 13장). **이 두 가지 씨는 한 밭, 곧 예수교회에서 함께 자라다가, 추수 때가 되면 가라지는 불사르기 위해 단으로 묶이게 되고, 알곡 곧 하나님의 씨로 난 자는 추수되어 곳간으로 가게 된다**(마 13:24-30). **이 곳간은 계시록 14장의 시온산이며, 이곳이 주 재림 때 창조되는 하나님의 새 나라, 신천지다.**

따라서 알곡 신앙인들의 실체는 시온산의 계시 말씀, 즉 이만희 총회장의 가르침으로 인 맞은 14만 4천명이다. 자기 목자의 말, 곧 신천지의 말을 듣지 말고 신천지를 주의하라는 말에 묶여 추수되지 않고 자기 교회에 남아 있는 자는 가라지며, 결국 풀무불에 던져지는 심판에 처하게 된다는 것이다.

이러한 논리에 기초해 이들은 이렇게 묻곤 한다. **"예레미야 31장에서 말한 사람의 씨와 짐승의 씨가 예수님 초림 때 뿌려졌고, 주 재림의 때에 알곡과 가라지로 추수된다고 했는데, 이것이 어떻게 성취되었는지 아니?"**

이들의 주장은 과연 성경적이며, 신천지는 정말 성경의 예언이 이루어진 곳일까? 이들의 주장에 대해서는 다음과 같이 검토할 수 있다.

첫째, 예레미야서에서 사람의 씨와 짐승의 씨를 뿌리는 이는 하나님이다. 하나님은 사람의 씨도 뿌리지만 짐승의 씨도 뿌리신다.

> "여호와께서 가라사대 보라 내가 사람의 씨와 짐승의 씨를 이스라엘 집과 유다 집에 뿌릴 날이 이르리니(렘 31:27)"

둘째, 마태복음에서 좋은 씨를 뿌리는 자는 인자요, 사탄의 씨인 가라지를 뿌리는 이는 원수다. 이는 예레미야 31장 27절의 경우와 완전히 다르다. 왜냐하면 **가라지 비유에서 씨를 뿌리는 주체는 둘(인자와 원수)인 반면, 예레미야서에서 씨를 뿌리는 것은 하나님 한 분**이기 때문이다.

셋째, 예수님은 '**밭(마 13:38)**'을 '**세상(헬. κόσμος, world)**'이라고 해석해 주신다. 성경에서 세상은 온 세상을 가리킨다.

> 너희는 세상의 빛이라⋯(마 5:14)

> 이 천국 복음이 모든 민족에게 증거가 되기 위하여 온 세상에 전파되리니 ⋯(마 24:14)

> 볼찌어다 내가 세상 끝날까지 너희와 항상 함께 있으리라 ⋯(마 28:20)

> 하나님이 세상을 이처럼 사랑하가 독생자를 주셨으니 ⋯(요 3:16)

첫째는 내가 예수 그리스도로 말미암아 너희 모든 사람을 인하여 내 하나님께 감사함은 너희 믿음이 온 세상에 전파됨이로다(롬 1:8)

그러나 하나님께서 세상의 미련한 것들을 택하사 지혜 있는 자들을 부끄럽게 하려 하시고 세상의 약한 것들을 택하사 강한 것들을 부끄럽게 하려 하시며(고전 1:27)

그 때에 너희가 그 가운데서 행하여 이 세상 풍속을 좇고 공중의 권세 잡은 자를 따랐으니 곧 지금 불순종의 아들들 가운데서 역사하는 영이라(엡 2:2)

누가 철학과 헛된 속임수로 너희를 노략할까 주의하라 이것이 사람의 유전과 세상의 초등학문을 좇음이요 그리스도를 좇음이 아니니라 (골 2:8).

데마는 이 세상을 사랑하여 나를 버리고 데살로니가로 갔고 그레스게는 갈라디아로, 디도는 달마디아로 갔고(딤후 4:10)

이 세상이나 세상에 있는 것들을 사랑치 말라 누구든지 세상을 사랑하면 아버지의 사랑이 그 속에 있지 아니하니 이는 세상에 있는 모든 것이 육신의 정욕과 안목의 정욕과 이생의 자랑이니 다 아버지께로 좇아 온 것이 아니요 세상으로 좇아 온 것이라(요일 2:15-16)

이처럼 성경은 '세상'을 일관되게 이 세상을 가리키는 것으로 진술한다. 이 밭이 예수님의 밭이기 때문에 밭을 종교세상, 즉 예수교회라고 해석하는 것은 신천지식 해석에 불과하다. 예수님은 교회의 머리이시지만, 동시에 온 세상의 주님이시기도 하다.

이러므로 하나님이 그를 지극히 높여 모든 이름 위에 뛰어난 이름을 주사 하늘에 있는 자들과 땅에 있는 자들과 땅 아래 있는 자들로 모든 무릎을 예수의 이름에 꿇게 하시고 모든 입으로 예수 그리스도를 주라 시인하여 하나님 아버지께 영광을 돌리게 하셨느니라(빌 2:9-11).

넷째, 예레미야서와 마태복음에서의 '씨'의 의미는 서로 다르다. 예레미야에서 하나님이 뿌리시는 씨는 말씀이 아니라 후손(off-spring)이다. 예레미야서에 나오는 짐승의 씨는 **동물의 새끼(the seed of animals-NRSV)를 가리킨다. 즉 이 말씀은 하나님이 사람의 후손과 짐승의 새끼를 불어나고 번성하게 하시겠다는 약속의 말씀이다. 구약과 신약에서 씨는 종종 후손의 의미로 사용된다.**

또한 아브라함의 씨가 다 그 자녀가 아니라 오직 이삭으로부터 난 자라야 네 씨라 칭하리라 하셨으니(롬 9:7)

다섯째, 마태복음에서 **예수님은 씨를 '천국의 아들들(마 13:38)' 로 해석하신다.** 이와는 달리 신천지는 **누가복음 8장 11절을 가져와 씨는 말씀을 뜻한다는 논리를** 펼친다. 하지만 누가복음 8장 11

절은 가라지 비유가 아니라 네 가지 땅에 떨어진 씨에 대한 말씀
이다(눅 8:4-15). 이 비유는 마태복음 13장 1-9절에서도 동일하
게 서술되며, 10-23절에는 그 해석도 있다. 여기서 예수님은 씨
를 '천국 말씀'으로 해석하신다(마 13:19). 이렇게 가까운 본문에
비유에 대한 해석이 있음에도 신천지가 굳이 누가복음 본문을 인
용하는 이유는 무엇일까? 그것은 신천지인의 눈을 가려 이 비유의
문맥을 읽지 못하게 하고 '씨는 말씀'이란 해석을 기계적으로 적용
하게 하기 위함이다.

그러나 씨의 의미는 비유마다, 문맥마다 다르다. 로마서에서의
씨는 후손을 뜻한다. 가라지 비유에서의 씨는 천국의 아들들을, 네
가지 땅에 뿌려진 씨의 비유에서는 말씀을 뜻한다. 신천지는 앞의
두 경우를 모두 무시하고 모든 비유를 해석할 때 씨의 의미를 말
씀이라고 풀이하며 자의적으로 성경을 왜곡되게 해석하여 그릇된
주장을 하고 있는 것이다.

따라서 신천지는 예언의 말씀을 이룬 곳이 아니며, 그럴듯하게
성경을 자의적으로 왜곡하여 자기네 단체야 말로 이 땅에 있는 지
상낙원이요 천국이라는 그릇된 환상을 심어주기 위해 열심을 다
하는 곳일 뿐이다. 이러한 모습은 북한 주민을 생각나게 한다. 헐
벗고 가난하고 영양이 부실하여 피골이 상접하고 병들어 시름하는
이들은 북조선이야말로 지상 낙원이라는 말을 믿고 북한을 벗어날
생각을 감히 하지 못한다. 신천지에 오래 있는 이들 중에서도 헐벗
고 가난하고, 스트레스와 불면증으로 시달리며 몸이 망가져 병원
신세를 지는 이들이 꽤나 있지 않을까?

3. 모세 때의 장막이 모형과 그림자라고 했는데, 오늘날 그 실체가 어떻게 나타났는지 알아? (히 9:9)

신천지인은 신천지가 성경의 예언대로 이루어진 곳임을 주장하기 위해 구약의 성막이 모형과 그림자이고, 그 실체가 오늘날 성취된 것이 신천지라 주장한다. 이들의 논리는 다음과 같다.

* **신천지의 주장:**
히브리서에 따르면 구약 모세 때 만든 장막(출 25:1-40)은 하늘의 **모형과 그림자이고(히 8:5), 현재까지의 비유다(히 9:1-9). 성소를 첫 장막 또는 예비 장막이라 하고(9:2), 지성소를 증거장막 또는 둘째 장막이라고 한다(9:3).** 모세의 첫 장막에 있는 일곱 순금등대는 성막 안을 환하게 비추는 일곱 금 촛대다. 요한복음은 세례 요한을 가리켜 '**켜서 비취는 등불(5:35)**'이라고 했다. 따라서 일곱 금 촛대는 세례요한이라는 실상의 인물을 가리킴과 동시에 **세례 요한의 장막, 곧 예수님의 길을 예비하는 첫 장막에 있던 일곱 등불을 비유한 것이다. 동시에 이는 유재열이 세운 첫 장막의 일곱 사자를 비유한 것이기도 하다. 일곱 금 촛대 맞은편에 있는 떡상 위에는 12개의 진설병이 있다. 이것은 예수님의 열두 제자를 상징**한다.
첫 장막 곧 지성소에는 언약궤가 있는데 그 안에는 만나를 담은 항아리와 아론의 싹난 지팡이와 언약의 돌판이 있다(9:4). **만나는 말씀을, 항아리 그릇은 사람을 비유한 것이다. 따라서 만나를 담은 항아리는 감추었던 말씀을 열어주시는 예수님을 상징한다. 아론의 싹난 지팡이**

는 이새의 줄기에서 난 한 싹, 곧 예수님을 상징한다(사 11:1). 돌판은 보배로운 산 돌(벧전2:4)이요, 모퉁이의 머릿돌이 되신 예수님을 비유한다(마 21:42). 위의 말씀들을 종합하면 **초림 때는 세례요한과 예수님과 열두 제자를 장막의 실체가 나타났고, 오늘날 주 재림의 때에는 유재열의 첫 장막과 이만희 총회장이 새롭게 연 둘째 장막과 12지파 장을 통해 나타났다.** 이를 그림으로 보면 다음과 같다.

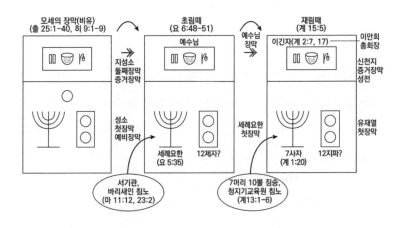

이러한 주장에 대해 우리는 어떻게 대답해야 할까?

첫째, 모세의 장막이 모형과 그림자인 것은 모세의 장막이 불완전하기 때문이다. 모세의 장막은 성막의 본질적 기능인 죄 사함의 역사가 온전하게 일어나지 못하는 장막이었다.

이 장막은 현재까지의 비유니 이에 의지하여 드리는 예물과 제사가 섬기는 자로 그 양심상으로 온전케 할 수 없나니(히 9:9)

모세 장막에서의 제사로는 사람을 죄로부터 온전케 할 수 없다. 그 이유는 염소와 송아지와 같은 짐승이 사람의 죄를 완전히 대속할 수 있는 흠 없는 제물이 아니기 때문이다. 때문에 구약 시대의 이스라엘 백성들은 해마다 다른 짐승의 피로써 반복해서 제사를 드려야 했다(히 9:25). 히브리서는 분명히 말한다.

"첫 언약(모세 율법에 따른 제사제도)이 무흠하였더라면 둘째 것 (예수 그리스도의 속죄제사)을 요구할 일이 없었으리라(히 8:7)"

둘째, 모세의 장막이 갖는 가장 핵심적인 기능은 만나 항아리와 아론의 싹난 지팡이가 들어 있는 언약궤를 보관하는 데 있지 않다. 오히려 장막의 핵심은 언약궤를 덮고 있는 속죄소, 곧 시은좌 (Mercy Seat)의 속죄기능에 있다(출 25:10). 속죄소는 일 년에 한 번 대제사장이 짐승의 피를 갖고 들어가 그 위에 뿌려 온 백성의 죄를 사함 받고 하나님이 이스라엘을 만나 주시는 자리다(출 30:6). 속죄소에는 이런 임재의 상징으로 영광의 그룹(천사)들이 서로를 마주보고 있다(히 9:4, 출 25:20). 언약궤 안의 아론의 싹난 지팡이, 만나 항아리, 증거 돌판은 이스라엘이 하나님의 언약 백성임을 증거하는 증거물들로, 하나님이 이스라엘을 속죄해 주시는 근거가 될 뿐이다.

셋째, 예수께서 오신 것은 불완전한 그림자에 불과한 첫 장막을 대체하는 더 크고 완전한 성전을 짓기 위함이다. 예수님께서 그렇게 하셔야 하는 **핵심적인 이유**는 장막 성전의 속죄 기능, 곧 **시은**

좌라고 하는 속죄소의 기능이 불완전하기 때문이다. 새로운 성전은 염소와 송아지와 같은 불완전한 짐승의 피가 아닌 예수님 자신의 피로 단번에 영원한 속죄를 이루신 성전이다(히 9:12). 그래서 예수님은 더 좋은 언약의 보증이요 중보자가 된다(히 7:22, 8:6).

넷째, 첫 장막과 둘째 장막은 시기를 달리해 존재하는 것이 아니라 한 장막 안에 있는 별도의 두 공간이다. 신천지는 첫 장막은 유재열의 장막성전, 둘째 장막은 이만희의 신천지 예수교 증거장막성전이라고 주장한다. 그렇게 되면 첫 장막과 둘째 장막은 존재했던 시기가 다른 별도의 장막들이 된다. 그러나 구약의 첫째 장막과 둘째 장막은 같은 시기에 같은 공간에 존재한 별도의 장막으로서, 한 장막 안에 있는 성소와 지성소를 의미한다. 성소로 들어갈 때의 휘장을 첫째 휘장, 성소에서 지성소로 들어갈 때의 휘장을 둘째 휘장(히 9:3)이라고 한다.

다섯째, 예수님이 오셔서 하신 일은 첫째 장막과 둘째 장막 사이에 놓인 휘장을 찢고 하나님의 보좌로 직접 들어가신 일이다. 휘장을 찢어 두 공간을 하나로 합치신 것이다. 성소와 지성소 사이의 휘장이 찢겨질 수 있었던 것은 그가 자신의 육체를 십자가에서 찢어 피 흘리시고, 그 피를 힘입으셨기 때문이다.

그러므로 형제들아 우리가 예수의 피를 힘입어 성소에 들어갈 담력을 얻었나니 그 길은 우리를 위하여 휘장 가운데로 열어 놓으신 새롭고 산 길이요 휘장은 곧 저의 육체니라(히 10:19-20)

이렇게 예수님이 십자가에 못박히고 찢겨 피 흘려 죽으시는 사건이 곧 휘장이 찢어지는 사건이요, 이는 복음서에도 분명하게 기록되어 있다.

> 예수께서 다시 크게 소리 지르시고 영혼이 떠나시다 이에 성소 휘장이 위로부터 아래까지 찢어져 둘이 되고 …(마 27:50-51)

> 예수께서 큰 소리를 지르시고 운명하시다 이에 성소 휘장이 위로부터 아래까지 찢어져 둘이 되니라(막 15:37-38)

여섯째, 예수의 피로 이루신 속죄는 영원하다. 또한 그가 드린 제사는 영원하고 완전하기에 **더 이상의 장막 성전을 필요로 하지 않는다.**

> 염소와 송아지의 피로 아니하고 오직 자기 피로 영원한 속죄를 이루사 단번에 성소에 들어 가셨느니라(히 9:12)

> 오직 그리스도는 죄를 위하여 한 영원한 제사를 드리시고 하나님 우편에 앉으사 그 후에 자기 원수들로 자기 발등상이 되게 하실 때까지 기다리시나니 저가 한 제물로 거룩하게 된 자들을 영원히 온전케 하셨느니라(히 10:12-14)

그리스도가 이루신 영원한 속죄 제사는 하나님께서 사탄을 멸망시키고 짓밟을 때까지 영원히 유효하게 된다.

> 이것을 사하셨은즉 다시 죄를 위하여 제사 드릴 것이 없느니라
> (히 10:18)

이 효과가 영원하기에 제사나 또 다른 장막성전은 더 이상 필요하지 않다.

일곱째, 모세의 장막이 '현재까지의 비유'라는 것은 제사제도의 **온전한 성취인 그리스도의 희생 제사와 대조되는 예시(illustra-tion-NIV) 혹은 상징(symbol-NRSV, ESV)**이란 뜻이다. 비유에는 상응의 기능도 있지만 대조의 기능도 있다.

여덟째, 만약 신천지의 주장대로라면 **세례요한이 첫 장막의 일곱 금 촛대 등잔**이 되는데, 그렇다면 **'켜서 비추는 등불'인 세례요한 말고도 여섯 명의 인물이 더 있어야** 한다.

아홉째, 게다가 신천지의 해석대로라면 **첫 장막에 12개의 진설병이 있다는 사실**은 더더욱 당황스럽다. 신천지인들은 진설병이 예수님의 제자를 상징하는 것으로 본다. 만일 **첫 장막이 세례요한의 장막이라면 12개의 진설병은 세례요한의 촛대와 함께 있을 것이 아니라 예수님을 상징하는 아론의 싹난 지팡이, 만나 항아리, 돌판 등이 담긴 언약궤와 함께 지성소에 있어야 한다.** 이러한 해석은 주 재림 때, 신천지의 역사에도 고스란히 적용된다. 이들의 논리대로라면 신천지 12지파는 유재열의 장막성전에 속해 있어야만 말이 되기 때문이다.

결론적으로 히브리서는 **구약의 장막은 모형과 그림자에 불과하고, 그 실체는 예수 그리스도라고 증언**한다(히 9:26). 예수 그리스도만이 단번에 영원한 제사를 하나님께 드리고 하나님 우편에 앉으사(히 10:4), 온 세상의 주가 되셨다(빌 2:11). 또한 그를 주로 믿고 따르는 모든 자들에게 영원한 구원의 근거가 되셨다(히 5:9).

4. 예수님이 돌아가신 후 사흘 동안 어디 가서 무엇을 하셨는지 아니?

저가 또한 <u>영으로 옥에 있는 영들에게 전파</u>하시니라(벧전 3:19)

신천지인은 이 구절을 근거로 **예수님이 십자가에 돌아가신 후 지옥에 가서 믿지 않는 영들에게 복음을 전하여 이들을 구원하셨다고 주장**한다. 이러한 주장을 바탕으로 신천지인들은 성도들에게 "이순신 장군은 구원받았을까?"와 같은 질문을 던지기도 한다. 위의 주장은 **신천지인에게 14만 4천 제사장의 꿈을 더욱 더 강화시켜 준다. 제사장이 되면 지옥에 간 가족에게까지 예수님이 가셔서 다 구원해 주신다고 믿기 때문**이다. 이러한 믿음은 다음 구절에 의해 강화되는 것 같다.

이를 위하여 <u>죽은 자들에게도 복음이 전파되었으니</u> 이는 육체로는 사람처럼 심판을 받으나 영으로는 하나님처럼 살게 하려 함이

니라(벧전 4:6)

이들의 주장을 어떻게 반증할 수 있을까?[11]

첫째, 영으로 갔다는 것은 '성령' 또는 '성령의 능력'으로 행하셨음을 의미한다. 본문의 바로 앞부분인 베드로전서 3장 18절은 하나님께서 성령의 능력으로 예수님을 살리셨음을 진술한다.

둘째, '옥에 있는 영들'은 지옥에 있는 불신자들이 아니다. 이들은 이어지는 3장 20절의 '노아의 날 방주를 준비할 동안 복종하지 않던 자(영)들'을 가리킨다. 이는 1세기 유대인들에게 꽤 익숙했던 에녹1서의 이야기를 배경으로 한다. 에녹1서의 표현에 따르면 이들은 **하늘에서 타락하여 땅으로 추방된 타락한 천사들로 예수의 이름으로 결박된 사탄과 그의 졸개들의 세력**이다(에녹1서 12:4).[12]

셋째, '전파한다'는 단어는 헬라어 '케뤼소(κηρύσσω)'로, 보다 정확히 말하자면 '선포하다(proclaim)'라는 뜻이다. '복음을 전파한다'는 뜻의 헬라어인 '유앙겔리조(εὐαγγελίζω)'와는 다르다. 따라서 위 본문이 의미하는 것은 **예수께서 십자가에 죽으심으로 사탄의 세력을 깨뜨리고 승리하셨음을 공식적으로 선포**하는 것이다. 이렇게 하신 이유는 악한 영들도 예수의 이름에 무릎 꿇고 그분이야 말로 온 세상의 참된 '주 하나님'임을 시인하도록 하기 위함이

---

11 이하의 내용에 대해서는 양형주, 『정말 구원받았습니까』 2판, 230-233을 참조하라.

12 K. H. Jobes, *1 Peter BECNT*, Grand Rapids: Baker Academic, 2005, 244.

다. 이를 잘 보여주는 것이 빌립보서 말씀이다.

> 이러므로 하나님이 그를 지극히 높여 모든 이름 위에 뛰어난 이름
> 을 주사 하늘에 있는 자들과 땅에 있는 자들과 땅 아래 있는 자들
> 로 모든 무릎을 예수의 이름에 꿇게 하시고 모든 입으로 예수 그
> 리스도를 주라 시인하여 하나님 아버지께 영광을 돌리게 하셨느니
> 라(빌 2:9-11)

넷째, 베드로전서 4장 6절의 '죽은 자들'은 전후의 문맥을 살펴볼 때 예수를 신실하게 잘 믿다 죽은 성도들을 가리킨다. 이들의 육체는 땅에 묻혔지만 그 영혼은 구원을 얻었고, 또한 장차 성령의 능력으로 일어날 온전한 육체의 부활을 기다리게 된다.

다섯째, 이순신 장군의 구원에 대해서 분명히 말할 수 있는 것은, **예수 그리스도가 오시기 전에 모든 인류는 구원에 관한 한 아담 안에서 이미 파산하고 흑암 가운데 있었다는 사실이다.** 이것은 우리 선조에 대해서도 마찬가지다. 우리는 선조들에 대한 구원의 가능성을 제기하기보다 영적 흑암 가운데 구원의 가능성이 전무하던 우리에게 복음의 소식이 전해진 것에 감사해야 한다. 예수 그리스도가 흑암 가운데 있던 우리에게 생명의 빛을 비추기 위해 오셨음을 기억하라.[13]

여섯째, 따라서 신천지인이 갖는 14만 4천 제사장의 소망은 결

---

13 이에 관한 보다 상세한 논증은 양형주, 『정말 구원받았습니까』, 2판, 234-238을 참조하라.

코 가족구원을 보장하지 않는다. 사람은 각각 자기의 죄로 심판받을 뿐이다(왕하 14:6, 대하 25:4, 렘 31:29-30, 겔 18:2-4). 백 보좌 심판에서도 마찬가지다. 종말에 있을 최후의 심판 때에는 각 사람이 각각 자기의 행위대로 심판받는다(계 20:13).

5. 성경은 하나님의 말씀을 받은 자를 신이라고 했는데?

예수께서 가라사대 너희 율법에 기록한바 내가 너희를 신이라 하였노라 하지 아니하였느냐 성경은 폐하지 못하나니 하나님의 말씀을 받은 사람들을 신이라 하셨거든(요 10:34-35)

신천지는 이 구절을 근거로 **예수님이 하나님의 말씀을 받은 사람들을 신이라고 하셨으니, 오늘날도 하나님의 말씀을 받으면 그 사람이 신이 된다고 주장**한다. 이 논리에 근거하여 신천지인은 계시의 말씀을 받아 증거하는 약속의 목자를 하나님께 선택받은 특별한 사람으로 받아들이게 된다. 그는 5,700년 동안 봉함되었던 하나님의 특별한 계시의 말씀을 받고 예수님의 영과 하나 된 신적 존재, 즉 더 이상 늙지 않고 병들지 않고 죽지 않는 신인합일을 이룬 존재다.

더 나아가 이런 특별한 약속의 목자가 증거하는 말씀을 받은 신천지인도 스스로가 하나님께 선택받은 특별한 선민이라는 생각에 사로잡힌다. 신천지 신도는 이 말씀을 붙들고 장차 자신들도 약속의 목자와 같이 신인합일하여 신처럼 영원히 살게 될 것이라는 소망을 갖게 된다. 이들은 이 구절이 신천지를 약속대로 이루어 가는 출발점이라고 믿는다.

그렇다면 이 말씀의 의미는 과연 그러할까? 먼저 예수님이 인용하신 시편 82편 6절을 보자.

> 내가 말하기를 너희는 신들이며 다 지존자의 아들들이라 하였으나(시 82:6)

그런데 다음 구절을 보면 이 **신들이 평범한 인간**임을 진술한다.

> 너희는 범인 같이 죽으며 방백의 하나 같이 엎더지리로다(82:7).

그렇다면 '너희'는 누구이며 왜 이들을 신들이라 불렀을까? 시편 82편 1-2절을 보면 '너희'가 누구인지를 알 수 있다. 이들은 **하나님의 말씀을 받은 재판장들이며, 불공평한 재판을 하고 악인과 교류하는 이들**이다. 하나님은 **하나님의 율법으로 공의의 재판을 실현해야 할 이들을 '신들', '지존자의 아들들'이라 높여 부르며 존귀하게** 대하셨지만, 불의를 행하는 재판장들은 **신이 아니라 결국 죽음 앞에 직면하는 나약한 인생이며, 높은 자리에 앉았다가 결국 하루아침에 고꾸라지는 고관 또는 방백의 하나와 같이 될 것**이다.

예수님이 이 시편을 인용하여 말씀하신 것은 수전절에 성전에 계실 때였다(요 10:22-39). 이때 유대인들이 예수님께 나아와 만약 예수님이 그리스도, 즉 메시아라면 그 사실을 밝히 말해달라고 요청한다(10:24). 그러자 예수님은 이미 자신이 누구인지를 그들에게 말했음에도 유대인들이 그를 믿지 않았다고 하시면서 예수님이 행하시는 일이 예수님 자신을 증거한다고 대답하셨다(10:25). 그러면서 하나님을 아버지로, 자신을 아들로 전제하며 '나와 아버지는 하나'라고 답하신다(10:30). 그러자 유대인들은 발끈하며 예수님이 자신을 하나님이라고 한 것이 신성모독에 해당한다고 여겨 돌로 치려 한다.

그때 예수님께서 너희 율법, 즉 성경에 '신'이라는 단어를 하나님 이외의 다른 사람들을 가리키는 것으로 사용한 예가 있지 않느냐고 물으신다. 성경의 저자이신 하나님이 사람들을 '신들'이라고 하고 '지존자' 곧 '하나님의 아들들'로 칭하는 것이 과연 신성모독인가 묻는 것이다. 예수님은 **하나님의 율법을 받아 이 율법으로 재판하는 이스라엘 지도자들을 '하나님의 아들들'로 높인 용례가 구약 성경에 있다면, 하물며 하나님께서 거룩하게 하여 세상에 보낸 성자 예수님이 자기 자신을 일컬어 하나님의 아들이라고 했다고 해서 이것을 신성모독이라고 할 수 있느냐고 묻는 것이다.**

따라서 위 시편 본문이 **하나님의 말씀을 받은 사람들을 신이라고 한 것**은 이들이 실제로 신이란 뜻이 아니라 **하나님께서 이스라엘을 신과 같이, 또는 하나님의 아들과 같이 존귀하게 여기고 높여 주셨다는 뜻이다(참조. 출 4:22). 하나님의 율법으로 재판하는 자를 하나님의 아들이라, 신이라 존귀히 높였다면, 말씀이 육신이 되**

어 이 땅 가운데 오신 성자 예수님을 하나님의 아들이라, 신이라 부르는 것은 마땅한 일이다.

따라서 요한복음 10장 34-35절을 따로 떼어 하나님의 말씀을 받은 자가 신이라고 주장하는 것은 악마의 편집에 해당한다. 왜냐하면 34-35의 말씀은 36절의 결론으로 귀결되기 때문이다.

> 하물며 아버지께서 거룩하게 하사 세상에 보내신 자가 나는 하나님 아들이라 하는 것으로 너희가 어찌 참람하다 하느냐(요 10:36)

성경을 읽을 때는 항상 읽고 있는 구절 전후의 문맥을 꼼꼼히 살펴보아야 한다. 우리는 성경을 덮어 놓고 믿기보다는 그 말씀을 깊이 연구할 필요가 있다. 성경은 하나님의 말씀을 받는 사람들이 가져야 할 중요한 태도를 다음과 같이 말씀한다.

> 베뢰아 사람은 데살로니가에 있는 사람보다 더 신사적이어서 간절한 마음으로 말씀을 받고 이것이 그러한가 하여 날마다 성경을 상고하므로(행 17:11)

말씀은 간절한 마음으로 받되, 이것이 그러한가 날마다 상고해야 한다. '상고하다(examine-NRSV, NIV, ESV)'라는 단어는 헬라어 '아나크리노'로[14], 이는 주의 깊게 연구(careful study)하며

---

14 "ἀνακρίνω", BDAG.

의구심을 갖고 질문해보고(question), 꼼꼼히 전후의 문맥과 오류를 조사해보고(examine), 다른 사례를 살펴보고(hear a case), 판단하고(judge), 분별하는(discern) 일체의 작업을 뜻한다.

이제 우리에게는 이런 태도가 필요하다. 전후 문맥을 살피고, 문장의 전체 흐름을 살핀 후, 단어 하나하나의 뜻도 살펴야 한다. 이런 태도로 성경을 연구하려면 공동체가 함께 성경을 읽고 연구할 필요가 있다. 그리하여 우리의 말씀읽기와 연구가 날마다 더욱 깊어지고, 그리스도를 아는 지식의 넓이와 깊이가 더욱 확장되길 바란다.

> 능히 모든 성도와 함께 지식에 넘치는 그리스도의 사랑을 알아 그 넓이와 길이와 높이와 깊이가 어떠함을 깨달아 하나님의 모든 충만하신 것으로 너희에게 충만하게 하시기를 구하노라(엡 3:18-19).

> 오직 이것을 기록함은 너희로 예수께서 하나님의 아들 그리스도이심을 믿게 하려 함이요 또 너희로 믿고 그 이름을 힘입어 생명을 얻게 하려 함이니라(요 20:31).

참고문헌

1. 성경

개역한글
개역개정
새번역
새한글성경
공동번역
메시지
BHS: Bilia Hebraica Stuttgratensia.
ESV: English Standard Version.
NA[27]: Nestle, B. Aland, et at. Novum Graece.27th ed.
NIV : New International Version.
NRSV : New International Version.

2. 주석 및 사전류

강대훈. 『마태복음(하)』. 서울: 부흥과개혁사, 2019.

박동현. 『예레미야 1』 대한기독교서회창립100주년기념 23-1. 서울: 대한
　　기독교서회, 2006.

존 오스왈트. 이용중 역. 『NICOT 이사야 II』. 서울: 부흥과개혁사, 2016.

케네스 매튜스. 권대영 역. 『NAC 창세기1』 서울: 부흥과개혁사, 2018.

톰 라이트. 박문재 역. 『예수와 하나님의 승리』. 고양: 크리스챤다이제스트,
　　2004.

＿＿＿＿＿. 이철민 역. 『모든 사람을 위한 누가복음』. 서울: IVP, 2011.

D. A. 카슨. 박문재 역. 『요한복음』 PNTC 주석시리즈. 서울: 솔로몬, 2017.

K. H. Jobes. 1 Peter BECNT, Grand Rapids: Baker Academic.

R. H. Mounce. The Book of Revelation. Revised. NICNT. Grand
　　Rapids: Eerdmas. 1977.

C. A. Wanamaker. The Epistles to the Thessalonians: a commentary
　　on the Greek text. NIGTC. Grand Rapids: Eerdmanns. 1990.

BDAG - Bauer, Walter. ed. by Frederick William Danker. A Greek-En-
　　glish Lexicon of the New Testament and Other Early Chris-
　　tian Literature. 3rd ed. University of Chicago Press, 1957.

3. 단행본류

김명용. 『이 시대의 바른 기독교 사상』. 서울: 장로회신학대학교, 2001.

김세윤. 『주기도문 강해』. 서울: 두란노, 2000.

신천지 문화부. 『신천지 발전사』. 안양: 도서출판 신천지, 1997.

신천지총회교육부. 『신천지 정통 교리와 부패한 한기총 이단 교리 비교: 100
　　항 상세반증』. 과천: 도서출판 신천지, 2016.

신천지총회교육부. 『신천지 정통 교리와 부패한 한기총 이단 교리 비교(2):

새 100항 상세반증』. 과천: 도서출판 신천지, 2018.

요세푸스. 김지찬 역. 『유대고대사 II』. 서울: 생명의말씀사, 1987.

_____. 김지찬 역. 『유대전쟁사』. 서울: 생명의말씀사, 1987.

유세비우스 팜필루스. 엄성옥 역. 『유세비우스의 교회사』. 서울: 은성, 1990.

양형주. 『평신도를 위한 쉬운 창세기 1』. 서울: 브니엘, 2018.

_____. 『바이블백신 1』. 서울: 홍성사, 2019.

_____. 『바이블백신 2』. 서울: 홍성사, 2019.

_____. 『평신도를 위한 쉬운 요한계시록 1』. 서울: 브니엘, 2020.

_____. 『평신도를 위한 쉬운 요한계시록 2』. 서울: 브니엘, 2020.

_____. 『신천지 백신 1』. 서울: 두란노, 2020.

_____. 『신천지 백신 2』. 서울: 두란노, 2020.

_____. 『평신도를 위한 쉬운 로마서』. 서울: 브니엘, 2019.

_____. 『정말 구원받았습니까』 2판. 서울: 브니엘, 2021.

_____. 『스토리 계시록』. 서울: 브니엘, 2021.

이만희. 『천지창조』. 과천: 도서출판신천지, 2007.

_____. 『성도와 천국』. 과천: 도서출판신천지, 1995.

이재만. 『창조주 하나님: 창세기1장 vs. 진화론』. 서울: 두란노, 2014.

교과서진화론개정추진회. 『교과서속 진화론 바로잡기』. 서울: 생명의말씀
사, 2011.

현요한. 『성령, 그 다양한 얼굴』. 서울: 장로회신학대학교, 1998.

4. 논문 및 기사

구단비. "신천지, 전도 못하면 110만원씩 벌금 냈다." 머니투데이. 2020.
3. 14.

김병훈. "삼위일체: 삼위 하나님의 위격의 이해." 신학정론 22(1). 2004. 5.

이강봉. "지구는 왜 자전하는 것일까?" The Science Times. 2018. 8. 27.

이성호. "칼빈의 생애(4) 칼빈의 저술." 고신뉴스 KNC. 2014. 5. 28.

유영대. "유인원의 인류진화설은 허구." 국민일보. 2016. 11. 4.

현요한. "[현요한 교수] 삼위일체가 궁금하다."현대종교. 2021. 6. 29.

위키피디아. "장칼뱅 참고문헌." https://ko.wikipedia.org/wiki/장_칼
    뱅_참고_문헌.

Wikipedia. "Kaddish." http://en.wikipedia.org/wiki/ Kaddish

색인

주제별 색인

ㄱ

상담소 연락처

서울/경기 구리상담소
0505-369-3391 홈페이지 | www.antiscj.or.kr

대전/충청 바이블백신센터 상담소 (대전서노회 이단상담소)
042-822-8009 홈페이지 bv.or.kr

부산/경남 부산이음상담소
051-915-1152 홈페이지 scjout119.kr

대구/경북 동일이단상담소
053-755-6003

바이블백신센터 이단상담 전문가 양성 과정 안내

과목: 신천지, 하나님의 교회, 구원파, 안식교, 여호와의 증인, 몰몬교, 가족상담 등
온라인 줌(Zoom): 매해 2월 말 개강(3학기)
홈페이지 참조: bv.or.kr

* 본 매뉴얼에 대한 세미나를 요청하시거나, 이단상담 전문가 과정에 대해 문의하
시려면 바이블백신센터로 연락하시기 바랍니다.